Manfred Spitzer

Früher war alles später

Wissen & Leben
Schattauer

herausgegeben von Wulf Bertram

Zum Herausgeber von „Wissen & Leben“:

Wulf Bertram, Dipl.-Psych. Dr. med., geb. in Soest/Westfalen. Studium der Psychologie und Soziologie in Hamburg. War nach einer Vorlesung über Neurophysiologie von der Hirnforschung so fasziniert, dass er spontan zusätzlich ein Medizinstudium begann. Zunächst Klinischer Psychologe im Univ.-Krankenhaus Hamburg-Eppendorf, nach dem Staatsexamen und der Promotion in Medizin psychiatrischer Assistenzarzt in der Provinz Arezzo/Italien und in Kaufbeuren. 1985 Lektor für medizinische Lehrbücher in einem Münchener Fachverlag, ab 1988 wissenschaftlicher Leiter des Schattauer Verlags, seit 1992 dessen verlegerischer Geschäftsführer. Ist überzeugt, dass Lernen ein Minimum an Spaß machen muss, wenn es effektiv sein soll. Aus dieser Einsicht gründete er 2009 auch die Taschenbuchreihe „Wissen & Leben“, in der wissenschaftlich renommierte Autoren anspruchsvolle Themen auf unterhaltsame Weise präsentieren. Bertram hat eine Ausbildung in Gesprächs- und Verhaltenstherapie sowie in Tiefenpsychologischer Psychotherapie und ist neben seiner Verlagstätigkeit als Psychotherapeut und Coach in eigener Praxis tätig.

Manfred Spitzer

Früher war alles später

… und heute zerreißen wir (uns)
so schnell es geht

Schattauer

Prof. Dr. Dr. Manfred Spitzer
Universität Ulm, Psychiatrische Klinik
Leimgrubenweg 12–14
89075 Ulm

Bibliografische Information der Deutschen Nationalbibliothek
Die Deutsche Nationalbibliothek verzeichnet diese Publikation in der Deutschen Nationalbibliografie; detaillierte bibliografische Daten sind im Internet über http://dnb.d-nb.de abrufbar.

Schattauer
www.schattauer.de

Printed in Germany
Umschlagabbildung: Foto oben: Staatsbibliothek zu Berlin, Nachlass Gerhart Hauptmann; unten: Plakat von Emil Orlik zu Gerhart Hauptmanns Drama „Die Weber“, 1897
Gesetzt von am-productions GmbH, Wiesloch
Gedruckt und gebunden von Friedrich Pustet GmbH & Co. KG, Regensburg
ISBN 978-3-608-43243-5

1. Nachdruck, 2018

Auch als E-Book erhältlich

Meinen sechs Kindern und zwei Enkeln

Vorwort

„Vielleicht werde ich später sterben, als ich heute annehme, aber ganz bestimmt früher, als ich mir wünsche“ – schrieb der Arzt Paul Kalanithi kurz vor seinem Tod im Jahr 2015. Hier liegen sowohl „später“ als auch „früher“ in der Zukunft. Im Titel dieses Buches meinen beide Ausdrücke hingegen Zeitpunkte in der Vergangenheit. Das mag dem unvoreingenommenen Betrachter logisch widersprüchlich erscheinen, ist es aber nicht. Und so darf man den meisten Menschen durchaus den Eindruck zugestehen, dass früher alles später war, d.h. dass die Zeit früher etwas langsamer verging als heute. Aber ist das wirklich so? – Unter anderem dieser Frage wird in diesem Buch (Kapitel 1) nachgegangen.

Weihnachten war auf jeden Fall weltweit früher später, und in Mecklenburg-Vorpommern ist sogar noch heute vieles etwas später, wovon sich jeder überzeugen kann, der dort einmal einen „entschleunigten“ Urlaub machen möchte. Diesen haben viele nötig, weil im Arbeitsleben dauernd gilt, dass Stillstand gleich Rückschritt ist, oder wie es der ehemalige Stuttgarter Oberbürgermeister Manfred Rommel gesagt hat: „Es ist auf dem Fahrrad wie in der Wirtschaft: Wer sich nicht fortbewegt, fällt um“ (zit. nach Merkel 2013). Daher – so wird uns heute gesagt – müssen wir zerreißen, um nicht selbst von der raschen Entwicklung zerrissen zu werden (Kapitel 2).

Diese selbstzerstörerische Disruptions-Rhetorik hat mittlerweile sogar die beschauliche Schweiz erreicht. Dort befindet sich in Zürich die einzige europäische Universität unter den zehn besten Universitäten der Welt: die *Eidgenössische Technische Hochschule (ETH)*. Der Direktor ihrer Bibliothek betitelt einen im Fachblatt *Forschung & Lehre* publizierten Aufsatz zur Neupositionierung der universitären Bibliotheken mit *„Digitale Disruption“*, kritisiert das veraltete „analogische“ Denken und verwendet auch ansonsten eine Terminologie, die Verbindungen zur digitalen Mafia gesetzloser Großkonzerne (die reichsten der Welt!) erahnen lässt (Ball 2016, S. 776): „Next Level Library" klingt ähnlich wie das Erreichen des nächsten Schwierigkeitsniveaus beim Abschießen von Monstern; die „produktiven Change-Ergebnisse" kennt man ansonsten nur aus dem Business-Geplapper von Managern. Es geht aber in der Wissenschaft weder um die „Konsumption wissenschaftlicher Inhalte", noch lässt sich aus dem, was bislang passiert ist, ableiten, dass man nicht mehr auf „kleinschrittige Veränderungen" und „jahrzehntelange evolutionäre Weiterentwicklung von Dienstleistungen und Prozessen" setzen sollte – sondern auf Disruption. Bibliothekare, welche die ihnen anvertraute Bibliothek der „Vergangenheitsverschickung des Geistes" bezichtigen (Ball 2016, S. 777), sofern und solange sie sich nicht selbst zerreißt, sollten uns suspekt sein!

Die Frage, ob mich mein Auto umbringen darf, kann, soll oder muss (Kapitel 4), gehört nicht zu den innerakademischen Kuriositäten, sondern mitten in unser Leben. Daher ist auch die Gründung einer Ethik-Kommission zur Lösung genau dieser Frage Ende September 2016 sinnvoll. Selten lag ein Nervenheilkunde-Editorial so klar am Puls der Zeit (bzw. drei Monate davor). Soll das Auto den Kinderwagen überfahren oder lieber gegen den nächsten Baum fahren und den (mit-)fahrenden Rentner opfern? – Ich hätte mich nicht getraut, die Frage so zugespitzt zu formulieren, wie das die Tagesschau vom 30.9.2016 getan hat![1]

---

1 „Kinderwagen oder Rentner?", fragte ein Beitrag der Tagesschau vom 30.9.2016, der über die Gründung einer Ethik-Kommission berichtete, die Leitlinien für Autonomes Fahren entwickeln soll. Im Beitrag wurden auch bereits zwei Regeln genannt: (1) Sachschaden geht vor Personenschaden, (2) Keine Unterscheidung von Personen. Das würde bedeuten, dass sich das selbstfahrende Auto nicht zwischen Kinderwagen oder Rentner entscheiden können wird. Wen überfährt es dann?

„Sachschaden geht vor Personenschaden“ und „keine Klassifizierung von Personen nach welchen Kriterien auch immer“, hörte man den Verkehrsminister reden. Aber was soll dann geschehen, wenn es spitz auf knapp kommt? Ich bin gespannt, was die Ethik-Kommission sagen wird. Und vor allem: Wenn wir schon wissen, dass keiner ein Auto kauft, das seinen Besitzer notfalls umbringt (wie der ausführlich diskutierte *Science*-Artikel nahelegt), und wenn die Autoindustrie Recht hat, dass autonomes Fahren sicherer ist als das Steuern durch Menschen, wie entgehen wir dann der Zwickmühle, dass die besten Intentionen mehr Tote bewirken?

Interessant ist in diesem Zusammenhang, dass die meisten Deutschen ganz offensichtlich einer utilitaristischen Ethik folgen, wie ein TV-Experiment der ARD am 17.10.2016 zeigte: Die Zuschauer einer Gerichtsverhandlung, in der es darum ging, ob man 165 Menschen töten darf, um 75 000 Menschen zu retten, stimmten ab, ob der Angeklagte schuldig oder nicht schuldig sei, und befanden ihn mehrheitlich (86,9 %) für nicht schuldig (waren also der Ansicht, man dürfe wenige Menschen töten, um viele zu retten). Das ganze Experiment war methodisch nicht sehr sauber durchgeführt worden: Eine „Versuchsanordnung“ (so der Autor der Geschichte) sieht anders aus, die Aufzeichnung der Daten war offenbar mangelhaft[2] und nicht einmal die Anzahl der Teilnehmer wurde berichtet. Dennoch mag man es als Beleg dafür nehmen, dass die

---

2 Auf *Spiegel online* fand sich am Tag nach der Sendung das Folgende: „Ein vergleichbares Ergebnis gab es auch in Österreich und der Schweiz. Allerdings monierten viele Nutzer, das Onlinetool habe nicht funktioniert, die Telefone seien dauerbesetzt gewesen. Dass die ARD an einem solchen Abend die Technik nicht im Griff hat, ach, so unnötig“ (Haeming 2016).

Deutschen im Hinblick auf ihre Moral mehrheitlich nicht aufgeklärt (Menschen sind niemals Mittel zum Zweck), sondern praktisch denken.

Ebenfalls um die Moral – nämlich die der Süd-Koreaner – geht es in Kapitel 3: Was sollten wir denken, wenn Computer irgendwann nicht nur schneller rechnen können als Menschen (das ist schon seit Jahrzehnten der Fall), sondern auch kreativer denken? Hören wir dann frustriert auf, kreativ zu sein? – Ich denke nicht, denn vieles von dem, was heute in dieser Hinsicht behauptet wird, ist nichts als Hype. Wie die Realität wirklich ist, zeigt wieder der Blick nach Süd-Korea: Dort wurden im Jahr 2015 Gesetze erlassen, durch die die junge Generation (alle unter 19 Jahren) vor den Auswirkungen von Smartphones geschützt werden (Kapitel 5). Zu diesen gehört auch Kurzsichtigkeit, die bei Kindern und Jugendlichen entsteht, wenn sie zu wenig im Freien sind und zu wenig in die Ferne sehen (Kapitel 6).

Ganz oft wird behauptet, dass wir Menschen uns schlicht und ergreifend an neue Technik gewöhnen müssten: Wir ändern uns ganz einfach, passen uns an, und werden vielleicht in einigen tausend Jahren mit USB-Anschluss hinter den Ohren geboren. Wie wenig dies mit der Realität zu tun hat, kann man daran ablesen, wie sehr unser Menschsein umgekehrt unsere Nutzung der modernen Technik bestimmt: Wir kommunizieren letztlich nicht anders als vor hunderttausend Jahren, wie sich mit Big Data, d.h. der Analyse großer Datenmengen zur menschlichen Kommunikation, zeigen lässt (Kapitel 7 und 8).

Die nächsten vier Kapitel beziehen sich auf ein Problem, das mich seit ihrer Abfassung nicht mehr loslässt: Armut. Das Problem ist weitaus komplexer, als man zunächst vermuten könnte, geht es doch um viel mehr als nur die Abwesenheit von Geld (Kapitel 9 bis 12).

Die letzten sechs Kapitel dieses achtzehnten Buches seiner Art – es handelt sich wie immer um meine Beiträge aus einem Jahrgang der Zeitschrift für Nervenheilkunde – greifen jeweils aktuelle Erkenntnisse auf und stellen sie in einen Zusammenhang: Das Lesen von Büchern erweist sich als lebensverlängernd (Kapitel 13); Toxoplasmose beeinflusst das Verhalten von Primaten – einschließlich des Menschen (Kapitel 14); Ärzte stehen zwar anders zum Tod als medizinische Laien, sterben aber dennoch kaum anders (Kapitel 15); Ziegen besitzen eine Form des Einfühlungsvermögens (Kapitel 16); Einsamkeit beeinträchtigt die Gesundheit (Kapitel 17); und die Anzahl der grundlegenden Geschmacksqualitäten ist weitaus größer als bislang gedacht (Kapitel 18). Wie immer bin über diese Themen „gestolpert", sei es beim Suchen nach anderen Informationen, im Gespräch mit Kollegen oder beim Durchblättern wissenschaftlicher Zeitschriften. Getrieben von Neugierde recherchierte ich dann jeweils weiter, bis der Kontext klar wurde und der neue Befund damit in einen größeren Zusammenhang einzuordnen war. Diese Arbeit macht mir auch nach 18 Jahren noch immer sehr viel Freude und wird nie langweilig. Auch kam es noch nie vor, dass sich keine Thematik ergeben hätte, es ist eher umgekehrt: Zuweilen geschieht so viel, dass man nicht mehr nachkommt und genau deswegen einen Beitrag nicht rechtzeitig fertig bekommt.

Auch im Jahr 2016 haben mir meine Mitarbeiter geholfen, die Psychiatrische Uni-Klinik in Ulm durch nicht immer ganz ruhiges Fahrwasser gut zu steuern. Ihnen allen gilt dafür mein ganz besonderer Dank! Wir begegnen uns gegenseitig und unseren Patienten mit Aufmerksamkeit und Respekt, und so komme ich jeden Morgen gerne zur Arbeit, freue mich auf gemeinsame Visiten und auf die vielen Begegnungen und Gespräche am Rande. Es sind die Kleinigkeiten, die im Leben den Unterschied machen!

Ebenfalls danken möchte ich den Verlegern Dieter Bergemann und Dr. Wulf Bertram sowie den Mitarbeiterinnen und Mitarbeitern beim Schattauer Verlag, die sich mittlerweile schon um gut 20 Bücher aus meiner Feder gekümmert haben, insbesondere Frau Dr. Anja Borchers, Frau Ruth Becker, Frau Birgit Heyny und Frau Dr. Petra Mülker.

Meiner Morgenrunde (Julia, Georg & Thomas) danke ich für die alltägliche Einsamkeitsprophylaxe und Ermunterung! Der Band (Wulf & Joram) für die gelegentlichen, viel zu seltenen diesbezüglichen Hochdosis-Interventionen. Wäre das nicht und hätte ich dazu noch keine Kinder (und damit auch keine Enkel), dann wäre ich nach den in diesem Buch diskutierten Erkenntnissen schon längst tot.

Hiddensee, Mecklenburg-Vorpommern,
am Reformationstag 2016 — Manfred Spitzer

Literatur

Anonymus. Damit der Autopilot die richtige Entscheidung trifft. In Berlin trifft die „Ethik-Kommission zum automatisierten Fahren“ erstmals zusammen. FAZ 1.10.2016, S. 29.

Ball R. Digitale Disruption. Warum sich Bibliotheken neu positionieren müssen. Forschung & Lehre 23(9): 776–777.

Haeming A. „Hart aber fair“ zum ARD-Film „Terror“. „Sonst sind wir schnell bei Volksjustiz“. Spiegel online 18.10.2016 (http://www.spiegel.de/kultur/tv/ard-film-terror-und-hart-aber-fair-so-lief-das-tv-experiment-a-1117059.html; abgerufen am 25.10.2016).

Merkel A. Rede von Bundeskanzlerin Merkel bei der Eröffnung der EUROBIKE 2013, 28.8.2013 (https://www.bundesregierung.de/ContentArchiv/DE/Archiv17/Reden/2013/08/2013-08-28-merkel-eurobike.html; abgerufen am 24.10.2016).

Inhalt

1 Früher war alles später – und besser

Früher war Weihnachten später – so lautet der Titel eines Buchs (4), das man in diesen Tagen vielleicht gerne einmal hervorholt, um darin zu schmökern (►Abb. 1-1). Wenn man bedenkt, wie früh heute die Nikoläuse und Sterne in die Schaufenster und in die Gassen zwischen ihnen gelangen, so kann man dem Titel aus rein empirischer Sicht nur zustimmen: „Die Blätter an den Bäumen sind noch nicht einmal gelb, geschweige denn welk, und schon hängt die Weihnachtsbeleuchtung in den Ästen. Immer früher stapeln sich die Schokoladen-Nikoläuse an den Kassen, beschallen elendig vertraute Weihnachtsmelodien die Fußgängerzonen und Supermarktgänge“, bringt der Klappentext des genannten Buchs die Problematik auf den Punkt. Die Vorver-

Abb. 1-1 Cover der beiden hier erwähnten, sehr lesenswerten Bücher.

lagerung bewirkt leider, dass man an Weihnachten gar keine Weihnachtslieder mehr singen mag, vom Essen der zum Fest schon alt gewordenen Weihnachtsplätzchen einmal gar nicht zu reden.

Früher hat man die Feste tatsächlich gefeiert wie sie fielen, während man sie heute vorverlegt. So grüßt nicht nur das leicht gelbliche Herbstlaub den Weihnachtsmann, sondern der Schneemann auch den Osterhasen, der seinerseits wahrscheinlich demnächst dem Pfingstochsen zuwinken dürfte. Marketing-Spezialisten wissen warum: Wenn aus dem neuen Auto oder Buch innerhalb weniger Wochen ein Vorjahresmodell zu werden droht – weil sich ein *Jahres*wechsel dummerweise von einem Tag auf den nächsten vollzieht – dann muss man Produkte des kommenden Jahres früher verkaufen, damit sie später altern: Das Auto-Modell vom Frühjahr 2017 kann man daher schon im Herbst 2016 kaufen, ebenso ein 2017 erscheinendes Buch (wer das vorliegende Buch schon 2016 kauft und dies nicht glaubt, der schaue selbst vorne im Impressum nach!). Unsere Abneigung gegen das Altern ist also letztlich die Triebfeder dieser Beschleunigung. Und weil wir alle das Altern noch mehr fürchten als der Teufel das Weihwasser, wird sich an diesem Trend nichts ändern. Irgendwann, vielleicht erst im Jahre 2098, werden wir zum Fest der Feste Bücher verschenken oder geschenkt bekommen, deren Erscheinen auf das Jahr 2100 datiert ist.

Gemäß diesem Trend war also früher tatsächlich alles später. Dies galt übrigens nicht nur für das genannte hohe christliche Fest, sondern auch – zumindest im rechts-oberen Zipfel der Republik – nahezu für dessen Gegenteil: den Weltuntergang.

„Wenn ich wüßte, dass die Welt morgen unterginge, dann würde ich nach Mecklenburg ziehen, weil dort alles 50 Jahre später geschieht." Dieses Otto von Bismarck zugeschriebene[1] Zitat drückt ganz wunderbar aus, wie unterschiedlich die Zeit subjektiv erlebt wird. Im Nordosten Deutschlands scheint sie noch heute langsamer zu gehen als im hektischen Südwesten zwischen High-Tech und Spätzle.

Die Angst vor dem Altern, d.h. vor dem Vergehen der Zeit, bewirkt also, dass die Zeit rascher vergeht – so paradox dies auch klingen mag. Dass damit ein Teufelskreis in Gang gesetzt wird, macht die Sache ebenso wenig besser wie die Tatsache, dass daraus Angst und Stress resultieren. Und weil wir dies wiederum nahezu definitionsgemäß nur aversiv erleben können, war früher nicht nur alles später, sondern eben auch *besser*.

Wie ich im Folgenden zeigen möchte, ist das sich gegenwärtig vielen aufdrängende Gefühl, früher sei es langsamer und besser zugegangen, vielschichtig: Sowohl objektive als auch subjektive Faktoren spielen eine Rolle. Ihnen nachzugehen lohnt sich – gerade in einer Jahreszeit, die durch lan-

1 Nach allem, was der Schweriner Stadtarchivar Bernd Kasten hierzu in einem ganzen Buch in Erfahrung gebracht und sehr lesenswert publiziert hat, geht das genannte Zitat ganz sicher *nicht* auf Otto von Bismarck zurück, obwohl es ihm vielfach und trotz gegenteiliger Evidenz mit zunehmender Begeisterung zugeschrieben wird. „Urheber war stattdessen der sozialdemokratische Politiker Franz Starosson, der die Geschichte zuerst 1919 in einer Landtagsrede verwandte" (3, S. 25). Zu erwähnen wäre an dieser Stelle noch, dass der einstige Bundespräsident Theodor Heuss den gleichen Spruch über Schleswig-Holstein gesagt haben soll, Mark Twain soll es über die Stadt Cincinnati im US-Staat Ohio und Gustav Mahler über Wien gesagt haben. In den Niederlanden hält sich zudem hartnäckig und wiederum entgegen jeglicher empirischer Evidenz das Gerücht, Heinrich Heine habe dies über Holland gesagt: „Das angebliche Heine-Zitat hat [dort] in vitaler Resistenz alle Attacken überlebt und erfreut sich [...] ungebrochener Beliebtheit" (3, S. 24).

ge dunkle Winterabende und damit viel Zeit für Besinnung sprichwörtlich gekennzeichnet ist.

Bevor man einen Effekt diskutiert, sollte man sich vergewissern, dass er auch existiert. Die neuesten Daten zur Frage, ob früher alles besser war (Stand: Herbst 2016) sind eindeutig: Ja, der Effekt existiert. „Die Verunsicherung der 30- bis 59-Jährigen ist gewachsen, ihr Zukunftsoptimismus steil zurückgegangen“, kommentiert das Allensbach-Institut für Demoskopie eine Umfrage im Auftrag des Gesamtverbandes der Deutschen Versicherungswirtschaft, GDV, vom 1. bis 22. Juni 2016 von insgesamt 1100 Männern und Frauen im Alter zwischen 30 und 59 Jahren (1, 2). Dabei steigt der Anteil der Leute (im Vergleich zu 2013), denen es nach eigenen Angaben besser geht als früher (heute: 39 %, 2013: 35 %) und es sinkt der Anteil derjenigen, die angeben, es ginge ihnen schlechter als früher (heute: 20 %, 2013: 23 %). Dennoch hat sich die Bewertung der Aussichten für das nächste Jahr deutlich zum Negativen gewendet (► Abb. 1-2):

„Der Blick auf die jeweils bevorstehenden 12 Monate ist nun aber im Vergleich mit 2015 viel pessimistischer ge-

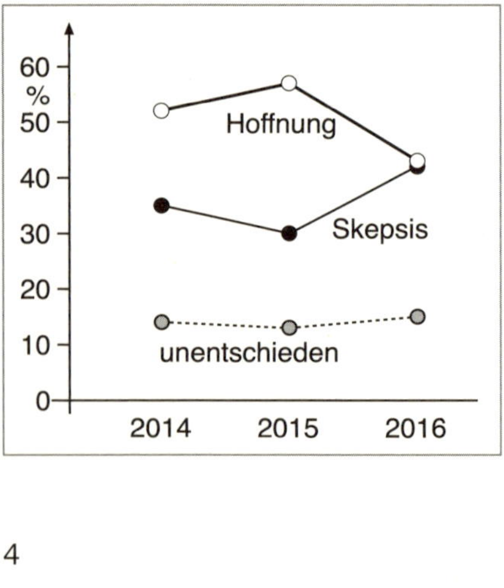

Abb. 1-2 „Ich sehe den kommenden Monaten entgegen mit Hoffnung (weiße Kreise), Skepsis (schwarze Kreise) bzw. unentschieden“ (graue Kreise; nach Daten aus 1).

färbt: Diesmal gaben nur noch 43 % an, hoffnungsvoll in die Zukunft zu blicken; vor einem Jahr waren es noch 57 %. Umgekehrt hat sich der Anteil der sorgenvoll gestimmten Menschen aus der ‚Generation Mitte' von 30 auf 42 % erhöht" (2).

Als Gründe werden genannt – jeweils etwa von zwei Dritteln der Befragten – die Zunahme

- der Kluft zwischen Arm und Reich,
- der Terrorgefahr,
- der Fremden (Flüchtlinge) und
- der Fremdenfeindlichkeit.

Zudem hat die Angst der Deutschen vor dem Anstieg von Gewalt und Kriminalität in ihrem Umfeld (Gewaltverbrechen, Diebstahl, Einbruch, Anschlag im Inland) seit dem Vorjahr um 22 % zugenommen. In globaler Hinsicht fürchtet knapp die Hälfte der Bevölkerung einen Krieg. Sorgen bereiten zudem die Alterung der Gesellschaft und die Furcht vor einem geringeren eigenen Lebensstandard im Alter (60 %) sowie vor persönlicher Arbeitslosigkeit (29 %) und dem persönlichen Verlust der Ersparnisse durch Inflation (40 %). Der Anteil derer, die über mehr Stress (43 %) und Überforderung im Beruf (21 %) klagen, hat ebenfalls gegenüber dem Vorjahr um 15 % zugenommen.

So hoffnungslos erschien uns Deutschen die Lage seit den Terroranschlägen vom 11. September 2001 und der Finanzkrise von 2008 nicht mehr; und gerade im letzten Jahr ging es mit dem Pessimismus bergauf und mit dem Optimismus bergab.

Betrachtet man die Sorgen der deutschen Bevölkerung einmal ganz nüchtern, dann fällt auf, dass sie berechtigt sind. So nahm die Kluft zwischen Reich und Arm weltweit zwar im vorletzten und vor allem letzten Jahrhundert deutlich ab, seit etwa 1970 steigt sie jedoch weltweit wieder an und wird, glaubt man den Experten, dies auch bis ans Ende dieses Jahrhunderts weiterhin tun. Da Armut hierzulande vor allem Ungleichheit meint (sie ist relativ zum Median des Verdienstes aller definiert), wird also die Armut zunehmen. Selbst wenn durch ein Wunder alle Deutschen ab dem 1.1.2017 doppelt so viel verdienen würden als zuvor, wäre der Anteil der Armen unverändert (denn das sind diejenigen, die nur 60% oder weniger vom Median des Einkommens aller Deutschen zur Verfügung haben). Das mag paradox klingen, ist jedoch aufgrund der Mathematik dahinter unausweichlich.

Dass die Terrorgefahr heute größer ist als sie es früher war – selbst in den Zeiten von Bomben in Nordirland (IRA) sowie Andreas Baader und Ulrike Meinhof (RAF) – wird kaum jemand bezweifeln. Nicht anders ist es mit den Flüchtlingen. Zwar hatten wir davon in der Vergangenheit (nach Ende des Zweiten Weltkriegs) schon deutlich mehr als im Jahr 2015, aber deren Zahl wird sich in den kommenden Jahrzehnten noch in einer Weise steigern, die uns heute unvorstellbar erscheint: Wenn es stimmt, dass bis zum Ende dieses Jahrhunderts die Erderwärmung so zugelegt haben wird, wie man es heute mit den vorhandenen Daten berechnen kann, dann steht in etwa 80 Jahren 2 Milliarden Menschen (den Bewohnern aller großen Küstenstädte sowie den Bewohnern von Ländern wie Holland, Louisiana oder den Malediven) das Wasser buchstäblich bis zum Hals, und sie werden sich aus genau diesem Grunde schon auf den Weg gemacht haben. Wenn nun aber eine Million Flüchtlinge die Europäische Union an den Rand der Zerreißprobe gebracht haben (mit bislang noch ungewissem Ausgang!), mag man sich gar nicht ausmalen, was 2000 Millionen (das sind 2 Milliarden!) Flüchtlinge mit der Welt, wie wir sie kennen, machen. Der im Jahr 2016 allenthalben zu beobachtende kleinherzige Nationalismus (Stichworte: Brexit, AfD) jedenfalls stimmt einen hier für die in einigen Jahrzehnten in den Blick zu nehmende Zukunft wirklich nicht optimistisch!

So ergibt sich, das auch bei der Angst vor alledem (die ja selbst als eines der Probleme fungiert) die Hoffnung auf Entwarnung kaum gegeben werden kann – zumal die Akzeptanz einer psychiatrischen Lösung – Lithium, Benzodiazepine oder Haloperidol ins Trinkwasser – gegen Null gehen dürfte. Sie wird mittelfristig eher zunehmen, nicht zuletzt weil Einbrüche und die Ausgaben für Verteidigung tatsächlich zunehmen und der Wert des Geldes sowie die Wahrscheinlichkeit eines globalen Friedens tatsächlich abnehmen.

Aber ist es nicht eine Täuschung, dass früher alles besser war? Sagen das nicht alle älteren Menschen, ganz einfach deswegen, weil wir die Vergangenheit einfach prinzipiell eher mit der rosa Brille betrachten, wie das der Volksmund sagt? In der Tat spricht für diese Ansicht nicht nur die uns allen bekannte anekdotische Evidenz, dass das abhanden gekommene Urlaubsgepäck von heute die Partystory in zwei Jahren werden wird. Vielmehr wurde die Existenz einer solchen rosa Brille für Ereignisse in unserem Gedächtnis bereits vor 20 Jahren von US-amerikanischen Psychologen wissenschaftlich belegt. Sie führten Studien durch, bei denen 21 Probanden eine 12-tägige Europareise, 77 Studenten einen Kurztrip am Erntedankfest (Thanksgiving) oder 38 Studenten eine dreiwöchige Fahrradtour in Kalifornien unternahmen. „Die Kosten solcher Ereignisse werden für gewöhnlich in Dollar gemessen. Was man dafür bekommt hingegen sind Erfüllung, persönliche Belohnung und Erinnerungen“, schreiben die Autoren in typisch amerikanischer ökonomisierender Kosten-Nutzen-Analyse (5, S. 422, Übersetzung durch den Autor). Bei allen drei Studien ergab sich, dass das Erlebnis vorher und nachher positiver beurteilt wurde als während der Reise selbst. Betrachten wir nur beispielsweise die Fahrradtour: Ganze 5 % der Teilnehmer hatten vorher die Vermutung, dass die Erfahrung für sie enttäuschend sein könnte, wohingegen während der Tour volle 61 % enttäuscht waren. Hinterher konnten sich dann wiederum nur gerade einmal 11 % daran erinnern, auf der Tour enttäuscht gewesen zu sein. – Die rosa Brille scheint ganze Arbeit zu leisten!

Wissenschaftler aus den Niederlanden bestätigten 13 Jahre später in einer Studie an vergleichsweise älteren Probanden im Wesentlichen diese Ergebnisse (6). Die Autoren befragten 1530 Personen im Durchschnittsalter von 50 Jahren zu mehreren Zeitpunkten (in den Kalenderwochen 11, 19, 27, 35 und 43) danach, wie glücklich sie sich fühlten und zudem in der 35. Kalenderwoche, ob sie im Zeitraum zwischen der 27. und 35. Jahreswoche eine Urlaubsreise gemacht hatten (n = 974) oder nicht (n = 556). Heraus kam, dass diejenigen, die eine Urlaubsreise gemacht hatten, nachher, aber auch vorher schon glücklicher waren als die Nichturlauber, und dass ein Urlaub, sofern er „entspannt“ war, bis etwa zwei Wochen danach das Glück etwas steigert, übrigens unabhängig von dessen Länge.

Man hat sich viele Gründe überlegt, warum die rosa Brille wohl existiert, von der Freude vor und nach dem Ereignis, die sich auf dessen eher allgemeine Bedeutung bezieht, im Gegensatz zum ablenkenden nervenden Kleinkram während des Ereignisses, über den konstruktiven Charakter des Erinnerns bei grundsätzlich immer vorhandenem Bedürfnis nach Stärkung unseres Selbstwertgefühls bis hin zur Ausbalancierung unserer alltäglichen jeweils in der Gegenwart vorhandenen Existenzangst.

Aufgrund dieser sehr bunten Vielfalt an möglichen Ursachen der rosa Brille wundert es nicht, dass sie auch unterschiedlich beurteilt wird. Man kann sie als allgemeine Lebenserleichterung auffassen, die uns zudem sogar bekannt ist, weswegen wir dann eben auch Reisen unternehmen und Veranstaltungen besuchen: Wir wissen, schon vorher, dass wir hinterher schöne Erinnerungen haben werden, deren Gesamtheit ja dann nichts weniger ausmacht als das, was wir „unser Leben“ nennen. Man kann der rosa Brille aber auch anlasten, dass sie zu falschen Entscheidungen führt: Das neue Auto, die neue Wohnung, der neue Arbeitgeber oder gar die neue Beziehung werden vergleichsweise zu optimistisch beurteilt, was Fehlentscheidungen begünstigt. Das Gleiche gilt, wenn ich die Vergangenheit zu positiv beurteile und daher meinen eigenen Fehlern geringere Bedeutung beimesse, als ich dies tun sollte (z.B. „bei Aktien lag ich bislang immer goldrichtig“). Die rosa Brille mag also dazu führen, dass ich aus Fehlern weniger lerne als ich könnte oder sollte: „Das andauernde Umschreiben der Vergangenheit in einem günstigen Licht kann bedeuten, dass wir den Herausforderungen der Zukunft in geringerem Maße gewachsen sind“, bemerken Mitchell und Mitarbeiter hierzu in ihrer abschließenden Diskussion (5, Übersetzung durch den Autor).

War also früher wirklich alles besser? – Ich persönlich neige zur Antwort „Vielleicht ein bisschen!“. Denn alles mit der Bemerkung „es bleibt ja eh alles, wie es ist“ auf die rosa Brille zu schieben und als Konsequenz untätig dem Lauf der Welt zuzuschauen, entspricht einfach nicht meinem Naturell. Ich mag nicht zusehen, wie die Welt den Bach hinuntergeht, dazu gefällt sie mir zu gut. Und vor allem meinen Kindern und deren Kindern auch.

Literatur

1. Anonymus. Große Allensbach-Umfrage: Wovor die Deutschen Angst haben. Bild.de, 8.9.2016 (http://www.bild.de/politik/inland/umfrage/allensbach-wovor-die-deutschen-angst-haben-47719672.bild.html; abgerufen am 10.9.2016)
2. Anonymus. In der mittleren Generation wächst die Zukunftsangst. FAZ, 9.9.2016, S. 19.
3. Kasten B. Alles 50 Jahre später? Die Wahrheit über Bismarck und Mecklenburg. Zwickau: Hinsdorff 2013.

4. Kampa D. Früher war Weihnachten später. Zürich: Diogenes 2011.
5. Mitchell TR, Thompson L, Peterson E, Cronk R. Temporal adjustments in the evaluation of events: the „Rosy View". Journal of Experimental and Social Psychology 1997; 33: 421–448.
6. Nawijn J, Marchand MA, Veenhoven R, Vingerhoets AJ. Vacationers happier, but most not happier after a holiday. Appl Res Qual Life 2010; 5: 35–47.

2 Zerreißen oder zerrissen werden?

Digital disruptiv: Dysfunktional und destruktiv!

„Die Welle der Disruption rollt“[1] (▸ Abb. 2-1). Seit einiger Zeit hört man auf Fachtagungen, liest in Zeitungen und erfährt in Diskussionen, dass die digitale Technologie heute vor allem eines sei: *disruptiv* – also wörtlich übersetzt *zerreißend*. Damit ist gemeint, dass eine Neuerung bzw. eine Erfindung den Effekt hat, die Welt nicht nur zu verändern, sondern Teile der – bekannten – Welt überflüssig zu machen, sodass es diese Teile zerreißt und sie erstaunlich schnell verschwinden: Das Auto ließ die Pferdekutsche verschwinden, die CD die Schallplatte und MP3 samt iPod dann die CD. Als Computer erfunden wurden, nahm man bei IBM an, der Markt für diese Geräte sei sehr klein, weil man weltweit nur ein paar Geräte (Großcomputer, genannt *Mainframes*) brauche. Jahrzehnte später besitzt jeder einen Personal Computer (PC), und die Großcomputer sind verschwunden.

Ein weiteres oft angeführtes Beispiel ist die im Jahr 1892 gegründete Firma Kodak. Sie stellte Foto- und Filmkameras sowie Filme, Fotopapier und weiteres Zubehör her, war weltweit bekannt, riesengroß und sehr erfolgreich. Bereits 1975 wurde dort die erste Digitalkamera gebaut, man hielt sie aber für so schlecht, dass man sich lieber weiter

1 Nachzulesen bei Euroforum, einem Informationsanbieter im IT-Bereich, der zum „Disruption Day. Das ultimative Überlebenstraining“ am 29.9.2016 ins Schmidt Theater, Hamburg, einlud (http://www.euroforum.de/disruptionday/whitepaper/?referer=QU:RGD&gclid=CJqtm43pi 84CFUg 8GwoduGwIow, abgerufen am 24.7.2016).

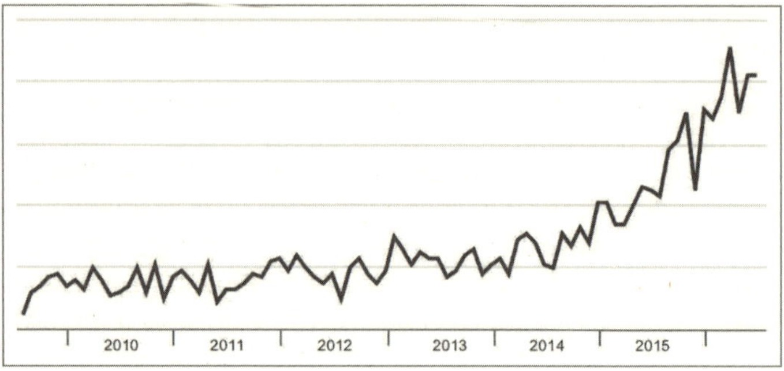

Abb. 2-1 Interesse am Wort „disruptiv" in den deutschen Medien von August 2009 bis Juli 2016 (nach Google Trends, abgerufen am 2.8.2016).

auf die konventionelle Fotografie konzentrierte – mit dem Effekt, dass es heute Kodak nicht mehr gibt.[2]

In jedem dieser Beispiele wurde nicht ein vorhandenes Produkt bzw. eine vorhandene Technik weiterentwickelt, sondern etwas völlig Neues geschaffen. „Wenn ich die Menschen gefragt hätte, was sie wollen, hätten sie gesagt: schnellere Pferde." Dieses Zitat von Henry Ford[3] zeigt klar, worum es hier inhaltlich geht: Manche Neuerungen vollziehen sich nicht langsam und im Sinne einer Evolution (von schon Vorhandenem zu etwas Neuem), sondern wie eine *Re*volution. Das Alte verschwindet vollkommen und wird durch etwas ganz Neues ersetzt.

2 Es werden weder Kameras noch Filme produziert. Nur im Bereich des professionellen Drucks wird noch produziert. Eine 2013 gegründete Nachfolgefirma, Kodak Alaris, betreibt die Produktion von Filmen und Fotopapier (als „Nischenprodukte") auf kleiner Flamme.

3 http://www.henry-ford.net/deutsch/zitate.html.

Diese Überlegungen sind hinlänglich bekannt. Neu hingegen ist der Gedanke, dass dies in ganz besonderem Maße für die digitale Technik (die „digitale Revolution") zutrifft, dass durch sie vieles Alte so gründlich und schnell verschwindet, dass man für diesen Prozess das Wort „zerreißend" („disruptiv") verwendet und dass man dies ganz prinzipiell für gut und wünschenswert erklärt. Wie so mancher neue Name bewirkte auch diese Bezeichnung eines Prozesses („disruptive innovation"), eines allgemeinen Sachgebiets („disruptive technology") bzw. einer Sache („disruptive product") deren Verdinglichung, was dazu führt, dass man das Wort im Substantiv verwendet („this course is on disruption", beschreibt jemand den Inhalt einer Lehrveranstaltung) und vor allem gedankenlos auf alles Mögliche überträgt. Man spricht mittlerweile sogar nicht mehr von der Digitalisierung von Schulen, Universitäten oder der Medizin, sondern von „disruptive education", „disruptive university" und „disruptive health care". Das alles sei ebenso unvermeidbar wie es zugleich auch gut sei.

So zumindest behauptet es der Harvard-Ökonom Clayton M. Christensen in seinem Buch *The Innovator's Dilemma* aus dem Jahr 1997 (▸ Abb. 2-2) und in mehr als einem halben Dutzend weiterer Bücher (6). Er argumentiert, dass Manager gerade deswegen, weil sie dazu neigen, sich an den Wünschen der Kunden zu orientieren, zwar einerseits den Erfolg der Firma über Jahrzehnte sichern, andererseits jedoch neue Entwicklungen systematisch nicht mehr im Blick haben. Dadurch würden ihre früher „richtigen" Entscheidungen nun falsch (was den Titel des Buchs erklärt).

Der Artikel *Disruptive Technologies: Catching the Wave*, den Christensen zusammen mit seinem Kollegen Joseph L. Bower im Jahr 1995 im *Harvard Business Review* publizierte (3), verfolgte die gleiche Argumentationslinie

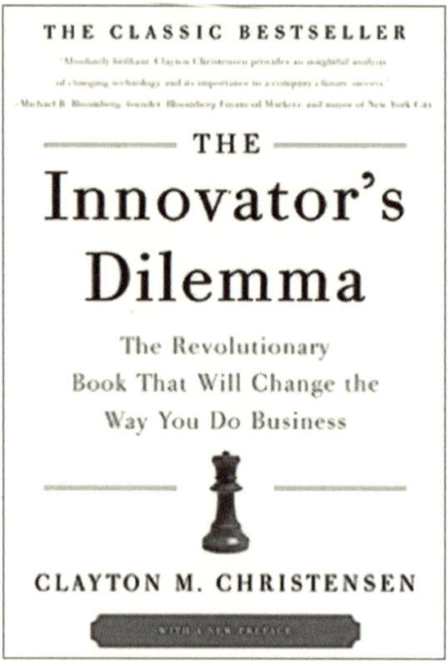

Abb. 2-2 Cover des Nachdrucks der Monografie *The Innovator's Dilemma* von Clayton M. Christensen aus dem Jahr 2011. Das Buch erschien im Jahr 1997 und wurde 1999 zum Bestseller – auf dem Höhepunkt der ersten *dot-com*-Börsenblase, die kurze Zeit später bekanntermaßen zerplatzte.

und machte die Idee weltweit bekannt. Im Gegensatz zum normalen (inkrementellen, evolutionären) Fortschritt, verändere eine disruptive Technologie nicht einfach eine schon existierende Technik, sondern revolutioniere einen ganzen Markt, schaffe einen neuen, und ließe einen alten untergehen. Dabei sind die neuen disruptiven Produkte anfangs oft nicht so gut wie die alten, beginnen zuweilen als billige Nischenprodukte, setzen sich jedoch dann plötzlich sehr rasch durch.

Man hat Christensen daher auch zuweilen mit Thomas Kuhn und dessen These von der (inkrementellen, evolutionären) „Normalwissenschaft" im Gegensatz zu Paradigmenwechseln bei wissenschaftlichen Revolutionen verglichen (9). Gern und oft werden die Firma Apple und deren Produkte (grafische Benutzeroberfläche, iPad, iPhone) als positive Beispiele für disruptive Innovationen angeführt. Man sehe an ihnen deutlich, wie gut und erstrebenswert es sei, wenn das Neue das Alte in der Luft zerreißt. Daher müsse man auf Disruption setzen, nicht zuletzt, um nicht selbst zerrissen zu werden: „Disrupt or be disrupted" lautet daher auch das neue Mantra der Betriebswirtschaftler.

Ein Problem an der gesamten Argumentation von Christensen ist, dass man immer erst *hinterher* weiß, ob etwas Neues zu einer disruptiven Innovation geworden ist oder nicht. Eine sichere Vorhersage hierzu ist nicht möglich. So war beispielsweise das Apple Newton Messagepad (►Abb. 2-3) ein vollkommen neues, geniales Gerät mit einer ganzen Reihe nützlicher Eigenschaften (z. B. Erkennung der Handschrift) und Anwendungen und wurde – ein Flop! Fünf Jahre nach seiner Einführung wurde die Produktion des Produkts bzw. der Produktpalette von dem neuen (alten) Chef von Apple, Steve Jobs, eingestellt.

Christensens „Fälle" sind zudem willkürlich ausgewählt und zeigen insbesondere, wie Unternehmen *scheitern* können. Sie zeigen *nicht*, wie sich Erfolg mit Notwendigkeit einstellt. Und wenn der Autor behauptet, dass es mit einem Unternehmen auch dann schiefgehen kann, wenn die Manager alles – vermeintlich – richtig machen (beispielsweise sich an den Kundenwünschen orientieren und die Produkte weiterentwickeln), dann drückt er aus, was wir alle längst wissen: Unglück passiert. So wundert es nicht, dass ein vom Autor bei der Gründung beratener 3,8 Millionen US-Dollar schwerer *Disruptive Growth Investment Fund* nach einem knappen Jahr pleite war. Ebenso wenig verwundert, dass er im Jahr 2007 mit seiner Einschätzung des iPhones („Das wird ein Misserfolg für Apple") gründlich danebenlag. Dennoch schreibt der Autor im Vorwort der Auflage von 2011, dass „die Theorie der Disruption nach wie vor Voraussagen liefert, die ziemlich genau sind" (8, Übersetzung durch den Autor). An Selbstbewusstsein mangelt es

Abb. 2-3 Der von seiner Herstellerfirma Apple als „personaler digitaler Assistent“ bezeichnete Newton war ein Vorläufer von iPhone und iPad. Er war konzipiert als „Kommunikationsmedium für alle“, das man immer dabeihaben kann. Die Firma kündigte das Gerät im August 1993 wie folgt an: „Die ausgeklügelte Informationstechnologie und die vielfältigen Kommunikationsfunktionen des Newton MessagePads ermöglichen es Ihnen, Kontakt zu Freunden und Kollegen zu halten, Ihren Alltag zu organisieren und Ihre Ideen sofort festzuhalten. Sie können sich Notizen machen, Skizzen entwerfen, Briefe formatieren und ausdrucken, Daten mit Ihrem PC austauschen, Faxe versenden, Nachrichten und Dokumente empfangen sowie E-Mails und Online-Dienste abrufen. Die eingebaute Infrarottechnik erlaubt Ihnen sogar den Austausch von Visitenkarten mit Geschäftspartnern. Und wo auch immer Sie hingehen – Ihr leistungsstarker, weniger als ein Pfund leichter persönlicher Assistent ist stets in Ihrer Hosentasche mit dabei“(16, Übersetzung durch den Autor).

dem Harvard-Business-Mann ganz offensichtlich nicht, an Selbstkritik dagegen schon. Auf eine Kritik seitens der Geschichtsprofessorin Jill Lepore seiner Universität[4] reagierte er sehr emotional abwertend und zugleich mit wenig Inhalt (2).

Interessanterweise wurde das Buch trotz seiner vollkommen unzureichenden empirischen Basis, seiner argumentativen Schwächen und sogar Plattheit wie auch seiner offensichtlichen praktischen Unbrauchbarkeit (was hielten Sie von dem Hinweis eines Arztes: „Über die Prognose wird der weitere Verlauf entscheiden"?) über allen grünen Klee dieser Welt gelobt.[5] – Warum?

Bei Licht betrachtet, geht es beim Thema Disruptivität um digitale Informationstechnik und deren Folgen auf Gesellschaft, Wirtschaft und den Einzelnen. Diese Folgen wurden in der Vergangenheit in sehr rosigen Farben gezeichnet: Innovation, Wachstum, Arbeitsplätze, Reichtum, Glück – all das versprach uns die „digitale Revolution" noch vor wenigen Jahren. Die Fakten sehen jedoch anders aus: Auf die erste digitale Börsenblase folgte zwar eine Konsolidierung der Branche, die Goldgräberstimmung jedoch war vorbei. Schaut man sich die wirtschaftlichen Da-

---

4 „Diese Geschichtstheorie basiert auf der großen Furcht vor einem finanziellen Zusammenbruch, einer apokalyptischen Angst vor weltweiter Zerstörung und auf wackeligen Beweisen," kritisiert Lepore scharf (13, Übersetzung durch den Autor).

5 Die vielen 5-Sterne-Reviews des Buchs – wer möchte, kann das unter Bloomberg, Forbes und Wall Street Journal selbst nachlesen – verdeutlichen meiner Meinung nach vor allem eines: Die Kritiklosigkeit von Managern und Business-„Fachleuten" gegenüber offensichtlich dummen Ideen, deren Sucht nach Neuem („wenn es neu ist, muss es gut sein") und damit deren leichte Verführbarkeit. Genaue Analyse und kritisches Denken – Fehlanzeige!

ten der letzten 15 Jahre genauer an, so zeigt sich in den westlichen (digitalisierten) Industrienationen gegenüber den 1980er- und 1990er-Jahren ein vergleichsweise geringeres Wachstum des Bruttoinlandsprodukts, der Produktivität und vor allem der Löhne sowie eine Zunahme der Arbeitslosigkeit. Die Zahl der Geschäftsgründungen ist rückläufig, das Durchschnittsalter der Firmen hingegen steigt an (18).

Diese Fakten werden von Wirtschaft und Politik vollkommen ignoriert. Wenn beispielsweise das Wirtschaftsministerium in einer Broschüre (▸Abb. 2-4) Anfang 2016 mit neuen Arbeitsplätzen durch zunehmende Digitalisierung warb, so muss es sich auch fragen lassen, auf welchen Daten sein Optimismus ruht und vor allem, wie es denn um die durch dieselbe Digitalisierung wegfallenden Arbeitsplätze bestellt ist.[6]

Wer sich darüber informieren will, was technologischer Fortschritt für die betroffenen Menschen bedeuten kann, der lese *Die Weber* von Gerhart Hauptmann (▸Abb. 2-5). In diesem sozialen Drama aus dem Jahr 1892 geht es um den schlesischen Weberaufstand von 1844, der weder der erste noch der heftigste dieser frühindustriellen Unruhen war, die sich seit dem späten Mittelalter bis ins 19. Jahrhundert hinein in Deutschland ereigneten. Wahrscheinlich hatte er jedoch den größten PR-Effekt, wie man heute sagen würde, insbesondere im Hinblick auf die Märzrevolution von 1848 (19). Wie Hauptmann eindrucksvoll darstellt, litten die Aufständischen Hunger

---

6 Man bedenke: Als Facebook vor gut zwei Jahren seinen Konkurrenten WhatsApp für mehr als 16 Milliarden US-Dollar kaufte, hatte WhatsApp gerade einmal 55 Mitarbeiter! Regierungen in ganz Westeuropa bekämpfen das Start-up Uber, weil es den Taxi-Service schlechter und Hunderttausende von Taxifahrern arbeitslos macht.

Abb. 2-4 Die Broschüre *Digitalisierung und du* (Titelblatt links) wurde im März 2016 vom Bundesministerium für Wirtschaft und Energie (BMWi) publiziert und malt unsere digitale Zukunft in rosigen Farben. So wird für das Jahr 2015 beispielsweise von 50 000 neuen Arbeitsplätzen durch die Digitalisierung gesprochen (rechts).

und waren im Hinblick auf ihre wirtschaftliche Verhandlungsmacht den Abnehmern ihrer am Handwebstuhl erzeugten Produkte im Vergleich zur maschinell erzeugten Ware hoffnungslos unterlegen. Die Besitzer der Maschinen nutzten ihre Monopolstellung gnadenlos aus, was zu einem Verfall der Preise für gewebte Textilien führte. Dieser war so stark ausgeprägt, dass er auch durch Nacht- und Kinderarbeit nicht ausgeglichen werden konnte, was bei den Betroffenen zu Mangel, Verelendung und Hunger führte.

Diese von Gerhart Hauptmann so eindrücklich geschilderte Entwicklung ist ein Beispiel für das, was heute als Disruption bezeichnet wird. Doch während uns Haupt-

Abb. 2-5 Plakat von Emil Orlik (1870–1932) aus dem Jahr 1897 zu Hauptmanns Stück. Dessen Hintergrund – der Aufstand der Weber in Schlesien von 1844 – fasst Wolfgang Büttner (1994) in einem ZEIT-Artikel 150 Jahre danach wie folgt zusammen: „Im preußischen Schlesien ist die Not besonders groß. Das Textilgewerbe im Königreich produzierte mehr Web- und Spinnwaren als alle anderen deutschen Länder. Hier stehen fast fünfzig Prozent aller Webstühle, auf denen Leinen, Baum- oder Halbbaumwolle verarbeitet werden. Aus England kommen mehr und mehr billigere, auf modernen Maschinen hergestellte Waren. In Deutschland ist die historisch überholte Heimindustrie noch weit verbreitet. Außerdem hemmen preußische Gesetze im Interesse der Großgrundbesitzer den industriellen Fortschritt. So sinkt der Preis für die Weber beständig, und Verdienstrückgang lässt sich, selbst wenn der Arbeitstag bis nach Mitternacht ausgedehnt wird, nicht mehr wettmachen." Die Aufführung des Stücks war zunächst (am 3.3.1892) vom Polizeipräsidium in Berlin verboten worden, sodass die erste öffentliche Aufführung erst nach der 1893 erfolgten Aufhebung am 25.9.1894 erfolgte.

manns Arbeit „zeitlos“ an die sozialen Folgen eines gnadenlosen Verdrängungswettbewerbs erinnert und zum Nachdenken ermahnt, ist das perfide an der Semantik von „Disruption“, dass mit diesem Begriff eine ökonomische Entwicklung intellektuell attraktiv und zugleich moralisch neutral formulierbar erscheinen soll, die in Wahrheit an den Grundfesten unserer Gemeinschaft nicht nur rüttelt, sondern sie im Laufschritt zerstört. Im Grunde – so bleibt der Eindruck aus dem Hype um diesen Begriff – soll er salonfähig machen, was nicht salonfähig ist; er soll zeigen, wie es um diejenigen bestellt ist, die „moderne“ Entwicklungen nicht wahrnehmen: Sie werden zerrissen. Zudem wird behauptet, dass man mit einer (wert-)konservativen und auf objektive Abschätzung von Technikfolgen bedachten Haltung das eigene Schicksal schon besiegelt habe: Die „Ewiggestrigen“ werden vom Fortschritt zerrissen und sind an diesem eigenen Schicksal auch noch selbst schuld(!), denn sie haben „Disruption“ nicht verstanden. Verlieren und daran auch noch selber schuld sein – dies ist die Botschaft von Disruption, bei der es sich damit um eine gedankenloses Reduktion komplexer ökonomischer Zusammenhänge und Konsequenzen handelt, die an Perfidität kaum zu überbieten ist.

Aus meiner Sicht lässt sich an der Diskussion um die digitale Disruptivität daher vor allem eines ablesen: der intellektuelle und moralische Verfall eines Teils unserer wirtschaftlichen Elite. Die vermeintliche „Theorie“ ist gar keine, denn sie erlaubt keinerlei Voraussagen oder praktische Anwendungen. Und motiviert ist sie offensichtlich durch die verzweifelte ökonomische Lage mancher im Bereich digitaler Informationstechnik tätiger Firmen, die weder vor Lügen noch vor Handlungen zurückschrecken, die vorsätzlich das Vertrauen anderer Personen ausnutzen, um geschäftliche Vorteile zu erlangen: Man tut so, als könne man mithilfe des Gedankens (der „Theorie“) der

Disruption Firmen in zwei Sorten einteilen: Die einen zerreißen, die anderen werden zerrissen. Die emotionale Begleiterscheinung des Gedankens ist gewünscht und wird bewusst provoziert: die Angst vorm eigenen raschen und vollkommen unvermittelten Untergang, der wegen fehlender technischer „Weitsicht“ auch noch selbst verschuldet ist.

Diese Angst ist mittlerweile das alles Digitale beherrschende Grundgefühl. „Im Silicon Valley hat der Glaube an Disruption mittlerweile einen nahezu religiösen Beigeschmack. Alles, was zerreißt, ist gut; und alles, was dem Zerreißen im Wege steht (wie etwa die Taxiunternehmen in San Francisco oder die lokalen Tageszeitungen), verdient es zu verschwinden.“ So charakterisiert es Justin Fox (9, Übersetzung durch den Autor), Chefherausgeber genau derjenigen Zeitschrift – *Harvard Business Review* –, in der auch die erste Arbeit von Christensen etwa 20 Jahre zuvor erschienen war.[7]

„Du machst mit, oder Du bist in ein bis zwei Jahren weg“, reden uns die Technik-Gurus ein, die stolz auf das Zerreißen sind und die Angst auch gleich ganz offen thematisieren: Wer Angst habe vor disruptiven Entwicklungen und aus diesem Grund zögere, der sei eben selber schuld, wenn es ihn dann bald erwische. Die Apologeten der neuen Entwicklung überbieten sich geradezu sich mit Negativa, sprechen von Explosion, „Urknall“ und „zerstörender“

7 Auch wie der Autor fortfährt, möchte ich dem Leser nicht vorenthalten: „Es ist bemerkenswert, dass hier ein Wort verwendet wird, das ursprünglich lediglich ‚auseinanderbrechen‘ bedeutete, was – keineswegs überraschend – nicht ohne Gegenreaktionen blieb: Es gibt mittlerweile eine App für Firefox- und Chrome-Browser, die jede Erwähnung des Wortes *disrupt* durch *bullshit* ersetzt“ (Übersetzung durch den Autor).

Abb. 2-6 Bücher, die man nicht zu lesen braucht – es sei denn, man sucht Beispiele für intellektuell unredliche und moralisch höchst fragwürdige Argumentation.

[devastating] Innovation – als wäre „zerreißend“ noch zu milde formuliert! (13).

Der mitverantwortliche Wortschöpfer schreckt nicht einmal davor zurück, in zwei neueren Büchern (▸ Abb. 2-6) den Gedanken der Disruptivität auf die schulische sowie die universitäre Bildung zu übertragen (7, 8). Beide sind das Papier nicht wert, auf dem sie gedruckt sind, werden doch in ihnen die mittlerweile vollkommen überzogenen Behauptungen zum Stellenwert digitaler Medien an Schulen und Universitäten auf sehr vage und wenig praktische Weise wiederholt: Man hat bei der durch viel Wirtschaftsjargon nicht gerade erleichterten Lektüre den Eindruck, dass der Autor und seine Koautoren nicht wissen, wovon sie sprechen. Und noch etwas: Wenn sogar Universitäten neue

Studiengänge stolz als „disruptiv“ anpreisen[8], dann sagt das nichts über den akademischen Wert oder gar die Moralität dieser Gedanken, sondern leider nur etwas über die betreffenden Verantwortlichen an den Universitäten.[9]

Das schon im vorletzten Jahrhundert weithin bekannt gewordene, trivialisierte Verständnis der Evolution des Menschen als „Abstammung vom Affen“ und als „Fressen oder gefressen werden“ ist mittlerweile als das entlarvt, was es ist: völlig unzureichend, weil zu stark vereinfachend und daher schlichtweg nicht nur falsch, sondern vor allem auch gefährlich! Denn wenn es zur Natur des Menschen gehörte, dass er fressen muss, um nicht gefressen zu werden, dann fände jegliche Form der Aggressivität ihre Rechtfertigung. Nicht umsonst wurde daher im letzten Jahrhundert vielfach und erfolgreich gegen Sozialdarwinismus – dessen schlimmste Auswüchse wir Deutschen nur zu gut kennen – argumentiert. Selbst unter Ökonomen hat sich in den letzten Jahrzehnten die Erkenntnis festgesetzt, dass Fairness und Vertrauen wesentliche und unverzichtbare Ingredienzien eines funktionierenden wirtschaftlichen Miteinanders darstellen (11).

Bei allen denkenden Menschen sollten daher die Alarmglocken dröhnen, wenn jemand von Disruption redet. Wer mit Angst argumentiert, der reitet derzeit zwar auf einer allgegenwärtigen und damit bequemen Welle. Aber er bemerkt dabei zugleich nicht, wie sehr er einer Täuschung unterliegt. Sagt ihm doch sein Bauchgefühl: Je mehr Angst die Leute haben, desto deutlicher wird, dass ich mit der

---

8 Die University of Southern California (USC) beispielsweise bietet einen Studiengang „Disruption“ an (13).

9 Wie übrigens die Vorgänge an der USC ein Jahr nach Einführung des Studiengangs überdeutlich vor Augen führten (17).

Disruption recht habe. Die Angst der Leute scheint ihm also auch noch recht zu geben!

Hinzu kommt: Es hat gute Tradition, dass Angst zur Manipulation von Menschen verwendet wird: Autokraten herrschen mit Angst. Zu diesen gehören bekanntlich mittlerweile nicht nur manche Regierungschefs, sondern auch die Chefs der größten Firmen der Welt, bei denen es sich um IT-Firmen handelt. Sie tun, was für sie und ihre Firma gut ist. Aus meiner Sicht zeigt sich am Beispiel der digitalen Disruptivität einmal mehr, wie sehr die allgemeine Diskussion von der massiven Lobbyarbeit großer Konzerne beeinflusst ist. Wenn Kritik von dort unerwünscht ist, dann wird sie ganz einfach auch nirgends verlautbart! Sie, lieber Leser, haben daher auch bislang wahrscheinlich noch nirgends gelesen, dass Apple, Google und Microsoft Arbeitsplätze, und damit unser Glück und unsere Gesundheit, vernichten. Wer von Disruption spricht, sät aus niederen Beweggründen (Profit) Angst, um Firmenchefs seine Software, Hardware oder Produktidee zu verkaufen. Seine Argumente sind unzutreffend und veraltet, und er schadet unserem Gemeinwesen, für dessen Kultur der Mitmenschlichkeit und des Vertrauens unsere Vorfahren gekämpft haben.

Fassen wir zusammen: Wirtschaftliche Umwälzungen haben schon immer Gewinner und Verlierer hervorgebracht, aber noch nie haben sich die Gewinner so dreist aufgeführt wie die Profiteure von digitaler Informationstechnik mit ihrer Rede von Disruption. Sie verbreiten damit Angst, was sich auf die Fähigkeit zum Nachdenken dysfunktional und auf Vertrauen und Mitmenschlichkeit destruktiv auswirkt. Der Rest ist Hype, d. h. aus Gründen der Publicity inszenierte Täuschung, Rummel, oberflächliche Begeisterung und vorgespielte Euphorie.

Literatur

1. Beal D. New tech bubble reflects shift in wealth creation, settling in of digital age. MinnPost, 31.3.2015 (https://www.minnpost.com/business/2015/03/new-tech-bubble-reflects-shift-wealth-creation-settling-digital-age; abgerufen am 24.7.2016).
2. Bennett D. Clayton Christensen responds to New Yorker takedown of ‚Disruptive Innovation' (interview). Bloomberg Businessweek 2014 (http://www.bloomberg.com/authors/AQKkeXrqW_w/drake-bennett; abgerufen am 24.7.2016).
3. Bower JL, Christensen CM. Disruptive Technologies: Catching the Wave. Harvard Business Review 1995; 73(1): 43–53.
4. Büttner W. Der Weberaufstand. ZEIT Online 1994 (http://pdf.zeit.de/1994/23/der-weberaufstand.pdf; abgerufen am 5.7.2016).
5. Carney SJP. The USC Roski Fiasco Points to the corrosion of Art Education Nationwide. Can the „disruption" of art education lead anywhere good? 5. Juni 2015 (https://news.artnet.com/art-world/usc-roski-crisis-art-education-305429; abgerufen am 24.7.2016).
6. Christensen CM. The Innovator's Dilemma. New York: Harper Business 1997/2011.
7. Christensen CM, Horn MB, Johnson CW. Disrupting Class. How Disruptive Innovation Will Change the Way the World Learns. New York: McGraw Hill 2008.
8. Christensen CM, Eyring HJ. The Innovative University: Changing the DNA of Higher Education from the Inside Out. San Francisco: Wiley 2011.
9. Fox J. The disruption myth. The idea that businesses are more vulnerable to upstarts than ever is out-of-date – and that's a big problem. The Atlantic, October 2014 (http://www.theatlantic.com/magazine/archive/2014/10/the-disruption-myth/379348/; abgerufen am 24.7.2016).
10. Hauptmann G, Kollwitz K. Die Weber. F. Plötz (Hrsg.). Kloster Hiddensee: Gerhart-Hauptmann-Stiftung 2011/2012.
11. Henrich J, Boyd R, Bowles S et al. Foundations of Human Sociality: Economic Experiments and Ethnographic Evidence from Fifteen Small-Scale Societies. Oxford: Oxford University Press 2004.
12. Kuhn TS. Die Struktur wissenschaftlicher Revolutionen. Frankfurt am Main: Suhrkamp 1996.

13. Lepore J. The disruption machine. What the gospel of innovation gets wrong. The New Yorker 23.6.2014 (http://www.newyorker.com/magazine/2014/06/23/the-disruption-machine; abgerufen am 3.7.2016).
14. Louie GG. Committee on Forecasting Future Disruptive Technologies Division on Engineering and Physical Sciences. Persistent Forecasting of Disruptive Technologies – Report 2. Washington, DC: The National Academic Press 2010 (http://www.nap.edu/catalog.php?record_id=12834).
15. Passiak D. Disruption Revolution. New York: Social Mediate Press 2013.
16. Smith T. The rise and fall of the Apple Newton MessagePad (http://www.theregister.co.uk/2013/09/17/20_years_of_the_apple_newton/; abgerufen am 23.7.2016).
17. Stromberg M. Entire First-Year MFA Class Drops Out in Protest at the University of Southern California; 15.5.2015 (http://hyperallergic.com/207235/entire-first-year-mfa-class-drops-out-in-protest-at-the-university-of-southern-california/; abgerufen am 24.7.2016).
18. UYH (http://www.uhydeutschland.de/wp-content/down/Pressemitteilung-2012.01.16.pdf; abgerufen am 24.7.2016).
19. Von Hodenberg C. Aufstand der Weber. Die Revolte von 1844 und ihr Aufstieg zum Mythos. Bonn: JHW Dietz 1997.

3 Go und die Moral in Südkorea

Stellen Sie sich vor, die Firma KUKA, die bekanntermaßen clevere Industrieroboter baut, hätte vor einigen Wochen mit einer Mannschaft aus 11 Fußballrobotern gegen Bayern München mit 4:1 gewonnen. Dabei waren nicht etwa bulldozerähnliche Kettenfahrzeuge zum Einsatz gekommen, die den menschlichen Gegnern auf dem Platz durch ihre schiere Größe und Masse keine Chance ließen, zwischen ihren Stahlketten an den Ball heranzukommen! Nein, die Roboter sahen sehr menschlich aus und spielten vor allem mit Doppelpässen, Fallrückziehern, gekonnten Dribblings und aberwitzigem Kombinationsspiel einen Fußball, der die Recken aus der bayrischen Hauptstadt einfach nur einfallslos, dümmlich und alt aussehen ließen (▸ Abb. 3-1). Ganz Bayern wäre – wie man heute sagt – in motivationstechnischer Hinsicht moralisch am Boden zerstört!

Wenn Sie sich das vorstellen können, dann können Sie sich auch ausmalen, wie es am 9. März 2016 den Südkoreanern ging: Der weltbeste Go-Spieler, ein Südkoreaner, wurde in einem Turnier von einem Computer, auf dem die Software AlphaGo lief, mit 4:1 geschlagen. Denn was hierzulande der Fußball ist, ist in Südkorea das Brettspiel Go (▸ Abb. 3-2) – mit Fernsehverträgen und Firmensponsoren, gut verdienenden Profis und breiter öffentlicher Aufmerksamkeit ein Teil der gelebten Kultur des Landes.

Oberflächlich betrachtet handelt es sich um ein ganz einfaches Spiel, das wie die hier bekannten Spiele Mühle oder Dame nur mit schwarzen und weißen Steinen gespielt wird. Diese werden auf das Spielfeld gesetzt, das im Gegensatz zum Schach aus 19 × 19 Feldern besteht, wobei die Steine auf die Schnittpunkte der Linien, welche die Felder markieren (und nicht in die Felder), gesetzt werden. Ziel des Spiels ist es, mit seinen Steinen möglichst große Gebiete des Spielfelds zu umranden, d.h. zwei Spieler versuchen,

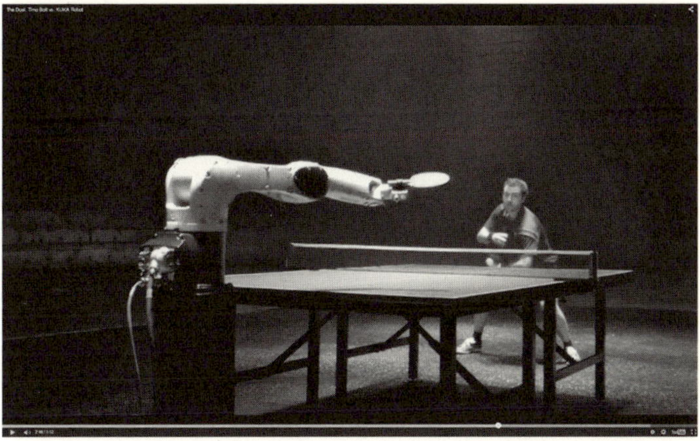

Abb. 3-1 Szenenfoto aus einem Video der Firma KUKA, das sich alle diejenigen anschauen mögen, die Mühe haben, sich das vorzustellen. Das Video „Timo Boll vs. KUKA Robot“ zeigt ein sehr ungleiches Tischtennis-Duell zwischen dem erfolgreichsten deutschen Tischtennisspieler, der seit mehr als zehn Jahren zur absoluten Weltklasse gehört und in China (dem Land der Tischtennis-Weltmeister) zu den populärsten Deutschen zählt, und einem Industrieroboter der genannten Firma (www.youtube.com/watch?v=tIIJME8-au8). Es handelt sich zwar um ein Werbevideo, aber man ahnt beim Betrachten, was die Technik mittlerweile alles kann bzw. in naher Zukunft können dürfte.

Abb. 3-2 Das Brettspiel Go wird weltweit von 60 Millionen Menschen gespielt. Es stammt aus China, ist über 2000 Jahre alt und heute vor allem in Korea und Japan weit verbreitet und sehr populär. Foto: © Zerbor, www.fotolia.com

wie früher im Krieg, ein bisher herrenloses Gebiet zu besetzen. Gewonnen hat, wer den größeren Gebietsanteil „erobert“ hat.

Die Grundregeln von Go – es gibt insgesamt nur vier (!) – sind also ganz einfach. Dennoch gehört dieses Spiel zum Kompliziertesten, was sich die Menschheit je ausgedacht hat. So gibt es beispielsweise beim Schach mit seinem Spielfeld aus 8 × 8 Feldern und den bekannten Spielfiguren etwa 10^{50} mögliche Konstellationen auf dem Schachbrett. Zum Vergleich: Die Anzahl aller Atome im gesamten Universum beträgt etwa 10^{80}! Die Anzahl der möglichen Konstellationen bei Go beträgt hingegen 10^{171} (3)! Dies bringt es unter anderem mit sich, dass ein einzelner Mensch nie fertig ist, was das Erlernen von Go anbelangt. Im Gegensatz zum Schach gibt es keine offizielle Go-Weltmeisterschaft, sondern verschiedene nationale Wettkämpfe in Korea, Japan und China, teilweise mit internationaler Beteiligung. Der im Jahr 1983 geborene Koreaner Lee Sedol gilt seit 2014 als der weltbeste Go-Spieler, weil er eine ganze Reihe solcher Wettkämpfe für sich entschieden hatte.

Schon seit Jahrzehnten beschäftigten sich Mathematiker und Informatiker mit Spielen, denn diese stellen Modelle für Entscheidungssituationen dar, in denen sich mehrere Menschen gegenseitig beeinflussen. Die Spieltheorie ist mittlerweile ein etablierter Zweig der Mathematik und war von Anfang an mit Fragen der konkreten praktischen Anwendung (z. B. bei Entscheidungen in der Wirtschaft) beschäftigt. Dies zeigt schon das erste und wichtige Buch zu dieser Theorie, das den Titel *Spieltheorie und wirtschaftliches Verhalten* trägt (7).[1]

1 Für eine vergnüglich lesbare Einführung in die Spieltheorie siehe (6).

Es dauerte nicht lange, da wandten sich Spieltheoretiker den bekannten Gesellschaftsspielen – Tic-Tac-Toe, Dame, Mühle, Poker oder Schach – zu und ersannen Computerprogramme, die diese Spiele spielen konnten. So gab es bereits im Jahr 1952 ein Programm, welches das mehr als 3000 Jahre alte Spiel Tic-Tac-Toe spielte und auf dem Röhrencomputer EDSAC (Electronic Delay Storage Automatic Calculator) lief (► Abb. 3-3). Bei diesem Spiel gibt es nur 5478 Stellungen, die zudem durch Drehung oder Spiegelung achtfach symmetrisch sind, sodass es eigentlich nur 765 sind. Wer bei diesem Spiel beginnt und keinen Fehler macht, gewinnt oder spielt im ungünstigen Fall noch unentschieden.

Beim Brettspiel Mühle, das schon die Römer spielten, gibt es 18 Milliarden ($1{,}8 \times 10^{10}$) unterschiedliche (d. h. nicht durch Drehungen, Spiegelungen oder Vertauschen von innerem und äußerem Ring ineinander überführbare) Positionen. Es wurde 1993 vollständig von einem Mitarbeiter der ETH Zürich gelöst und endet immer unentschieden, wenn keiner einen Fehler macht.

Das gut 1000 Jahre alte Spiel Dame (engl. Checkers) ist mit seinen 5×10^{20} Positionen um weitere Zehnerpotenzen komplexer. Entsprechend dauerte es bis zum Jahr 2007 bis es vollständig im Computer simuliert und damit aufgeklärt werden konnte. Seit 1989 hatten mehrere Arbeitsgruppen daran gearbeitet und nach 18 Jahren war man dann soweit: Man hatte zwar nicht alle möglichen Verläufe berechnet, sondern „nur" eine Teilmenge davon, von der man allerdings zeigen konnte, dass immer mindestens ein „Unentschieden" resultiert, wenn man fehlerfrei spielt (5).

Auf dem Weg zur Lösung von Dame wurden Computerprogramme entwickelt, die ein Spiel zwar nicht vollständig simulierten, jedoch mit der Zeit zunehmend besser spielten und im Fall von Dame den stärksten Spieler Marion Tinsley (der weibliche Vorname täuscht – der bap-

Abb. 3-3 Beim Spiel Tic-Tac-Toe gibt es 255 169 Spielverläufe, von denen 131 185 mit einem Sieg des ersten Spielers enden, 77 904 mit einem Sieg des zweiten Spielers und 46 080 mit einem Unentschieden (oben). Aufgrund der achtfachen Symmetrie durch Drehen und Spiegeln sind es jedoch nur ein Achtel so viele – das Problem war damit schon vor 65 Jahren programmiertechnisch handhabbar. Der von den Engländern gebaute Röhrencomputer EDSAC war der erste programmierbare Computer (mit von-Neumann-Architektur) überhaupt. Auf ihm lief das Spiel Tic-Tac-Toe (unten). Foto: ©Wikipedia

tistische Pastor und Professor für Mathematik war ein Mann) im Jahr 1992 erstmals besiegten, wenn auch das entsprechende Programm Chinook bei dem Turnier nur zweimal gegen Tinsley gewann, viermal verlor und 33-mal unentschieden spielte (4). Heutzutage gewinnt praktisch niemand mehr beim Dame-Spiel gegen einen Computer, worunter die Attraktivität des Spiels deutlich gelitten hat.

Der Fall des populärsten Brettspiels – Schach – ist gut bekannt: Dieses Spiel stammt aus Persien und wird seit gut 800 Jahren in Europa gespielt. Knapp 20 Jahre ist es her, dass Deep Blue, ein Supercomputer der Firma IBM, den damaligen Schach-Weltmeister Garry Kasparov schlug. In einem legendären Wettkampf hatte Kasparov das erste Spiel noch für sich entschieden, wurde beim zweiten geschlagen, spielte dann dreimal unentschieden und gab beim letzten Spiel in der ersten Stunde auf. Dabei hatte Kasparov noch 15 Monate zuvor gegen Deep Blue gewonnen, die Rechenleistung des Computers wurde jedoch in der Zwischenzeit auf das 20-Fache gesteigert. Mit dem „Sieg der Maschine über den Menschen beim Schach" wurde damals Geschichte geschrieben; und heute ist kaum noch ein Mensch in der Lage, gegen gute käufliche Schachprogramme zu gewinnen.

Schon damals wurde klar, dass es für einen Menschen nicht leicht ist, gegen eine Maschine zu spielen: Niemand sitzt einem gegenüber, keine Mimik, keine Gestik, keine Blicke – nichts. Hinzu kam die Tatsache, dass Deep Blue nahezu die Hälfte seiner Spielzüge unmittelbar nach den Zügen seines Gegners ausführte, also scheinbar völlig ohne „nachzudenken". Das war für die Maschine zwar kein Kunststück, konnte sie doch in jeder Sekunde, die Kasparov zuvor nachgedacht hatte, 200 Millionen mögliche Züge bereits durchspielen. Es irritierte jedoch offensichtlich den damaligen Großmeister erheblich (1).

Zurück zu Go: Bereits im Herbst 2015 hatte AlphaGo ein nicht öffentliches Turnier gegen den derzeitigen Europäischen Meister in Go, Fan Hui, mit 5:0 gewonnen (12). AlphaGo wurde von dem 2011 gegründeten britischen Unternehmen Deep Mind entwickelt, das sich auf machine learning spezialisiert hat und 2014 von Google übernommen wurde. Lernende Maschinen sind nach Art von Gehirnen strukturiert, d.h. simulierte neuronale Netzwerke werden mit realen Daten „gefüttert", also belehrt, und mit anderen Strukturen und Verfahren der künstlichen Intelligenz (artificial Intelligence, AI) verknüpft. Im konkreten Fall von AlphaGo wurde ein neuronales Netzwerk mit insgesamt 13 Schichten mit 30 Millionen von Go-Spielzügen aus einer Go-Datenbank gefüttert. Nirgends im Netzwerk wurden die Regeln von Go programmiert. Es lernte nur durch die vielen Beispiele. Danach wurden vom Netzwerk viele Go-Partien gegen sich selbst gespielt, und ein zweites „Bewertungsnetzwerk" lernte zu bewerten, welche Züge letztendlich zu Gewinn oder Niederlage führten (12). Die Zwischenschichten mit Millionen von Neuronen im Netzwerk sorgen dabei dafür, dass auch komplizierteste Zusammenhänge zwischen einem einzelnem Spielzug (bzw. einer Folge von „zufällig" oder gar „sinnwidrig" erscheinenden Spielzügen) und Gewinn oder Niederlage sich im Netz niederschlagen, d.h. zu entsprechenden Input-Output-Relationen führen.

Die beteiligten Mitarbeiter von Deep Mind konnten sich daher auch keineswegs sicher sein, dass sie gegen den weltbesten Go-Spieler gewinnen würden. Man rechnete damit, dass man vielleicht das erste Spiel verlieren würde, um dann – ähnlich wie damals bei Deep Blue – das Programm noch nachzubessern. Der genannte südkoreanische Profi Lee Sedol hingegen war zuversichtlich, dass AlphaGo gegen ihn keine Chance haben würde. Doch es kam anders (► Abb. 3-4).

Abb. 3-4 Pressefoto zum weltweit publizierten Go-Wettkampf (allein in China verfolgten ihn 30 Millionen Menschen live) zwischen Lee Sedol (vorne rechts) und dem Computerprogramm AlphaGo der Firma Deep Mind, deren Vertreter Aja Huang (vorne links) als Avatar von AlphaGo fungierte[2] und die Steine nach den Vorgaben des Computers setzte.

Vor dem Spiel war Sedol, wie auch andere koreanische Profi-Go-Spieler, noch zuversichtlich. „Natürlich wird es eine Menge Updates in den letzten vier bis fünf Monaten gegeben haben, aber das reicht nicht, um mich herauszufordern“, hatte Sedol mit Bezug auf das mäßige Spiel von AlphaGo gegen den Europäischen Meister noch gesagt (11).

2 Man beachte die feine Verschiebung der Sprachregelung: Ein Avatar ist definitionsgemäß eine durch bewegte Computergrafik produzierte virtuelle menschenähnliche Gestalt, die einer realen Person (die einen Computer oder das Internet nutzt) zugeordnet wird. In der Formulierung des wissenschaftlichen Fachblatts hingegen wird ein realer Mensch zum Avatar eines Computerprogramms!

Nach dem Spiel sagte er: „Ich bin schockiert, das gebe ich zu.“

„Zuzuschauen, wie die künstliche Intelligenz von Googles AlphaGo dem koreanischen Großmeister Lee Sedol die Gedärme herausriss, verpasste der Nation einen Schock, insbesondere nachdem der Nationalheld selbstbewusst vorhergesagt hatte, dass er AlphaGo ‚wegwischen würde‘“, kommentierte der New Scientist. Das Fachblatt zitierte den Reporter einer der größten koreanischen Zeitungen nach der ersten Niederlage von Sedol mit den Worten: „Letzte Nacht war sehr trübselig“, „viele Leute betranken sich“ (8, S. 9). „It was hard not to feel sympathy with Lee as I watched this opening defeat. He carries the hopes of a nation – not to mention a species – on his shoulders“, schrieb der Korrespondent des *New Scientist* in Südkorea direkt nach dem ersten Match (11).

Was die Profis am meisten irritierte, war die Tatsache, dass AlphaGo nicht dumpf oder mechanisch spielte, sondern „wunderbar“, „intuitiv“ und „kreativ“, wie sich die Kommentatoren ausdrückten (8, S. 9). „Es macht wunderbare Züge. Es macht sogar schönere Spielzüge als sich die meisten von uns je ausdenken könnten.“ – Das war genau das schrecklich Beunruhigende an der ganzen Sache. Dass ein Computer lange Zahlenreihen schneller addieren oder andere prinzipiell zwar „geistige“, aber eben doch nicht wirklich „intelligente“ Leistungen vollbringen kann – daran haben wir uns ja längst gewöhnt. Aber nun ... „Das ist ein unglaublicher Moment in der Geschichte der menschlichen Evolution: dass eine Maschine uns im Hinblick auf Intuition, Kreativität und Kommunikation überflügeln kann, was doch zuvor als das Territorium des Menschen galt“, kommentierte der koreanische Philosoph Jang Dae-Ik von der Seoul National University (8, S. 9).

Was lernen wir nun wirklich aus diesem Ereignis? – Zum einen ist auch die cleverste AI nicht so schlau wie fünfjährige Kinder, wenn es darum geht, sich in der wirklichen Welt zurechtzufinden (3). Zum anderen wird es unser Selbstverständnis als Menschen langfristig sicherlich ändern, wenn immer mehr intuitive oder kreative Leistungen von Maschinen hervorgebracht werden. Dies ist zu erwarten.

Des Weiteren ist hier wirklich etwas geschehen, was zu denken gibt: AlphaGo lernte das Spielen von Go zunächst von Experten, spielte dann gegen sich selbst *und lernte dadurch weiter.* Durch den Mix aus überwachtem Lernen (supervised learning) durch ein Netzwerk mit 11 Zwischenschichten und dem Lernen durch Versuch und Irrtum, wobei das Gelingen jeweils belohnt wird (reinforcement learning), wurde das Gesamtsystem so gut, dass es auch den besten Menschen besiegen konnte. Nichts hindert nun AlphaGo daran, weiter zu lernen, d.h. immer besser zu werden, immer weiter weg von menschlicher Performanz!

Zunächst ist diese Entwicklung im Bereich des Geistigen nichts anderes als die Entwicklung, die im Bereich des Körperhaften, der Mechanik, längst vollzogen ist. Als Flaschenzüge, Motoren oder Hydraulik erst einmal so kräftig waren wie menschliche Muskelkraft, waren sie auch in der Lage, noch kräftiger zu sein. Und heute bauen wir routinemäßig Strukturen, die kein Mensch mehr tragen kann. Und dennoch ist da ein Unterschied: *Denken* können wir auch einen Supertanker, selbst wenn wir ihn längst nicht mehr heben können.

Dieser Unterschied stellt bei genauerem Hinsehen ein Problem dar, das uns (die Menschheit) noch lange beschäftigen wird (2). Betrachten wir hierzu nochmals die Go-Spiele genauer. AlphaGo machte zuweilen Spielzüge, die auch professionelle Go-Kommentatoren nicht verstanden. Gewann das Programm das Match gegenüber Lee Sedol, konnte man nicht anders als diese Spielzüge „wunderbar, kreativ oder intuitiv“ zu nennen. Was aber, wenn – wie im vierten Spiel – die Software verliert? Wo lag der Fehler?

Bei einem „herkömmlichen" Computerprogramm lässt sich – wenn auch bei komplexen Programmen mit sehr viel Aufwand – prinzipiell herausfinden, wo ein Fehler liegt (debugging). Bei einem neuronalen Netzwerk mit Millionen von Neuronen und Milliarden von gelernten Verbindungsstärken zwischen ihnen ist dies jedoch prinzipiell unmöglich. Aus dem gleichen Grund folgt: Selbst dann, wenn das Programm keinen Fehler machte und gewann, können wir uns nicht sicher sein, dass wir verstanden haben, warum!

Wie in einem Begleitkommentar des Fachblatts Nature zur Publikation des Go-Turniers zwischen AlphaGo und dem europäischen Meister Fan Hui (13) nachzulesen ist, hat diese Tatsache eine bedeutende Konsequenz für unseren Umgang mit Computern: Weil wir nicht mehr wissen können, warum die Maschinen richtig liegen, müssen wir es *glauben*. – Etwa so, wie man in der Antike an ein Orakel geglaubt hat: „Die Maschine wird zu einem Orakel, dessen Voraussagen geglaubt werden müssen." Und weiter wird ausgeführt: „Wenn ein herkömmlicher Computer einen Ingenieur anweist, eine Niete oder eine Schweißnaht an eine bestimmte Stelle einer Flugzeugtragfläche zu setzen, kann der Ingenieur – wenn er oder sie das will – die Haube der Maschine anheben und die Voraussetzungen und Berechnungen im Inneren genauer in Augenschein nehmen. Deshalb fliegen wir anderen sorgenfrei. Intuitiv arbeitende Maschinen werden uns mehr als Vertrauen abverlangen, wir werden an sie glauben müssen. " (13, S. 437; Übersetzung durch den Autor) – Stimmt das wirklich?

Ich glaube nicht. Denn zum einen verlassen wir uns im natürlichen Lebensvollzug ständig auf Maschinen, ohne irgendetwas nachgeprüft zu haben. Wann immer es jedoch um die Rechtfertigung einer Aussage geht (Warum ist der Patient schizophren? Warum verlangen die Menschenrechte, dass wir uns um Flüchtlinge kümmern?), dann ist der Verweis auf „Intuition" (seien es mein Präcoxgefühl oder meine moralischen Bauchgefühle) unangebracht bzw. es greift zu kurz. Es bedarf vielmehr der – wie man gerne sagt – *rationalen Rekonstruktion* (Diagnosekriterien erfüllt oder nicht; Werte sorgfältig gegeneinander abgewogen) des in Frage stehenden Sachverhalts. Dahinter können sich lange Diskussionen verbergen (wie man bei Gericht beobachten kann), die unvermeidlich sind, wenn wir Willkür vermeiden wollen. Den „blinden Glauben" an eine höhere Instanz haben wir spätestens seit der Aufklärung durch solcherlei *rationale Diskurse* zwischen *vernünftigen Subjekten* ersetzt. Und diese Errungenschaft sollten wir nicht leichtfertig aufgeben, weil ein Computer mal gegen einen Menschen im Go gewonnen hat. Und das keineswegs nur deswegen, weil AlphaGo im März auch einmal gegen den Menschen verloren hat (die Maschine kann also auch falsch liegen! – auch das haben wir mit dem jüngsten Turnier gelernt)! Sondern ganz prinzipiell: Der Verweis auf „Intuition" – ganz gleich ob von Mensch oder Maschine – kann rationalen Diskurs nie ersetzen.

Solange es um nichts geht als um ein Brettspiel, ist das kein großes Problem. Bedenken wir jedoch die Tatsache, dass die gleichen Algorithmen, die heute im Go gewonnen haben, demnächst unsere Autos steuern (von unseren Herzschrittmachern, Atommeilern oder Atomwaffensilos einmal gar nicht zu reden!), wird sofort deutlich, dass es hier nicht nur in theoretischer Hinsicht, sondern im ganz praktischen Alltag Probleme gibt und noch geben wird, über die wir nachdenken *müssen*. Erst neulich, als ein selbstfahrendes Google-Auto mit einem Bus zusammenkrachte, weil der Busfahrer sich eigenartig verhalten hatte, wurde deutlich, dass autonome Fahrzeuge „Entscheidungen fällen" müssen, wobei sie sich auf das rationale Verhalten aller Verkehrsteilnehmer verlassen können müssen. (Dies tun wir ja auch alle dauernd im Straßenverkehr, sonst wäre das viel zu gefährlich!) Was aber geschieht, wenn das irrational erscheinende

Verhalten nicht von Menschen, sondern von den Algorithmen hervorgebracht wird, die nach Millionen von Stunden auf der virtuellen Autobahn mit anderen virtuellen Autos plötzlich anderen Regeln folgen, die sie sich selbst „ausgedacht" haben? „Der Computer wird schon gewusst haben, was er tat, als er das schwer behinderte Kind überfahren hat." – Nein, so wollen wir künftig nicht wirklich miteinander umgehen, superschlaue Netzwerke hin oder her (▸Kap. 4)!

In Korea befürchten die Menschen nach dem Sieg der AI über den Menschen noch dringlichere praktische Probleme, nämlich Arbeitslosigkeit. Damit sind die Südkoreaner unserem Wirtschaftsministerium (BMWi 2016) voraus, das erst kürzlich in einer Werbebroschüre für Digitalisierung (▸Abb. 2-4, S. 19) nur positive Konsequenzen der Digitalisierung anführt. Keine Rede von millionenfachem Jobverlust durch Automatisierung.

Es bleibt noch nachzutragen, dass unklar ist, wie die Zukunft der Brettspiele nach dem Sieg der Maschinen über den Menschen aussieht. So hat der Sieg der Maschinen beim Dame-Spiel dessen Popularität deutlich gemindert. Beim Schach war dies nicht so, zumal manche Experten behaupten, dass die Menschen (Spitzenspieler) und Computerprogramme beide besser würden und selbst bei unbesiegbaren Computerprogrammen das Schachspiel interessant bliebe – schließlich interessieren sich Menschen ja auch mehr als hundert Jahre nach Erfindung des Autos für Medaillen im Hundert-Meter- oder Marathonlauf. Beim Go jedenfalls hat der Sieg über den Menschen zu einer Zunahme der Kinder um 20 % im Go-Unterricht geführt (▸Abb. 3-5).

Abb. 3-5 Mehr Kinder spielen nun Go, nachdem der Sieg von AlphaGo über Lee Sedol ganz Korea erschüttert hat (www.hani.co.kr/arti/society/society_general/736264.html)

Danksagung

Ich danke meiner Mitarbeiterin Eun-Jin Sim für ihre Hilfe beim Suchen und Übersetzen koreanischer Pressemitteilungen.

Literatur

1. Anonymus. Calculating machine psychs out grandmaster. New Scientist 1997; 2082 (www.newscientist.com/article/mg15420821–700-calculating-machine-psychs-out-grandmaster).
2. Asakawa N. Flaws in AI seen despite AlphaGo victory. Nikkei Asian Review 20.3.2016 (http://asia.nikkei.com/Tech-Science/Tech/Flaws-in-AI-seen-despite-AlphaGo-victory?page=1).

3. Rutkin A. Anything you can do ... New Scientist 2016; 3065: 20–21.
4. Schaeffer J. Marion Tinsley: Human Perfection at Checkers? Games of No Chance 1996; 29: 115–118.
5. Schaeffer J, Burch N, Björnsson Y et al. Checkers is solved. Science 2007; 317: 1518–1522.
6. Spitzer M. Selbstbestimmen. Heidelberg: Spektrum Akademischer Verlag 2003.
7. Von Neumann J, Morgenstern O. Theory of Games and Economic Behavior. Princeton: University Press 1944.
8. Zastrow M. Google victory at Go stokes AI fear in Korea. New Scientist 2016; 3065: 9.
9. Zastrow M. Machine outsmarts man in battle of the decade. New Scientist 2016; 3065: 21.
10. Zastrow M. How victory for Google's Go AI is stoking fear in South Korea. New Scientist 2016; 3065; 19.3.2016.
11. Zastrow M. 'I'm in shock!' How an AI beat the world's best human at Go. New Scientist Daily News 9.3.2016 (www.newscientist.com/article/2079871-im-in-shock-how-an-ai-beat-the-worlds-best-human-at-go).
12. Silver D, Huang A, Maddison CJ et al. Mastering the game of Go with deep neural networks and tree search. Nature 2016; 529: 484–489.
13. Anonymus. [Editorial] Digital intuition. A computer program that can outplay humans in the abstract game of Go will redefine our relationship with machines. Nature 2016; 529: 437.

4 Sollte mein Auto mich umbringen wollen müssen

Das selbstfahrende Auto und die Ethik

Schon kurz nach der Jahrtausendwende hatte Daimler ein selbstfahrendes Auto entwickelt. Damals hatten wir eine Kooperation mit dem Autohersteller und untersuchten – weltweit erstmals – das mit Abstand Problematischste an einem Auto, den Fahrer, mittels funktioneller Magnetresonanztomografie. Hätte ich das Auto nicht ohne Fahrer fahren sehen, hätte ich es vielleicht nicht geglaubt, aber es fuhr, umkurvte Hindernisse und parkte sanft. „Warum kann man das nicht kaufen? Ich würde das sofort machen und dann immer hinten sitzen und lesen“, fragte ich begeistert meine Kollegen Ingenieure. Die Antwort überraschte mich: „Das Problem mit dem Auto ist ganz einfach: Keiner will es – alle Leute außer dir wollen lieber selber fahren!“

Wie schnell sich doch die Zeiten ändern: Unter 18-Jährigen ist der Erwerb des Führerscheins (am besten am Tag des Geburtstags) keineswegs mehr so weit oben auf der Bedürfnisliste wie das zu meiner Zeit einmal war. „Autofahren ist out, Smartphones werden wichtiger“, betitelte die FAZ schon Ende 2014 einen Bericht zu dem Thema (1), wobei die Daten hierzu bereits im Mai 2014 vom Grünen Bundestagsabgeordneten Matthias Gastel mit Bezug auf den Großraum Stuttgart publiziert worden waren: „Betrug der Anteil der unter 21-Jährigen, die einen Führerschein erhielten, im Jahr 2004 landesweit noch 30 %, so sank er auf 23 % im Jahr 2012“, kann man in dessen Bericht nachlesen (6).

Mittlerweile könnten die jungen Leute sogar geltend machen, dass sich die Investition in einen Führerschein (ca. 2 000 Euro) für die vielleicht nur wenigen Jahre, für die man den noch braucht, gar nicht mehr rechne – das selbstfahrende Auto komme eh bald. Als am 16. Februar 2016 ein Google-Auto mit einem Bus kollidierte, weil es damit gerechnet hatte, der Busfahrer würde es in die Spur einfädeln lassen, dieser das aber nicht tat, hat die Euphorie einen kleinen Dämpfer bekommen.[1] Denn dieser Fall macht klar: Das Auto kann so gut fahren wie es will, es wird aber immer auf unvollkommene Menschen im Straßenverkehr stoßen. Und was soll es dann tun?

Eine im Fachblatt *Science* am 24. Juni 2016 publizierte Arbeit widmet sich diesem Problem (3): „Stellen Sie sich den in der ▸Abbildung 4-1a gezeigten Fall vor, und nehmen Sie an, dass die häufigste moralische Einstellung die ist, dass das autonome Auto ausweichen und einen Schlenker machen sollte. Dies würde zur utilitaristischen Ethik passen, der zufolge eine moralische Aktion das Ausmaß der zu Schaden kommenden Personen minimieren sollte. Aber dann bedenken Sie einmal den Fall in ▸Abbildung 4-1c. Die utilitaristische Handlung bestünde in dieser Situation darin, dass das autonome Auto ausweichen, einen Schlenker machen und damit seinen Passagier töten sollte. Aber selbstfahrende Autos, die programmiert sind, in dieser Weise zu handeln, könnten manchen Kunden vom Kauf abschrecken, der meint, seine eigene Sicherheit sollte in jedem Falle oberstes Handlungsziel des Autos sein" (3, Übersetzung durch den Autor).

Die Autoren der Arbeit gehen mit Recht davon aus, dass eine Diskussion über solche Probleme notwendig ist

---

1 Das Beispiel macht sofort klar, dass Haftungsprobleme noch juristisch diskutiert werden müssen: Wenn es keinen Fahrer mehr gibt, dann ist er auch nicht mehr *schuld*, wenn es zum Crash kommt! Wer dann? Der Hersteller? Dieser Gedanke gefällt keinem Autohersteller, lag doch die US-Kleinflugzeug-Industrie über Jahrzehnte darnieder, nachdem es ein Urteil gab, dass Herstellerfirmen wie Cessna oder Piper haften mussten, weil man einen technischen Fehler nicht ausschließen konnte.

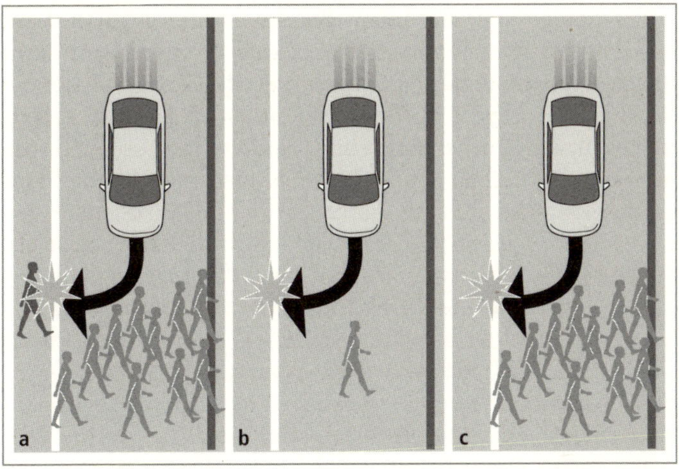

Abb. 4-1 Alle drei Verkehrssituationen produzieren unvermeidbar Personenschaden. Das Auto muss entscheiden, (**a**) ob es einen oder viele Fußgänger überfährt (also potenziell tötet), (**b**) einen Fußgänger überfährt (tötet) oder den Insassen des Fahrzeugs gefährdet (tötet), oder (**c**) viele Fußgänger tötet oder den Insassen des Autos (nachgezeichnet nach 3).

– nicht zuletzt deswegen, weil solche Überlegungen die meisten Menschen emotional aufwühlen und weil genau deswegen der Ruf – und damit der Verkauf – selbstfahrender Autos gefährdet ist. Um herauszubekommen, wie Menschen über Autos denken, die in moralisch schwierigen Situationen tatsächlich Entscheidungen fällen, führten die Autoren sechs Online-Befragungen an 1928 Personen (alle US-Amerikaner) durch. Ob man das „experimentelle Ethik“ nennen muss, sei einmal offengelassen.

Interessant ist auf jeden Fall, was dabei herauskam: Die meisten Menschen denken utilitaristisch und opfern lieber die Passagiere, als eine größere Zahl von Fußgängern zu überfahren (3).

In der ersten Studie beispielsweise wurden 182 Personen konkret gefragt, ob es besser sei, einen Passagier zu opfern, wenn dadurch zehn Fußgänger gerettet werden können. Dies befürworteten 76 % der Befragten. Zugleich meinten nur 67 % der gleichen Befragten, dass künftige selbstfahrende Autos tatsächlich in Zukunft nach diesen Regeln programmiert sein würden. Es zeigte sich also, dass sich die Leute eher Sorgen darüber machen, dass künftige selbstfahrende Autos *nicht* utilitaristisch programmiert sein könnten, d. h. so, dass der kleinste mögliche Schaden entsteht.

In der zweiten Studie (457 Teilnehmer) ging man der Frage nach, wie viele Fußgänger „gerettet" werden müssen, um die Entscheidung, den Passagier zu töten, zu rechtfertigen: einer, zwei, fünf, zwanzig oder hundert? Und wieder wurde nicht nur gefragt, wie sich das selbstfahrende Auto entscheiden sollte, sondern, wie sich künftige, tatsächliche selbstfahrende Autos entscheiden werden. Die Ergebnisse sind in ►Abbildung 4-2 wiedergegeben. Man sieht deutlich, dass dann, wenn das Leben eines Fußgängers durch das Opfern des Passagiers gerettet wird, nur 23 % der Befragten der Meinung sind, das selbstfahrende Auto sollte den Passagier opfern. Geht es jedoch um die Rettung von fünf Menschenleben von Fußgängern, neigt eine Mehrheit der Befragten eher dazu, dass das autonome Auto den Tod des Passagiers in Kauf nehmen sollte.

In der dritten Studie an 259 Befragten ging es darum, sich vorzustellen, dass man nicht allein im Auto als Passagier fährt, sondern entweder ein Mitarbeiter oder ein Mitglied der Familie (das eigene Kind) mitfährt. Hier ändert sich utilitaristische Moral im Hinblick auf die Opferbereitschaft beim eigenen Kind, welches die Leute hoch signifikant weniger geneigt sind zu opfern.

In der vierten Studie sollten selbstfahrende Autos mit drei Ausweichalgorithmen (einen Fußgänger töten, um 10 Fußgänger zu retten; einen Passagier töten, um 10 Fuß-

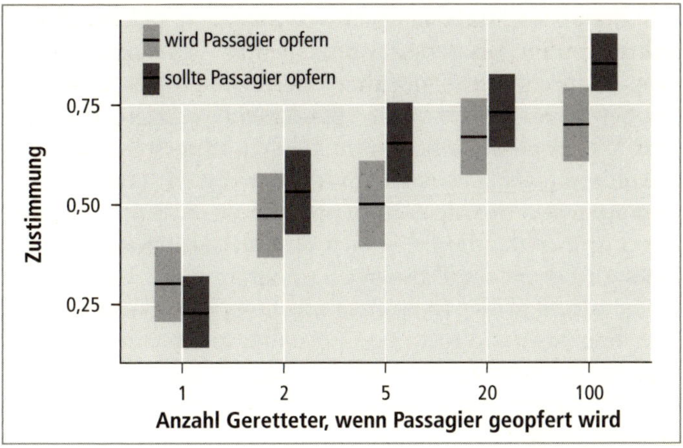

Abb. 4-2 Boxplot (Mittelwerte und 95 %-Vertrauensintervalle) der Ergebnisse zur Frage, ob es in Ordnung sei, den Passagier zu opfern, um dadurch eine bestimmte Anzahl von Fußgängern zu retten. Diese Zahl ist auf der x-Achse aufgetragen. Auf der y-Achse ist jeweils der Anteil derjenigen angegeben, die dem Passagier-Opfer zustimmen. Die dunklen Kästen repräsentieren die Antwort auf die Frage, was das selbstfahrende Auto tun sollte, die helleren Kästen zeigen die Antwort auf die Frage, was künftige selbstfahrende Autos tatsächlich tun werden. Kästen, deren Untergrenze über 50 % liegt, sagen aus, dass eine statistisch zuverlässige Mehrheit dieser Meinung zustimmt (nach 3).

gänger zu retten; einen Fußgänger töten, um einen Fußgänger zu retten) im Hinblick darauf eingeschätzt werden, ob man den Algorithmus für moralisch hält, ob man sich solche Autos auf der Straße wünscht und ob man sie kaufen würde. Der erste Algorithmus erhielt in jeder Hinsicht Zustimmung, der dritte in jeder Hinsicht Ablehnung. Beim zweiten Algorithmus hing die Zustimmung von der Hinsicht ab: Man hält ihn für moralisch, wünscht sich solche Autos auf der Straße, möchte sich aber ein solches Auto eher *nicht* kaufen.

Was aber nützen uns (und vor allem: der Automobilindustrie) selbstfahrende Autos, deren einprogrammierte Handlungen wir für moralisch korrekt halten und die wir deswegen auf den Straßen haben, aber nicht kaufen wollen? Wie zwei weitere Studien zeigten, mögen es die Leute vor allem nicht, wenn der Staat hier regulierend eingreift und *vorschreibt*, dass das selbstfahrende Auto so programmiert sein *muss*, dass es – falls moralisch notwendig – den Passagier (oder die Passagiere) opfert, um das Leben einer im Vergleich größeren Anzahl von Fußgängern zu erhalten. Die Wahrscheinlichkeit, ein Auto ohne entsprechendes Programm zu kaufen, betrug 59 % (Median), im Vergleich zu 21 % für ein Auto mit solchen Regeln im Selbstfahrprogramm.

Wie die Autoren andeuten und der Harvard-Psychologe und Ethiker Joshua Greene in einem begleitenden Kommentar schreibt, könnte es vor dem Hintergrund dieser Erkenntnisse und bei gleichzeitiger Berücksichtigung einer utilitaristischen Ethik am besten sein, keine utilitaristisch programmierten Entscheidungsalgorithmen in selbstfahrenden Autos einzubauen. Denn die geringe Akzeptanz Ersterer verhindert die Einführung Letzterer, von der man sich wiederum eine Reduktion der Unfälle (und damit Unfalltoten) um 90 % verspricht (10).

Nun könnte man das Problem einfach dadurch lösen, dass man einen Zufallsgenerator[2] einbaut, ganz nach dem Motto: Im realen Leben hängt der Ausgang vieler brenzliger Situationen ja letztlich auch vom Zufall ab. Warum also sollte man nicht gleich das Auto entsprechend programmieren?

---

2 Von Ingenieuren der Automobilindustrie wurde diese Lösung längst ins Spiel gebracht (Anonymus, persönliche Mitteilung).

Den meisten Menschen ist bei diesem Gedanken jedoch ziemlich unwohl: Ein Auto, das den Besitzer nach Zufallsprinzip umbringt (wenn es denn sein muss), mag ebenfalls niemand kaufen. Überlegen wir kurz: Weltweit gibt es jährlich etwa 1,25 Millionen Verkehrstote (10). Nun stellen wir uns einmal vor, die Menschheit hätte das Auto noch nicht erfunden, und eine Zivilisation von einem fremden Stern käme auf die Erde, würde uns das Auto vorführen und uns Millionen davon schenken, aber dafür als Gegenleistung jährlich eine Million Menschenopfer zufällig ausgewählter Personen fordern. Alle wären entsetzt und würden ablehnen! Warum eigentlich? – Wahrscheinlich, weil wir Menschen unsere Existenz überhaupt nur aushalten, wenn ein gewisses Maß an *Offenheit in der Zukunft* existiert! Anders gewendet: Es macht einen großen Unterschied, ob ich weiß, dass mein Auto mich opfert, wenn nur genug Fußgänger auf der Straße stehen (bzw. wenn ich weiß, dass es in diesem Falle würfelt, um zu entscheiden, ob es mich opfert), oder wenn ich das Gefühl habe, es könnte auch irgendwie noch ein Wunder geschehen und niemand (weder ich noch die anderen) zu Schaden kommen. So oder so ähnlich denkt ja im Grunde jeder, der sich ins Auto setzt und fährt!

Vielleicht sind die Menschen also doch heute noch nicht so verschieden von denen um die Jahrtausendwende, und kaum jemand würde freiwillig ein Auto kaufen, das so programmiert ist, dass es seinen Besitzer im Notfall tatsächlich und unausweichlich umbringt! Was tun?

Von der Antwort auf diese Frage wird es letztlich (auch oder sogar vor allem) abhängen, ob wir einmal selbstfahrende Autos haben werden. Der Besitzer könnte ja vor Antritt einer Fahrt die Regeln selbst auswählen, etwa so, wie man beim Navi auch die „kürzeste Route“ oder die „schnellste Route“ auswählen kann. Wenn man dann aber vor Antritt der Fahrt „utilitaristische Notfallentscheidungsethik" abgeschaltet hat und das Auto hat jemanden überfahren, ist man dann *schuld*? Oder wird nach der Abschaltung der Hinweis auf dem Display erscheinen: „In diesem Fall erhöht sich Ihr Selbstzahleranteil bei Personenschaden auf 10 Millionen: Falls Sie das Geld nicht haben, drohen lange Haftstrafen"? Spätestens an dieser Stelle wird klar: Das will auch niemand!

Als wäre das Problem nicht schon schwierig genug, sollte man sich verdeutlichen, dass es bislang in einer sehr einfachen Form diskutiert wurde: Es ging um Leben oder Tod – im Gedankenexperiment! Die reale Welt ist jedoch nicht schwarz-weiß. Da gibt es Wahrscheinlichkeiten, mit denen Unfälle ausgehen, Risiken müssen bewertet und in die Entscheidung einbezogen werden. Um ein einfaches, von den Autoren der *Science*-Arbeit angeführtes Beispiel zu erwähnen: Sollte ein Auto einem Motorradfahrer eher ausweichen und im Notfall gegen eine Wand fahren, weil die Überlebenswahrscheinlichkeit eines Passagiers im Auto höher ist als die eines Motorradfahrers? Oder: Sollte das Auto Kindern eher ausweichen als Erwachsenen?

Ganz schwierig wird es, wenn man bedenkt, dass moralische Entscheidungen abhängig sind von der kulturellen Prägung eines Menschen. Das Trolley-Problem (einer wird überfahren, um fünf zu retten) wird nicht überall so gesehen (und entschieden) wie in den USA (7). Und die Entscheidungen realer Menschen hängen auch davon ab, wie man das Problem sprachlich darstellt (5). Daher muss man die Resultate jeglicher Befragungen mit einem Fragezeichen versehen, denn sie können solchen systematischen Fehlern unterliegen. Zudem ist nicht immer identisch, was die Leute sagen (im Hinblick darauf, was sie tun würden) und was sie wirklich tun (7).

Was also wird die Zukunft bringen? Selbstfahrende Autos? – Vielleicht bald auf Autobahnen, wo sie dann in Kolonnen dicht hintereinander fahren und dadurch Sprit sparen. Dass dies auch noch nicht so einfach ist, sieht man daran, dass die Bahn selbstfahrende Züge (das ist ja eigentlich ganz einfach – denn niemand muss lenken!) frühestens 2023 einführen möchte, wie erst kürzlich zu erfahren war (2).

Selbstfahrende Autos in unseren Innenstädten? – Wohl eher nicht.

Und noch etwas zum Schluss. Im Vergleich zur Medizin als Wissenschaft und praktizierte Kunst von deren Anwendung mit all den vielen Fakten, Modellen, Theorien, Wahrscheinlichkeiten, Diagnosen, Therapien und Prozeduren ist das Autofahren ziemlich einfach! Wenn also angesichts der Go-Weltmeisterschaft erst kürzlich Stimmen zu hören waren, dass man jetzt, nachdem man das schwierigste Brettspiel einem Computer beigebracht hat,[3] auch bald die White-collar-Jobs von Ärzten und Rechtsanwälten durch lernende Computer abschaffen wird – genauso, wie auch bald die Taxi- und Fernfahrer alle arbeitslos werden sollen, dann kann ich nur sagen: Mediziner aller Länder, lehnt Euch zurück und seid ganz entspannt! So wie das alle Wagenlenker und Lokführer heute auch tun können, sofern sie über 50 sind. Im Hinblick auf das Recht und die Medizin wird es deutlich länger dauern als im Hinblick auf das Autofahren, bis man Menschen durch Computer wird ersetzen können.

---

3 Man beachte, dass ja auch beim Schachspiel der Weltmeister von einem Computer geschlagen wurde – vor 18 (!) Jahren (▸ Kap. 3). Wie man angesichts der Tatsache, dass man von einem komplexen Brettspiel zum anderen noch komplexeren Brettspiel volle 18 Jahre gebraucht hatte, dann auf die Idee kommen kann, es würde nur noch ein paar Jahre dauern, bis man Medizin auch erledigt haben wird, ist systematisch nicht nachvollziehbar. Zur Angstmache (▸ Kap. 2) ist solcherlei Hype jedoch gut geeignet.

Literatur

1. Anonymus. Führerschein kein Statussymbol. Autofahren ist out, Smartphones werden wichtiger. FAZ 30.12.2014 (http://www.faz.net/aktuell/technik-motor/auto-verkehr/fuehrerschein-kein-statussymbol-autofahren-ist-out-smartphones-werden-wichtiger-13346242.html; abgerufen am 25.6.2106).
2. Anonymus. Bahn plant autonome Züge. Zeit online 9.6.2016 (http://pdf.zeit.de/mobilitaet/ 2016–06/deutsche-bahn-autonomes-fahren-zug-lokfuehrer.pdf; abgerufen am 27.6.2016).
3. Bonnefon J-F, Shariff A, Rahwan I. The social dilemma of autonomous vehicles. Science 2016; 353: 1573–1576.
4. Boer D. The robot's dilemma. Working out how to build ethical robots is one of the thorniest challenges in artificial intelligence. Nature 2015; 523: 24–26.
5. Costa A, Foucart A, Hayakawa S et al. Your morals depend on language. PLoS ONE 2014; 9(4): e94842.
6. Gastel M. Verändertes Mobilitätsverhalten junger Menschen. Junge Leute verzichten immer häufiger auf Führerschein. 23. Mai 2014 (http://www.matthias-gastel.de/junge-leute-verzichten-immer-haeufiger-auf-fuehrerschein; abgerufen am 8.10.2016.
7. Gold N, Colman AM, Pulford BD. Cultural differences in responses to real-life and hypothetical trolley problems. Judgment and Decision Making 2014; 9: 65–76.
8. Gold N, Pulford BD, Colman AM. Do as I say, don't do as I do: Differences in moral judgments do not translate into differences in decisions in real-life trolley problems. Journal of Economic Psychology 2015; 47: 50–61.
9. Greene JD. Our driverless dilemma. When should your car be willing to kill you? Science 2016; 353: 1514–1515.
10. Waldrop MM. No drivers required. Nature 2015; 518: 20–23.

5 Smart Sheriff gegen Smombies

- Vor wenigen Wochen in England: Der 17-jährige Schüler Shane Jenkins spielt während des Unterrichts ein Musikvideo auf seinem Smartphone ab und wird von seiner 54-jährigen Mathematik- und Deutschlehrerin Regina Hungerford mehrfach aufgefordert, dies sein zu lassen. Der Schüler kommt dieser Aufforderung nicht nach. *„Sie können mich nicht zwingen“*, habe er stattdessen gesagt und die Lehrerin mit unflätigen Wörtern („f***“) beschimpft. Daraufhin wirft die Lehrerin das Smartphone des Schülers aus dem Fenster, wird in erster Instanz wegen Fehlverhaltens verurteilt, in zweiter Instanz jedoch wieder freigesprochen (21).
- Vor wenigen Wochen in Singen am Hohentwiel: Eine Frau spricht mich nach einem Vortrag in der Stadthalle (63) an: *Ihr Sohn habe sie beim Versuch, ihm das Handy abzunehmen, in die Hand gebissen.* Sie würde gerne wissen, was ich davon halte und was sie tun solle ... Die Hand zu beißen, die einen füttert, ist klares Zeichen von Sucht; dies anzuerkennen, ernst zu nehmen und sich rasch um professionelle Hilfe zu kümmern ist dringend geboten, konnte ich nur antworten.
- Etwa 90 % der jungen Smartphone-Nutzer sind in der Stunde vor dem Schlafengehen nochmals in Facebook oder WhatsApp, lesen SMS-Nachrichten, checken Mails oder spielen Spiele und stören damit ihre nächtliche Melatoninfreisetzung, was wiederum in weniger Schlaf und einer verstellten inneren Uhr am anderen Morgen – und damit in *mehr Müdigkeit* in der Schule – resultiert (61). Das ist nichts weniger als eine Bildungskatastrophe!

Diese drei Beispiele machen deutlich, dass es im Hinblick auf Art und Ausmaß der Nutzung von Smartphones durch

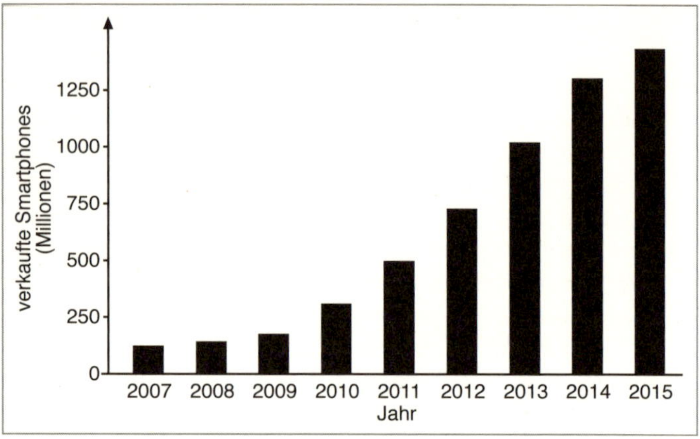

Abb. 5-1 Anzahl der weltweit verkauften Smartphones über die Jahre nach deren Einführung im Jahr 2007 bis zum Jahr 2014 (64). Für 2015 wird erneut eine Steigerung erwartet (geschätzt durch 5), die aufgrund der vergleichsweise schwachen wirtschaftlichen Entwicklung etwas geringer ausfallen wird als in den Jahren davor. Ab 2016 wird dagegen mit einer deutlichen Steigerung von jährlich gut 7 % gerechnet, sodass die Schätzung für die allein im Jahr 2019 verkauften Smartphones bei 1,8623 Milliarden Einheiten liegen (4).

junge Menschen Probleme gibt. Diese existieren weltweit, wie auch die weltweiten Verkaufszahlen von Smartphones zeigen (► Abb. 5-1), überschreitet doch irgendwann in der zweiten Hälfte des Jahres 2016 die Zahl der global verkauften Smartphones die Zahl der auf der Welt lebenden Menschen. Die Anzahl der Mobiltelefone und Mobiltelefonverträge übersteigt heute schon die Weltbevölkerung deutlich.

Die negativen Folgen des Smartphone-Gebrauchs junger Menschen sind durch eine immer größere Anzahl von Studien eindeutig belegt (► Tab. 5-1) und betreffen sowohl die Gesundheit, d. h. verursachen körperliche und seelische

Tab. 5-1 Gesundheitliche Risiken und Nebenwirkungen von Smartphones (nach 7, vgl. 55, Tab. 2, um neue Quellen erweitert).

Autor, Jahr	Land/ untersuchte Gruppe	n	Ergebnisse: Smartphone-Nutzung assoziiert mit …
Andreassen et al. 2012	Norwegen/ Studenten	423	Neurotizismus, Schlafstörungen, Sucht
Beranuy et al. 2009	Spanien/ Studenten	365	Einsamkeit, Depression, Angst, Schlafstörungen
Chang et al. 2015	USA/ Erwachsene	1 508	Schlafstörungen, gestörter Tag-Nacht-Rhythmus, Tagesmüdigkeit
Cheever et al. 2014	USA/ Studenten	163	Angst
Clayton et al. 2015	USA/ Studenten	40	Stress
Ehrenberg et al. 2008	Neuseeland/ Studenten	200	mehr Neurotizismus, geringere Verträglichkeit (Persönlichkeitsfaktoren)
Hysing et al. 2015	Norwegen/ Population	9 846	Schlafstörungen
Knop et al. 2015	Deutschland/ 8–14 Jahre alt	500	Konzentrationsstörungen, Stress, Sucht
Lane & Manner 2011	USA/ Studenten	312	geringere Verträglichkeit (Persönlichkeitsfaktor)
Lemola et al. 2015	Schweiz/ 12–17 Jahre alt	362	Schlafstörungen, Depression

Tab. 5-1 *Fortsetzung*

Autor, Jahr	Land/ untersuchte Gruppe	n	Ergebnisse: Smartphone-Nutzung assoziiert mit …
Lepp et al. 2014	USA/ Studenten	536	Angst
Merlo et al. 2008	USA/ Erwachsene	183	Angst
Munezawa et al. 2011	Japan/ Jugendliche	95 680	Schlafstörungen
Murdock 2013	USA/ Studenten	83	Schlafstörungen, Stress, Depression
Oshima et al. 2012	Japan/ Jugendliche	17 920	Schlafstörungen, verminderte psychische Gesundheit, Suizidalität, Selbstverletzungen
Phillips et al. 2006	Australien/ Erwachsene	112	geringere Verträglichkeit (Persönlichkeitsfaktor)
Rosen et al. 2013	USA/ Erwachsene	1 143	Depression
Sánchez-Martínez, Otero 2009	Spanien/ 13–20 Jahre alt	1328	Alkohol- und Tabakkonsum, Depression, Schulversagen
Takao et al. 2009	Japan/ Studenten	487	Einsamkeit
Thomée et al. 2011	Schweden/ Allgemeinbevölkerung	4 156	Stress, Schlafstörungen, Depression
White et al. 2011	USA/ Studenten	(keine Angaben)	Schlafstörungen

Tab. 5-1 *Fortsetzung*

Autor, Jahr	**Land/ untersuchte Gruppe**	**n**	**Ergebnisse: Smartphone-Nutzung assoziiert mit …**
Williams et al. 2015	(Metaanalyse von 15 populationsbasierten Studien)	61 946	Kurzsichtigkeit
Yen et al. 2009	Taiwan/ Studenten	10 191	Depression
Zheng et al. 2014	China/ Jugendliche	7 102	Aufmerksamkeitsstörung (ADHS)

Störungen, als auch die Bildung der nächsten Generation (53, 55–58).

Im Einzelnen ist nachgewiesen, dass Smartphones zu Sucht, Depressionen, Ängsten, Lebensunzufriedenheit, Aufmerksamkeitsstörungen, Schlafstörungen (und dadurch Tagesmüdigkeit), Persönlichkeitsstörungen, vermehrter Aggressivität, einer Verminderung von Mitgefühl und Empathie und mit alldem verbunden zu vermehrter Einsamkeit führen. Auf der somatischen Ebene verursachen sie Bewegungsmangel und Haltungsschäden, Bluthochdruck, Übergewicht und eine prädiabetische Stoffwechsellage. Smartphones führen sowohl beim Straßen- als auch Geschlechtsverkehr zu risikoreicherem Verhalten, d. h. zu Unfällen durch Unachtsamkeit („texting while driving“; 38) und zu ungeschütztem Verkehr durch Gelegenheitssex (via „geosocial networking phone apps“ wie *Tinder* oder *Grindr*; 1, 11, 12, 60). Auch in Deutschland steigen daher

Geschlechtskrankheiten wie die Lucs seit fünf Jahren kontinuierlich an (6).

Vor allem bei den jungen Menschen benutzt die überwiegende Mehrheit ein Smartphone. Eine Umfrage aus dem Jahr 2014 zum Anteil der Smartphone-Nutzer unter Kindern und Jugendlichen in Deutschland ergab, dass der Anteil der befragten 12- bis 13-Jährigen, die ein Smartphone nutzen, 85 % beträgt (64). Zwei Jahre später kann man davon ausgehen, dass diese Zahl mittlerweile noch gestiegen ist und dass die Nutzer vor allem auch immer jünger werden: Heutzutage bekommt man sein erstes Smartphone zur Einschulung oder bereits im Kindergartenalter! Ein Smartphone besitzt also nicht mehr wie noch vor wenigen Jahren der eine oder der andere junge Mensch, sondern mittlerweile praktisch jeder.

Die Gründe hierfür sind vielfältig. Zum einen sind junge Menschen besonders aufgeschlossen für neue Kontakte mit anderen Menschen. Und da die sozialen Online-Medien hier ganz neue Wege gehen, Gemeinschaft zu erzeugen – und wenn sie auch nur vorgegaukelt ist – so sind junge Menschen doch besonders empfänglich für derartige Angebote. Sie essen ja auch gerne Popcorn, obgleich diese Speise vor allem Luft und leere Kalorien (Stärke und Fett) enthält, also Nahrung im Grunde nur vortäuscht, anstatt tatsächlich Nahrung zu sein. Mit sozialen Online-Medien wie Facebook verhält es sich im Hinblick auf Sozialkontakte nicht anders, aber die jungen Menschen fallen darauf herein, weil ihr Gespür für wirkliche Begegnung noch ebenso in Entwicklung begriffen ist wie das für wirkliche Nahrung.

Da die negativen Auswirkungen von Facebook auf den Affekt und die Zufriedenheit mittlerweile gut dokumentiert sind (31, 70), wundert der Befund einer britischen Studie nicht, dass diejenigen jungen Menschen, die Facebook mehr als drei Stunden täglich nutzen, eine mehr als doppelte Wahrscheinlichkeit aufweisen, später an einer Depression zu erkranken (39).

Zum zweiten sind junge Menschen ganz allgemein besonders anfällig für alles Neue und gehören daher vergleichsweise häufiger zu den *early adopters*, wie es in der Sprache des Marketings heißt, d.h. zu denjenigen, die neues technisches Spielzeug als erste verwenden.

Schließlich sind Menschen ganz allgemein umso empfänglicher für die Entwicklung von Suchtverhalten, je jünger sie sind. Smartphones erzeugen Sucht. In Südkorea liegt der Anteil der Smartphone-süchtigen jungen Menschen mittlerweile bei über 30%. Eine im Oktober 2015 publizierte deutsche Studie an 500 8- bis 14-Jährigen zu deren Smartphone-Nutzung berichtet von 8% Suchtgefährdung (32).

Zu den angeführten negativen Effekten von Smartphones auf die Gesundheit junger Menschen kommen deren Auswirkungen auf die *Bildung* hinzu: Smartphones beeinträchtigen die Gehirnentwicklung, die Aufmerksamkeit, das Lernen und damit die Bildungskarriere. All dies wirkt sich wiederum negativ auf die Gesundheit, aber auch auf das Einkommen sowie die Lebenszufriedenheit und das Glück der nächsten Generation aus.

Diese Auswirkungen der übermäßigen Smartphone-Nutzung auf die Bildung junger Menschen sind in ihrem vollen Umfang sowie ihrer Tragweite heute noch keineswegs erschöpfend wissenschaftlich untersucht. Aber das, was man jetzt schon weiß, sollte Anlass zu großer Besorgnis, Zurückhaltung bei der Nutzung und vor allem zu weiteren Forschungsbemühungen sein. Denn Bildung und Gesundheit betreffen nicht nur den Einzelnen, sondern sind langfristig entscheidend für das Bestehen unserer Gesellschaft. Unter dieser Perspektive kommt den negativen Auswirkungen des Smartphones auf die Entwicklung sozialer Fähigkeiten – von Empathie über Autonomie bis zur Demokratie – eine ganz besondere Bedeutung zu, auf die gerade in jüngster Zeit mit zunehmender Dringlichkeit hingewiesen wird (26, 48, 71).

Es ist schade, dass sich die vielen „Experten“ bislang mehr oder weniger weigern, die Gefahren digitaler Medien mit Hilfe dessen, was wir aus der Gehirnforschung wissen, zu untermauern. Betrachten wir ein aus meiner Sicht besonders wichtiges Beispiel, nämlich die Auswirkungen des Smartphones auf das Wollen. Ebenso wie das Laufen oder das Sprechen ist die Gehirnfunktion des Wollens das Ergebnis eines Lernprozesses: Die entsprechenden Zentren für „exekutive Kontrolle“ (der Philosoph Immanuel Kant hätte gesagt: „autonome Willensakte“) im Frontalhirn sind zwar zum Zeitpunkt der Geburt schon vorhanden, müssen jedoch (wie die Zentren für Motorik oder Sprache) ein Training durchlaufen, wodurch ihre Funktion überhaupt erst entsteht. Beim Laufen richtet sich ein kleines Kind irgendwie – z. B. an einem Sofa oder Stuhl oder am Bein der Großmutter – auf und balanciert auf zwei Beinen, bis es wieder mehr oder weniger sanft auf seinem Popo landet. Tausende solcher Erfahrungen bewirken schließlich, dass motorische Areale die richtige Anzahl von Aktionspotenzialen an die richtigen Muskeln sendet, um die Balance zu halten und nicht umzufallen. Das Laufen – d. h. die allgemeine Fähigkeit, sich auf zwei Beinen und gewissermaßen dauernd im Umfallen befindlich aufrecht zu halten und sehr effizient fortzubewegen – lernt man also von Fall zu Fall!

Wichtig dabei ist, dass man hier eine *allgemeine* Fähigkeit anhand *einzelner* Erfahrungen lernt. Nicht anders ist es beim Erlernen der Sprache: Schon das Neugeborene reagiert anders auf die Laute der Muttersprache als auf andere Sprachlaute, und auf Sprachlaute anders als auf andere, nicht-sprachliche Töne oder Geräusche (62). Im Lauf der ersten Jahre lernt es dann Wörter und deren Benutzung (Semantik, Grammatik), jeweils völlig ohne „Pauken“, weil sein Gehirn bei entsprechendem Input den Rest von selbst erledigt.

Und ebenso ist das beim Wollen. Ein junger Mensch will ständig etwas, weil er Spaß daran hat: Toben, Singen, Klettern, Malen, Spielen … Er wird sich dabei anstrengen und Mühe geben, aber nur dann, wenn es Spaß macht! Es geht jeweils darum, ein Ziel zu haben und durchzuhalten, bis es erreicht ist. Wer auf einen Baum klettern will, der hat seinen Spaß am Klettern und freut sich vor allem, wenn er oben ist! Hat er nämlich sein Ziel erreicht, ist er stolz! Das Ziel vor Augen, die Vorfreude darauf und der Spaß an der Tätigkeit helfen ihm dabei, seine Willenskraft auszubilden. So lernt er in tausenden solcher Erfahrungen: *Ich nehme mir etwas vor und kann es auch erreichen.* Das Wollen und nicht abgelenkte Durchhalten werden also genauso trainiert wie das Laufen und das Sprechen: in tausenden kleinen Schritten und Sätzen.

Aufmerksames Durchhalten, „sein Ding zu machen" (wie der Rockmusiker Udo Lindenberg sagen würde), lernt man *nicht*, wenn man dauernd nur *re*-agiert (auf die nächste Mail, SMS, Facebook- oder Whatsapp-Meldung oder den nächsten Tweet), weil man permanent einen Ablenker erster Güte – sein Smartphone – mit sich herumträgt!

Das Jugendwort des Jahres 2015 – Smombie, die Zusammensetzung aus Smartphone (dem vielfach vor allem zum Spielen verwendeten Schweizermesser des digitalen Zeitalters) und Zombie (seiner Seele beraubter willenloser Mensch) – trifft diesen Tatbestand punktgenau: Smartphones zerstören die eigene Aktion, den Willen und damit die eigene Autonomie – das Selbst-Sein. Früher hätte man gesagt: die Seele des Menschen. Das ist wohlgemerkt nicht die Behauptung eines bekanntermaßen medienkritischen Ulmer Psychiaters, nein, es ist die zum Wort geronnene Einsicht der jungen Leute in unserem Land, die von Vielen erlebte (und zudem wissenschaftlich erwiesene) Tatsache, dass Smartphones auf junge Menschen besonders gravierende psychologische Auswirkungen haben. So gesehen ist die globale Verbreitung von Smartphones vor allem eines: eine gesellschaftliche Katastrophe! Denn ohne eigenen Willen gibt es keine Autonomie, und ohne Autonomie der Einzelnen ist Demokratie nicht möglich.

„*Wissen Sie, Herr Spitzer, dass unsere angehenden Lehrlinge keine Prozent- oder Bruchrechnung mehr können, ist ja nicht das Problem – das können wir ihnen beibringen. Das wirkliche Problem ist: Die jungen Leute WOLLEN nichts mehr!*" – Dies sagte mir der Personalchef eines großen deutschen Technologiekonzerns schon vor einiger Zeit. Der Satz zeigt an, dass auch die Wirtschaft zumindest beobachtet (wie unsere Lehrer und Professoren auch), dass es mit dem Wollen junger Menschen derzeit schlecht bestellt ist. Diese wiederum klagen über „Druck" und „Stress"[1], vergessen dabei jedoch, dass sie sich dies selbst erzeugen: Denn Autonomie – das Gegenteil von Druck und Stress – kann man sich nur selbst nehmen, wenn man die Voraussetzungen dafür zuvor tausendfach „im Kleinen" durch vielerlei eigene Aktivitäten (Sport, Musik, Theater, Arbeiten mit den Händen) eingeübt hat.

Szenenwechsel: Südkorea[2] ist nicht nur das Land mit der weltweit höchsten Glasfaserverkabelungsquote und dem größten prozentualen Anteil der Internetanschlüsse der Haushalte (98 %), sondern auch das der stärksten Nutzung digitaler Informationstechnik durch Kinder und Jugendliche. Schon im Jahr 2013 versuchte man dort daher, die Jugendlichen mit Kampagnen zu einer freiwilligen Einschränkung ihrer Smartphone-Nutzung zu bewegen

---

1 Eine im Auftrag des Bundesverbandes der AOK im Juni/Juli 2016 durchgeführte Online-Befragung von 18 000 Studierenden ergab, dass diese zu einem höheren Prozentsatz (53%) unter Stress leiden als ganz normale Arbeitnehmer (50%).

2 Vor 1950, dem Beginn des Korea-Kriegs, wurde Korea auch als das Land der Morgenstille bezeichnet (31), was 65 Jahre später nur noch Verwunderung hervorrufen kann.

(►Abb. 5-2). Der Erfolg dieser Maßnahmen war jedoch nicht besonders stark ausgeprägt, wie die vom südkoreanischen Gesundheitsamt seit Jahren publizierten Zahlen zur Smartphone-Sucht Jugendlicher (im Alter von 10 bis 19 Jahren) belegen (►Abb. 5-3). Mit knapp 30 % Smartphone-süchtigen Jugendlichen dürfte Südkorea auch in dieser Hinsicht weltweit trauriger Spitzenreiter sein.

Seit Mai 2015 gibt es daher in Südkorea – erstmals im weltweit am stärksten betroffenen Land – ein Gesetz, das die Smartphone-Nutzung von Menschen unter 19 Jahren drastisch reglementiert und einschränkt. Dazu wird Software verwendet, die z. B. *Smart Sheriff* heißt und den Zugang zu Pornografie und Gewalt blockiert, die Nutzungszeit registriert und die Eltern informiert, wenn diese eine Grenze überschritten hat oder wenn bestimmte Wörter („Selbstmord", „Schwangerschaft", „Mobbing") ins Smartphone eingegeben wurden. Zudem werden die Eltern angeschrieben, wenn der tägliche Smartphone-Gebrauch (der in Südkorea insgesamt bei 5,4 Stunden täglich liegt; 15) ein bestimmtes, voreingestelltes Maß überschritten hat.

So umstritten diese Maßnahme auch ist (2), so zeigt sie doch eines sehr deutlich: Dass ein Staat begriffen hat, dass seine Grundfeste erodieren, wenn man junge Menschen und deren Bildung dem unkontrollierten Profitstreben von Firmen überlässt, die zu den reichsten der Welt gehören.[3] Dies ist unverantwortlich. Wir Erwachsene haben die Verantwortung für die körperliche, geistige und soziale Entwicklung der nächsten Generation als unsere wichtigste Aufgabe zur Sicherung unseres Gemeinwohls, unserer Zukunft und unserer Kultur. Der ungezügelte und allein

3 Google, Apple, Microsoft, Amazon und Facebook gehören zu den 10 reichsten Firmen der Welt und haben zusammen eine Marktkapitalisierung von über 2 500 Milliarden US-Dollar.

Abb. 5-2 Südkoreanische Präventionskampagne, zu der eine Reihe von Pressefotos existieren (55), die in der Hauptstadt Seoul im Seoul World Cup Park gegen Smartphone-Sucht veranstaltet wurde. Das Motto der Kampagne, 1–1–1, bedeutet ausschalten, und zwar das Smartphone, durch jeden Einzelnen der mitmacht, an einem Tag der Woche für eine Stunde. Die teilnehmenden Jugendlichen zeigen ihre Smartphones mit Aufkleber für diese Kampagne, um andere Jugendliche zum Mitmachen aufzufordern.

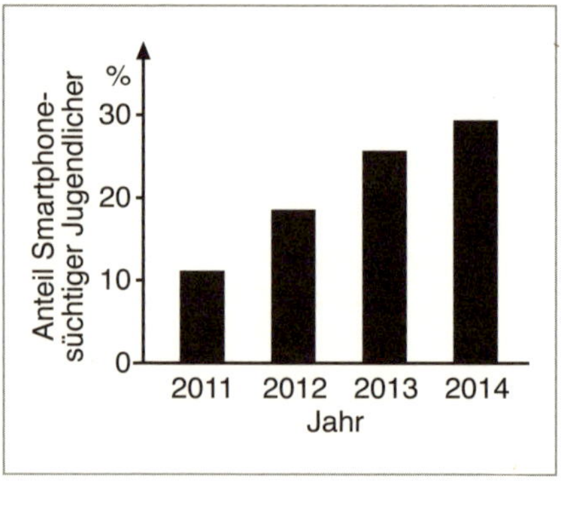

Abb. 5-3 Smartphone-Sucht bei jungen Menschen unter 19 Jahren in Südkorea seit Beginn der Erhebung dieser Daten im Jahr 2011. Der dramatische Anstieg von 11 auf knapp 30 % ist in dieser Bevölkerungsgruppe besonders hoch (Südkoreanisches Wissenschaftsministerium 2015).

dem Markt überlassene Gebrauch von Smartphones richtet großen Schaden an im Hinblick auf Gesundheit, Bildung, die Fähigkeit zu Empathie, Autonomie, Demokratie und damit auf eine glückende Zukunft. Die genannten Auswirkungen sind vor allem deswegen so bedeutsam, weil nahezu *alle* betroffen sind. Handeln wir entsprechend!

Nachwort in eigener Sache

Es wurde immer wieder behauptet, dass diese kritische Haltung erstens die Meinung eines einsamen Rufers in der Wüste sei, dass es zweitens schon immer ältere Männer gab, die sich über die Jugend beschwert hätten, und dass es drittens doch auch gute Gründe für die Nutzung von Smartphones durch junge Menschen gäbe. Betrachten wir diese drei sehr häufigen Behauptungen etwas genauer:

- Einzelmeinung,
- Kulturpessimismus und
- Gegenthese: Smartphones haben positive Auswirkungen und sollten mehr genutzt werden.

Einzelmeinung

Vor wenigen Jahren mag eine medienkritische Einstellung noch lediglich von einer kleinen Minderheit vertreten worden sein, wie ich anlässlich der Publikation meines Buchs *Digitale Demenz* im Sommer 2012 deutlich zu spüren bekam (54). Mittlerweile jedoch pfeifen es zwar nicht gerade die Spatzen von den Dächern, aber einsam ist man mit einer kritischen Haltung gegenüber digitaler Informationstechnik im Allgemeinen und Smartphones im Besonderen keineswegs mehr: Wissenschaftler in aller Welt publizieren nicht nur Studien zu unerwünschten Effekten (53, 56, ▸Tab. 5-1), sondern äußern sich auch offen kritisch und warnend, insbesondere wenn es um die übermäßige Nutzung durch junge Menschen geht.

Abb. 5-4 Kiyohito Yamasawa, Präsident der Japanischen Shinsu Universität in Matsumoto (Präfektur Nagano) warnt in seiner vor 2000 Studienanfängern gehaltenen Rede ausdrücklich vor den Gefahren des Smartphones: „Geben Sie Ihr Smartphone auf oder ihr Studium an der Shinshu Universität", denn Smartphones sind „Gift für die Intelligenz, Persönlichkeit und Kreativität". „Lesen Sie Bücher, sprechen Sie mit Freunden und machen Sie es sich zur Angewohnheit, selbst nachzudenken", empfiehlt der Professor für Informatik.

So warnte beispielsweise Kiyohito Yamasawa (► Abb. 5-4), Präsident der Japanischen Shinsu Universität in Matsumoto, Präfektur Nagano, in einer am 4. April 2015 vor 2000 Studienanfängern gehaltenen Rede vor den Gefahren des Smartphones im Hinblick auf Suchtentwicklung, Intelligenz, Persönlichkeit und Kreativität. „Quit using smartphones or quit Shinshu University," rief er den Studenten zu, was eine heftige Kontroverse auslöste – sowohl im Internet als auch in der realen Welt (5).

Der US-amerikanische Berufsverband der Kinderärzte warnt seit Jahren vor der Nutzung digitaler Medien durch Säuglinge und Kleinkinder. Der britische Kinderarzt Aric Sigman (52) und die britische Pharmakologin und Neurowissenschaftlerin Susan Greenfield (24) äußern sich schon seit Jahren sehr kritisch. Auch hierzulande melden sich immer mehr Wissenschaftler, Kliniker und sogar manche Medienpädagogen kritisch zu Wort (13, 14, 44, 50, 51, 67). Die erwähnten Maßnahmen Südkoreas – weltweit die Nummer eins bei Wirkungen, Nebenwirkungen und seit einigen Monaten auch deren Bekämpfung – zum Schutz junger Menschen vor digitaler Informationstechnik machen ebenfalls sehr deutlich, dass man hier nicht mehr von einer „abwegigen Einzelmeinung" sprechen kann.

Kulturpessimismus, insbesondere geäußert von älteren im Hinblick auf jüngere Menschen

Weil mein verstorbener Vater nicht selten über die junge Generation der Taugenichtse schimpfte, habe ich dieses Argument sehr oft gegen mich selbst erhoben und mich schlichtweg gefragt, ob ich die digitale Informationstechnik nicht vielleicht einfach deswegen so kritisch sehe, weil ich alt geworden bin.

Zwar konnte ich in den meiner Meinung zugrunde liegenden Quellen keinen systematischen Fehler entdecken, und die Studien dazu, dass die „Digital Natives" nichts besser, aber dafür vieles schlechter oder gar nicht mehr können, wurden ja auch nicht von mir durchgeführt, sondern von britischen Wissenschaftlern. Wirklich beruhigt haben mich allerdings erst die Ereignisse von 2015: Da wollen junge Menschen aus Kalifornien (Silicon Valley) lieber von Papierbüchern als von Bildschirmen lesen, insbesondere dann, wenn es um etwas wirklich Wichtiges geht (59); da erfinden junge Menschen neue Formen der kontrollierten Smartphone-Abstinenz (in der Kneipe: alle legen ihr Smartphone in die Mitte und wer seins als erster berührt, zahlt); und da wird – bislang die Krönung (!) – das

Wort *Smombie* – zum Jugendwort des Jahres 2015. Besser als die Betroffenen selber kann man nicht auf den Punkt bringen, wie der Smartphone-Gebrauch sich auf die noch in Entwicklung befindliche Frontalhirnfunktion des Wollens auswirkt! Und noch einmal: Das Wort stammt nicht von mir![4]

Gegenthese

Smartphones hätten positive Auswirkungen und sollten mehr genutzt werden. Nachdem eine sehr große britische Studie klar gezeigt hat, dass ein Handy-Verbot an Schulen zu besseren Leistungen der Schüler führt, konnte man sich an den Reaktionen der Presse wieder einmal klar vor Augen führen, was mit Tatsachen geschieht, die einer sehr mächtigen und finanzkräftigen Lobby nicht gefallen: Sie werden einfach geleugnet. Manche reden heute schon von Smart Society, und suggerieren damit, dass digitale Informationstechnik unsere Gesellschaft verbessert. Dem ist entgegenzuhalten: Smartphones machen unsere Gesellschaft nicht smart, sondern erodieren sie von innen!

---

4 Es gibt noch mehr Grund zu Optimismus: Dieses Editorial wurde am Aschermittwoch 2016 fertiggestellt und so habe ich indirekt dem Herrgott persönlich die Meldung zu verdanken, dass in diesem Jahr jeder fünfte Deutsche in der Fastenzeit für einige Wochen bewusst offline gehen will, wie eine repräsentative Forsa-Umfrage im Auftrag der Krankenkasse DAK-Gesundheit zeigt (77). „Weniger Stress" ist der mit 59 % am häufigsten genannte Grund, gefolgt von dem Bedürfnis nach mehr Sozialkontakten (53 %). Gut jeder zweite Deutsche (53 %) hat schon mindestens einmal für mehrere Wochen gefastet, und rund zwei Drittel in der Altersgruppe von 18 und 29 Jahren haben es in diesem Jahr vor.

Literatur

1. Adams S. Dating apps that pinpoint interested people down to the nearest metre blamed for soaring sex infections. The Mail on Sunday 3.1.2015; http://www.dailymail.co.uk/health/article-2895639
2. Anderson C, Crete-Nishihata M, Dehghanpoor C et al. Are the kids alright? Digital risks to minors from South Korea's Smart Sheriff application. Munk School of Global Affairs. University of Toronto, 20.9.2015. https://citizenlab.org/wp-content/uploads/2015/09/digital-risks-smart-sheriff.pdf
3. Andreassen CS, Torsheim T, Brunborg GS, Pallesen S. Development of a Facebook addiction scale. Psychological Reports 2012; 110: 501–517.
4. Androidmag.de. Smartphone-Jahr 2015: Täglich 3,9 Millionen verkaufte Geräte. https://www.androidmag.de/news/branchen-news/smartphone-jahr-2015-taeglich-39-millionen-verkaufte-geraete-android-unangefochtene-nummer-1
5. Anonymus. University president: ‚Quit smartphones or quit university'. The Asahi Shimbun 8.4.2015 http://ajw.asahi.com/article/behind_news/social_affairs/AJ201504080046
6. Anonymus. Immer mehr Deutsche leiden an Syphilis. Spiegel Online, 11.12.2015; http://www.spiegel.de/gesundheit/sex/syphilis-immer-mehr-deutsche-sind-betroffen-a-1067262-druck.html
7. Spitzer M. M-Learning? When it comes to learning, smartphones are a liability, not an asset. Trends in Neuroscience and Education 2015; 4: 87–91.
8. Beland L-P, Murphy R. Ill Communication: Technology, Distraction & Student Performance. Centre for Economic Performance (CEP) Discussion Paper No 1350, May 2015. London School of Economics and Political Science, Houghton Street, London WC2A 2AE 2015.
9. Beranuy M, Oberst U, Carbonell X, Chamarro A. Problematic internet and mobile phone use and clinical symptoms in college students: The role of emotional intelligence. Comput Hum Behav 2015; 25: 1182–1187.
10. Berge ZL, Muilenburg LY. Handbook of Mobile Learning. Florence, KY: Routledge 2013.
11. Beymer MR, Weiss RE, Bolan RK et al. Sex on demand: Geosocial networking phone apps and risk of sexually transmitted infections among a cross-sectional sample of men who have sex with men in Los Angeles county. Sex Transm Infect 2014; doi:10.1136/sextrans-2013–051494.

12. Bhattacharya S. A date with disease: Get the app, risk the clap? New Scientist 3.1.2015; 3002.
13. Bleckmann P. Medienmündig – wie unsere Kinder selbstbestimmt mit dem Bildschirm umgehen lernen. Stuttgart: Klett-Cotta 2015.
14. Bleckmann P, Seidel M, Pfeiffer C, Mößle T. Media Protect. Medienpädagogische Elternberatung in der Grundschule. Konzeptbeschreibung und formative Evaluation. Kriminologisches Forschungsinstitut Niedersachsen; Forschungsbericht 2013; Nr. 121.
15. Chang A-M, Aeschbach D, Duffy JF, Czeisler CA. Evening use of light-emitting eReaders negatively affects sleep, circadian timing, and next-morning alertness. PNAS 2015; 112: 1232–1237.
16. Cheever NA, Rosen LD, Carrier LM, Chavez A. Out of sight is not out of mind: The impact of restricting wireless mobile device use on anxiety levels among low, moderate and high users. Computers in Human Behavior 2014; 37: 290–297.
17. Chen H. Asia's smartphone addiction. BBC News, Singapore 2015. http://www.bbc.com/news/world-asia-33130567
18. Cheng C, Li AY. Internet addiction prevalence and quality of (real) life: A metaanalysis of 31 nations across seven world regions. Cyberpsychology, Behavior, and Social Networking 2014; 17: 755–760.
19. Clayton RB, Leshner G, Almond A. The extended iSelf: The impact of iPhone separation on cognition, emotion, and physiology. Journal of Computer-Mediated Communication 2015; doi:10.1111/jcc4.12109.
20. Ehrenberg AL, Juckes SC, White KM, Walsh SP. Personality and self-esteem as predictors of young people's technology use. Cyber Psychology and Behavior 2008; 11: 739–741.
21. Evans S. Teacher who threw unruly pupil's phone out of classroom window has assault conviction overturned. Mirror Obline 8.12.2015. http://www.mirror.co.uk/news/uk-news/teacher-who-threw-unruly-pupils-6975695
22. Fryer R. Information and student achievement: Evidence from a cellular phone experiment. NBER Working Paper 19113. National Bureau of Economic Research, 1050 Massachusetts Avenue, Cambridge, MA 02138 2013; http://www.nber.org/papers/w19113
23. Gerste RD. Spielen am Bildschirm macht viele Kinder kurzsichtig. Die Welt, 1.9.2014 http://www.welt.de/gesundheit/article131798051/Spielen-am-Bildschirm-macht-viele-Kinder-kurzsichtig.html
24. Greenfield S. Mind Change: How 21st Century Technology Is Leaving Its Mark On The Brain. London: Random House 2014.

25. Heick T. 50 reasons it's time for smartphones in every classroom. TeachThought 2015. http://www.teachthought.com/uncategorized/50-reasons-smartphones-belong-classroom
26. Helbing D, Frey BS, Gigerenzer G et al. Das Digital Manifest. Spektrum der Wissenschaft 2016; 1: 1–15.
27. Hysing M, Pallesen S, Stormark KM et al. Sleep and use of electronic devices in adolescence: results from a large population-based study. BMJ Open 2015; 5: e006748.
28. Jeong S-H, Kim HJ, Yum J-Y, Hwang Y. What type of content are smartphone users addicted to?: SNS vs. games. Computers in Human Behavior 2016; 54: 10–17.
29. Kim SJ. Digitale Medien Südkoreas im soziokulturellen Kontext. Focus-Jahrbuch 2011, 319–334 http://www.medialine.de/media/uploads/projekt/medialine/docs/publikationen/jb_2011/foc_jb_2011_langbeitrag_DigitaleMedienSuedkoreas_Seong-Jae_Kim.pdf
30. Knop K, Hefner D, Schmitt S, Vorderer P. Mediatisierung Mobil. Handy- und mobile Internetnutzung von Kindern und Jugendlichen. Landesanstalt für Medien Nordrhein-Westfalen. Schriftenreihe Medienforschung 2015; Band 77.
31. Kross E, Verduyn P, Demiralp E et al. Facebook use predicts declines in subjective well-being in young adults. PLoS ONE 2013; 8(8): e69841.
32. Lane W, Manner C. The impact of personality traits on smartphone ownership and use. International Journal of Business and Social Science 2011; 2(17): 22–28.
33. Lemola S, Perkinson-Gloor N, Brand S et al. Adolescents' electronic media use at night, sleep disturbance, and depressive symptoms in the smartphone age. J Youth Adolescence 2013; 44: 405–418.
34. Lepp A, Barkley JE, Karpinski AC. The relationship between cell phone use, academic performance, anxiety, and satisfaction with life in college students. Computers in Human Behavior 2014; 31: 343–350.
35. Merlo L. Increased cell phone use may heighten symptoms of anxiety. Primary Psychiatry 2008; 15: 27–28.
36. Munezawa T, Kaneita Y, Osaki Y et al. The association between use of mobile phones after lights out and sleep disturbances among Japanese adolescents: A nationwide cross-sectional survey. Sleep 2011; 34: 1013–1020.
37. Murdock KK. Texting while stressed: Implications for students' burnout, sleep, and well-being. Psychology of Popular Media Culture 2013; 2: 207–221.

38. NHTSH. Distracted Driving 2012. US Department of Transportation. National Highway Traffic Safety Administration, April 2014. NHTSA's National Center for Statistics and Analysis, 1200 New Jersey Avenue SE., Washington, DC 20590.
39. Office for National Statistics. Insights into children's mental health and well-being 20.10.2015 www.ons.gov.uk.
40. Oshima N, Nishida A, Shimodera S et al. The suicidal feelings, self-injury, and mobile phone use after lights out in adolescents. Journal of Pediatric Psychology 2012; 37: 1023–1030.
41. Pauli R. Aufmerksamkeitskiller Smartphone. TAZ. Die Tageszeitung 20.1.2016, S. 18. http://www.accessmm.de/download/TAZ_20_01_16_ffm_8.pdf
42. Phillips JG, Butt S, Blaszczynski A. Personality and self-reported use of mobile phones for games. Cyberpsychology & Behavior 2006; 9: 753–758.
43. Raftree L, Martin N. What's holding back mobile phones for education? Mobile broadband will revolutionize learning networks around content delivery and workforce development. Stanford Social Innovation Review 11.2.2013.
44. Rehbein F, Mößle T, Arnaud N, Rumpf H-J. Computerspiel- und Internetsucht: Der aktuelle Forschungsstand. Der Nervenarzt 2013; 84: 569–575.
45. Rosen LD, Whaling K, Carrier LM et al. The media/technology usage, attitudes and anxiety scale: An empirical investigation. Computers in Human Behavior 2013; 29: 2501–2511.
46. Sánchez-Martínez M, Otero A. Factors associated with cell phone use in adolescents in the community of Madrid (Spain). CyberPsychology & Behavior 2009; 12: 131–137.
47. Sandoval E, Eisinger D, Blau R. Department of Education lifts ban on cell phones in New York City schools. New York Daily News, 2.3.2015; http://www.nydailynews.com/new-york/dept-education-ends-cell-phone-ban-nyc-schools-article-1.2134970;
48. Schmitt S. Schöner smarter Staat. In einem Aufruf warnen Fachleute: Big Data und künstliche Intelligenz bedrohen unsere Gesellschaft. Zeit Online 2016. http://www.zeit.de/2015/51/big-data-smartphones-gesellschaft-staat-digital
49. Schulmeister R (Hrsg). MOOCs – Massive Open Online Courses. Offene Bildung oder Geschäftsmodell? Münster: Waxman 2013.
50. Siegfried W, Eder A, Schoosleitner C et al. „Internet Gaming Disorder", „Schulvermeidendes Verhalten" und „Obesitas" bilden immer häufiger eine Trias: Gibt es ein ISO-Syndrom? Praktische Pädiatrie 2015; 21: 100–108.

51. Siegfried W, Siegfried A, Kunze D, Wabitsch M. Adipositas-Langzeittherapie im Rehazentrum Insula. Therapieperspektiven in Zeiten moderner digitaler Mediennutzung. Adipositas 2015; 9: 21–25.
52. Sigman A. Time for a view on screen time. Arch Dis Child 2012; 97: 935–942.
53. Spitzer M. Digitale Demenz. München: Droemer 2012.
54. Spitzer M. Digitale Demenz 2.0. Argumente zu Risiken und Nebenwirkungen digitaler Informationstechnik. In: Das (un)soziale Gehirn. Stuttgart: Schattauer 2013; 195–204.
55. Spitzer M. Smartphones. Zu Risiken und Nebenwirkungen für Bildung, Sozialverhalten und Gesundheit. In: Denken – zu Risiken und Nebenwirkungen. Stuttgart: Schattauer 2015; 111–134.
56. Spitzer M. Cyberkrank! München: Droemer 2015.
57. Spitzer M. Babys sind auch nur Wissenschaftler. In: Gelegenheit macht Liebe, Kleider machen Leute und der Teufel macht krank. Stuttgart: Schattauer; 159–165.
58. Spitzer M. Der bestirnte Himmel über mir und das moralische Gesetz in mir. Naturerleben und Sozialverhalten. In: Gelegenheit macht Liebe, Kleider machen Leute und der Teufel macht krank. Stuttgart: Schattauer; 278–298.
59. Spitzer M. Buch oder E-Book? In: Gelegenheit macht Liebe, Kleider machen Leute und der Teufel macht krank. Stuttgart: Schattauer; 234–254.
60. Spitzer M. Sex on demand. Satellitennavigation und Geschlechtskrankheiten. In: Gelegenheit macht Liebe, Kleider machen Leute und der Teufel macht krank. Stuttgart: Schattauer; 1–16.
61. Spitzer M. Schlaflos mit Blaulicht. In: Gelegenheit macht Liebe, Kleider machen Leute und der Teufel macht krank. Stuttgart: Schattauer; 142–151.
62. Spitzer M. Am Anfang war das Wort. In: Gelegenheit macht Liebe, Kleider machen Leute und der Teufel macht krank. Stuttgart: Schattauer; 152–158.
63. Spitzer M. Cyberkrank – wie das digitalisierte Leben unsere Gesundheit ruiniert. Vortrag in Singen am Hohentwiel am 30.11.2015.
64. Statista. Absatz von Smartphones weltweit 2015. http://de.statista.com/statistik/daten/studie/173049/umfrage/weltweiter-absatz-von-smartphones
65. Statista. Smartphone-Nutzung durch Kinder und Jugendliche in Deutschland im Jahr 2014 nach Altersgruppen 2015. http://de.statista.com/statistik/daten/studie/1104/umfrage/smartphone-nutzung-durch-kinder-und-jugendliche-nach-altersgruppen

66. Takao M, Takahashi S, Kitamura M. Addictive personality and problematic mobile phone use. CyberPsychology & Behavior 2009; 12: 501–507.
67. te Wildt B. Digital Junkies. Internetabhängigkeit und ihre Folgen für uns und unsere Kinder. München: Droemer 2014.
68. Thomée S, Härenstam A, Hagberg M. Mobile phone use and stress, sleep disturbances, and symptoms of depression among young adults – a prospective cohort study. BMC Public Health 2011; 11: 66.
69. Tossell CC, Kortum P, Shepard C et al. You can lead a horse to water but you cannot make him learn: Smartphone use in higher education. British Journal of Educational Technology 2015; 46: 713.
70. Tromholt M, Lundby M, Andsbjerg K, Wiking M. The Facebook Experiment. Does social media affect the quality of our lives? The Happiness Research Institute 2015; info@happinessresearchinsti tute.com.
71. Welzer H. Autonomie gefordert! Über ein schwieriges Konzept der Demokratie (SWR2 Wissen/Aula). SWR2 Manuskript der Sendung vom Sonntag, 24. Januar 2016, 8.30 Uhr, Redaktion: Ralf Caspary.
72. White AG, Buboltz W, Igou F. Mobile phone use and sleep quality and length in college students. International Journal of Humanities and Social Science 2011; 1: 51–58.
73. Wikipedia. M-Learning 2015. (zuletzt abgerufen am 15.02.2015)
74. Wu JF, Bi HS, Wang SM, Hu YY, Wu H, Sun W, Lu TL, Wang XR, Jonas JB. Refractive error, visual acuity and causes of vision loss in children in Shandong, China. The Shandong Children Eye Study. PLoS ONE 2013; 8(12): e82763.
75. Yen C, Tang T, Yen J, Lin H, Huang C, Liu S. Symptoms of problematic cellular phone use, functional impairment and its association with depression among adolescents in Southern Taiwan. Journal of Adolescence 2009; 32: 863–873.
76. Zheng F, Gao P, He M et al. Association between mobile phone use and inattention in 7202 Chinese adolescents: a population based cross-sectional study. BMC Public Health 2014; 14: 1022–1028.
77. Anonymus. Jeder fünfte Deutsche will in der Fastenzeit offline bleiben. Deutsches Ärzteblatt, 8.2.2016; m.aerzteblatt.de/news/65665.htm.

6 Kurzsichtig wegen mangelnder Weitsicht

Kurzsichtigkeit ist mit 30 % (in Europa) die häufigste Lichtbrechungsanomalie des Auges. Sie kommt ganz prinzipiell dadurch zustande, dass sich die von der Augenlinse gebündelten Strahlen schon vor der Netzhaut schneiden und damit auf der Netzhaut ein unscharfes Bild entsteht. Dies liegt daran, dass entweder die Brechkraft des Auges zu stark oder der Augapfel zu lang ist (▸ Abb. 6-1). Fallen die Strahlen aus der Nähe ins Auge, so schneiden sie sich bei gleicher Brechkraft des Auges eher auf der Netzhaut, es entsteht ein scharfes Bild. Ein kurzer Abstand des gesehenen Gegenstandes vom Auge bewirkt also, dass er scharf gesehen wird: So erklärt sich auch die Bezeichnung „Kurzsichtigkeit" für diese Art der Brechungsanomalie des Auges.

Man korrigiert die Kurzsichtigkeit durch eine Zerstreuungslinse (Konkavlinse) und misst sogar das Ausmaß (den Grad) der Kurzsichtigkeit anhand des Brechwertes (in Dioptrien, dpt), den eine Konkavlinse haben muss, um die Kurzsichtigkeit so zu korrigieren, dass Bilder von weit entfernten Objekten scharf auf der Netzhaut abgebildet werden (▸ Abb. 6-2). Nach ihrem Ausmaß unterscheidet man leichte Kurzsichtigkeit (–0,25 bis –3,0 dpt), mittlere Kurzsichtigkeit (–3,00 und –6,00 dpt) und starke Kurzsichtigkeit (–6,00 dpt oder mehr).

Schon meine Großmutter meinte, dass man vom vielen Lesen kurzsichtig werde und irgendwann eine Brille tragen müsse. Schließlich erkenne man ja Leseratten leicht an ihrer Brille, so ihr Argument. Mein Freund Thomas erwähnte diesen Gedanken (unabhängig von meiner Großmutter) während seines Studiums und bekam das geballte damalige „(Nicht-)Wissen" um die Ohren, wie seine Geschichte zeigt:

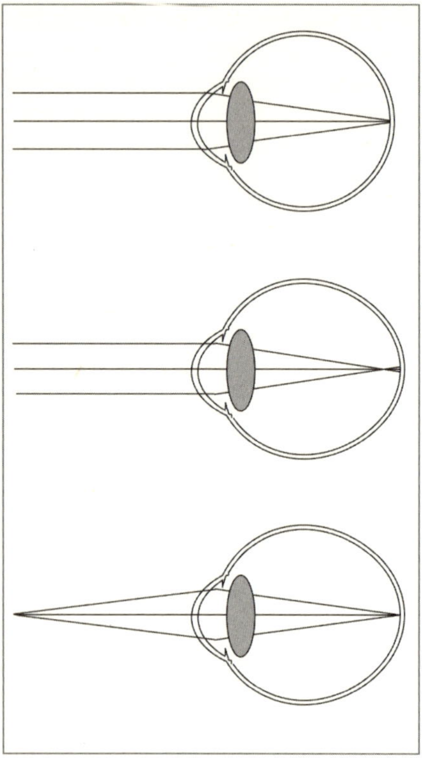

Abb. 6-1 Passen die Länge des Augapfels und Brechkraft des Auges genau zusammen, schneiden sich parallel einfallende (also von weit her kommende) Strahlen genau auf der Netzhaut, und es entsteht ein scharfes Bild (oben). Ist der Augapfel zu lang, schneiden sich die Strahlen vor der Netzhaut, weswegen entfernte Objekte nicht mehr scharf gesehen werden (Mitte). Befindet sich der Gegenstand nahe vor dem Auge, wird er scharf gesehen, weil die Strahlen sich jetzt wieder auf der Netzhaut schneiden. Man sieht also nahe Gegenstände scharf (unten).

„Während meines Medizinstudiums beschäftigte ich mich als Betroffener mit der Frage, ob Myopie eine Konsequenz von ungünstigem Sehverhalten, z. B. zu viel Lesen, sein könnte. Sowohl nach meinem Physikum als auch nach meinem ersten Staatsexamen benötigte ich eine neue Brille, die jeweils etwa –0,5 Dioptrien zulegte. Im Jahr 1988 absolvierte ich an der Universitätsklinik Düsseldorf mein Ophthalmologiepraktikum und nutzte die Gelegenheit, meine Frage zu stellen. Der Dozent, ein habilitierter Oberarzt der Klinik, beantwortete meine Frage mit Entrüstung: ‚Nein, es gibt keine Hinweise auf einen Zusammenhang zwischen speziellen Sehgewohnheiten und Fehlsichtigkeit. Die Fehlsichtigkeiten, sowohl die Myopie als auch die Hyperopie, finden sich in einem normalverteilten Kontinuum neben der Emmentropie.‘“ (Kammer, persönliche Mitteilung, 2016).

Durch zu viel Lesen zum Brillenträger werden – wie sollte das denn auch gehen? Es klingt zunächst unplausibel, und dennoch ging etwa zeitgleich mit der Antwort des Düsseldorfer Ophthalmologen dessen Tübinger Kollege Frank Schaeffel genau dieser Frage nach – in wissenschaftlichen Studien an Küken! Er setzte ihnen kleine Brillen auf (mit Velcro-Bändern befestigt, damit sie nicht vom Kopf rutschten) und ermittelte so deren Einfluss auf das Wachstum der Augäpfel.

Hier gab es nämlich ein Problem, das die Wissenschaft schon lange beschäftigte: Kleine Kinder haben zwar nicht so kleine Augäpfel wie sie haben müssten, wenn sie einfach nur verkleinerte Erwachsene wären[1], ihre Augen sind aber dennoch zu klein, insbesondere zu kurz, um ohne zusätzliche Akkommodation (d.h. Erhöhung der Brechkraft durch stärkere Rundung der Linse) ein scharfes Bild auf der Netzhaut zu erzeugen. Denn die Brechkraft der Linse und der anderen lichtbrechenden Strukturen des Auges ist nun einmal durch deren physikalische Eigenschaften (Brechungsindex) festgelegt und nicht beliebig variierbar.

---

1 In der vergleichenden Verhaltensforschung spricht man von „Kindchenschema“ und meint damit unter anderem die Tatsache, dass das kindliche Gesicht (übrigens auch bei vielen Tieren) vergleichsweise größere Augen aufweist als das Gesicht Erwachsener. Schon kleine Kinder finden ein solches kindliches Gesicht vergleichsweise „süßer“ bzw. „goldiger“ und wenden sich diesem eher zu (1).

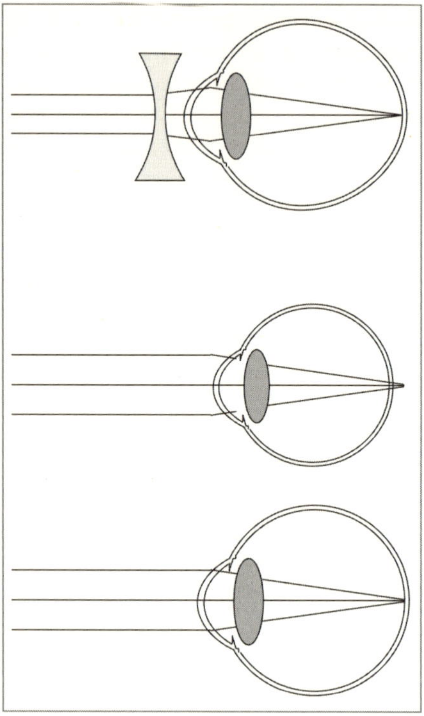

Abb. 6-2 Prinzip der Korrektur der Kurzsichtigkeit durch eine Zerstreuungslinse (oben); Brechungsverhältnisse beim Kind (schematisch; Mitte) sowie beim Erwachsenen (unten).

Wenn das (größere) Auge des Erwachsenen scharf sehen soll, dann kann das (kleinere) Auge des Kindes noch nicht scharf sehen, denn es ist kleiner und die Strahlen schneiden sich daher noch *hinter* der Netzhaut, d. h. *auf* der Netzhaut ist das Bild unscharf. Natürlich können die Kinder durch Akkommodation die Brechkraft ihrer Linse erhöhen und damit das Bild schärfen. Dies gelingt jedoch nur bis zu einem gewissen Grad und sorgt dafür, dass Kinder in der Nähe nicht so gut sehen können (also eher weitsichtig sind).

Optimal wäre es daher, dass der Augapfel genau diejenige Länge durch entsprechendes Wachstum erreichte, dass beim Sehen in die Weite keine zusätzliche Akkommodation gebraucht würde (▶ Abb. 6-2 Mitte, unten). Denn nur dann kann die Akkommodation maximal wirken und von „unendlich" (keine Akkommodation) bis „sehr nahe" (maximale Akkommodation) gut funktionieren. Der sich bis ins dritte Lebensjahrzehnt noch in Entwicklung befindliche Augapfel versucht durch sein Wachstum, den Abstand zur Linse zu optimieren, um ein scharfes Bild zu liefern (5).

Das Längenwachstum des Augapfels sollte also genau so lange erfolgen, bis das Auge beim Blick in die Weite scharf sieht. Und so ist es tatsächlich! Man bezeichnet diesen Vorgang der Entwicklung eines normalsichtigen (emmetropen) Auges durch das Längenwachstum des Augapfels als *Emmetropisierung* des Auges. Er läuft beim Menschen vor allem im zweiten Lebensjahrzehnt ab (4).

Wie dies genau geregelt wird, ist bis heute nicht endgültig geklärt. Man weiß jedoch aus tierexperimentellen Befunden, dass der Neurotransmitter Dopamin (DA) eine Rolle spielt, da er in manchen Zellen der Netzhaut auch gefunden wurde und da seine Konzentration im Auge tageszeitabhängig variiert und diese Variation mit dem Wachstum ursächlich zusammenhängt: Nachts sind die DA-Konzentrationen in der Netzhaut hoch und die Augäpfel wachsen in die Länge. Tagsüber sind sie niedrig und die Augäpfel schrumpfen sogar in der Länge, wie an den erwähnten Küken gefunden wurde (23). Tageslicht und Dopamin bewirken also eine Blockade des Längenwachstums des Auges. Blockiert man das Tageslicht durch Verschluss der Augen oder blockiert man das in der Netzhaut („bei der Arbeit" also während deren Funktionieren) freigesetzte Dopamin, dann blockiert man auch die Hemmung des Wachstums und es kommt zu einem überschießenden Längenwachstum des Augapfels.

Ähnliche Studien wurden nicht nur an Hühnern (Küken), sondern auch an Fischen, Mäusen, Hasen, Meerschweinchen und Affen durchgeführt. Man fand bei diesen Tierarten übrigens bereits, dass Weibchen eine ganz leicht stärkere Neigung zur Kurzsichtigkeit haben als Männchen und dass in freier Wildbahn aufgewachsene Tiere weniger kurzsichtig sind als Tiere, die im Labor aufgewachsen waren.

Naturvölker haben mit alldem kein Problem: Sie blicken vor allem in die Weite und ihre Augen entwickeln sich normal, d.h. werden im Laufe der Kindheit normalsichtig. Wenn jedoch Kulturvölker ihren Kindern schon in jungen Jahren das Lesen beibringen, dann kommt es zu dem Krankheitsbild, dass in der Augenheilkunde als Schulkurzsichtigkeit (Schulmyopie) gilt: Fokussiert man vor allem im Nahbereich (beim Lesen von Schrift) so wird das Auge zu lang, weil sich die Strahlen vom Bildschirm erst „weiter hinten" schneiden und das Auge versucht, durch Längenwachstum ein scharfes Bild zu erzeugen (▸ Abb. 6-2). Halten sich Kinder und Jugendliche dagegen vor allem draußen auf und blicken in die Weite, stimmt der Fokus und das Auge weist ein geringeres Längenwachstum auf.

Nun könnte man meinen, dass sich dieses Problem mittlerweile von selbst erledigt hat, denn Jugendliche in Deutschland verbringen durchschnittlich etwa 15 Minuten pro Tag mit dem Lesen von Büchern, Zeitungen oder Zeitschriften. Dem ist jedoch nicht so, denn junge Menschen verbringen immer mehr Zeit vor ihrem Smartphone, auf das sie wegen des kleinen Bildschirms mit besonders kurzem Anstand täglich drei bis fünf Stunden schauen. Smartphones sind daher im Hinblick auf die Entwicklung von Kurzsichtigkeit deutlich schädlicher: Es sind nicht nur „einige Leseratten" betroffen, sondern über 90 % *aller* jungen Menschen! So wundert nicht, dass in manchen Gegenden dieser Erde die Kurzsichtigkeit bei jungen Menschen mittlerweile ein epide-

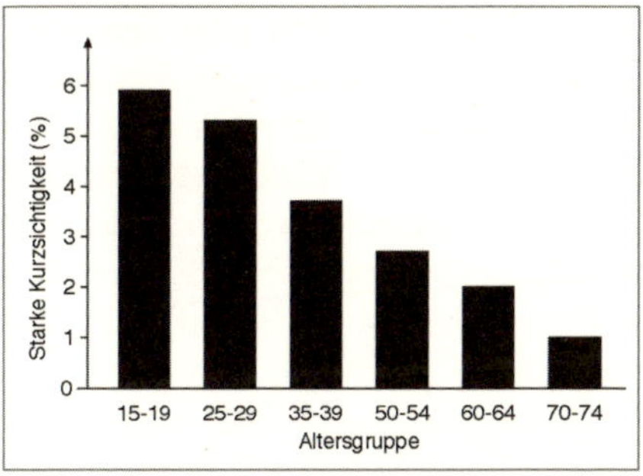

Abb. 6-3 Relative Häufigkeit der schweren Kurzsichtigkeit in Europa (nach Daten aus 24).

mieartiges Ausmaß erreicht hat: So ist der Anteil der stark Kurzsichtigen bei den 15- bis 19-Jährigen mit 5,9 % am höchsten und fällt mit zunehmendem Alter ab (►Abb. 6-3). In China liegt dieser Anteil bei 17-Jährigen in städtischen Regionen mittlerweile bei 14 %, wobei der Anteil von Kurzsichtigen insgesamt (schwach, mittel und stark) bei unglaublichen 80 % liegt (25). Da ein solcher Anstieg der Kurzsichtigen früher nicht verzeichnet worden war, sprechen die Autoren von „erworbener Kurzsichtigkeit" mit ganz erheblichen gesamtgesellschaftlichen Auswirkungen.

Eine ganze Reihe von Maßnahmen wurden bislang vorgeschlagen, um die Entwicklung einer Kurzsichtigkeit durch zu wenig Weitsicht zu verhindern oder zumindest zu reduzieren. Ganz offensichtlich sinnvoll ist die Vermehrung der Weitsicht durch Aufenthalt im Freien, der übrigens nach neueren Studien auch dadurch wirkt, dass insgesamt mehr Licht auf die Netzhaut fällt. Dies konnte durch freilaufende und in Käfigen gehaltene Küken (mit Brillen zur Verursachung von Fehlsichtigkeit) im Feldversuch wie auch im Labor (bei sehr hellem künstlichen Licht) nachgewiesen werden (17). Entsprechende klinische bzw. epidemiologische Studien fanden den Effekt von Weitsicht allerdings nicht immer (6–8, 22). Spezielle Brillen und Kontaktlinsen wurden daher ebenso vorgeschlagen wie eine pharmakologische Beeinflussung des Längenwachstums des Augapfels (3, 22).

Da die Kurzsichtigkeit in China ein besonders drängendes Problem der Volksgesundheit darstellt, wundert nicht, dass dort auch besondere Anstrengungen unternommen wurden, um diesem Problem Herr zu werden. Und so wurden auch Verfahren der traditionellen chinesischen Medizin erprobt – mit Hilfe von standardisierten Verfahrensweisen aus der „westlichen Medizin“ wie randomisierte kontrollierte Studien. Hierbei zeigte sich ein zwar statistisch signifikanter, aber numerisch sehr kleiner und damit klinisch kaum relevanter Effekt von Akupressur auf die Fehlsichtigkeit von 409 Kindern und Jugendlichen im Alter von 6 bis 17 Jahren (11) bzw. von 190 Kindern im Alter von 10 bis 14 Jahren (9).

Eine chinesische Studie an 1770 Siebtklässlern zu den Faktoren der Entwicklung von Kurzsichtigkeit kommt zu einem klaren Ergebnis, das durchaus Konsequenzen nahelegt: „Ununterbrochenes Lesen, Fernsehen, ein kurzer Lese- oder Schreibabstand, ein schräg gehaltener Kopf beim Schreiben, die Freude am Lesen von Büchern und die Benutzung von Neonlicht in der Schreibtischlampe zeigten allesamt einen Zusammenhang mit der Entwicklung einer Kurzsichtigkeit bei 12-jährigen chinesischen Kindern. Dies zeigt, dass die visuelle Umgebung als auch das visuelle Verhalten wichtige Faktoren darstellen können, welche die Entwicklung einer Kurzsichtigkeit bei Naharbeit beeinflussen können“ (10, Übersetzung durch den Autor).

Eine kürzlich erschienene Übersicht (22) zur Frage, was man tun kann, um die Entwicklung einer Kurzsichtigkeit zu verhindern, schließt deutlich vorsichtiger wie folgt: „Im Verlauf der letzten paar Jahre haben wir viel darüber gelernt, wie man die Entwicklung und das Fortschreiten einer Kurzsichtigkeit bei Kindern verlangsamen kann, aber noch immer gibt es viel für uns zu lernen“ (22, S. 3; Übersetzung durch den Autor). So wundert auch nicht, dass es trotz der erheblichen Bedeutung dieser Erkenntnisse für die Volksgesundheit in vielen Ländern der Erde noch kaum allgemeine Empfehlungen seitens der Fachleute gibt, was man tun könnte oder sollte.

Literatur

1. Borgi M, Cogliati-Dezza I, Brelsford V et al. Baby schema in human and animal faces induces cuteness perception and gaze allocation in children. Front Psychol 2014; 5: 411.
2. Ciuffreda KJ, Vasudevan B. Nearwork-induced transient myopia (NITM) and permanent myopia – is there a link? Ophthalmic Physiol Opt 2008; 28: 103–114
3. Cooper J, Schulman E, Jamal N. Current status on the development and treatment of myopia. Optometry 2012; 83: 179–99.
4. Goldblum D, Brugger A, Haselhoff A, Schmickler S. Longitudinal change of refraction over at least 5 years in 15,000 patients. Graefes Arch Clin Exp Ophthalmol 2013; 251: 1431–1436.
5. Hung GK, Ciuffreda KJ. A unifying theory of refractive error development. Bull Math Biol 2000; 62: 1087–1108.
6. Jones LA, Sinnott LT, Mutti DO et al. Parental history of myopia, sports and outdoor activities, and future myopia. Invest Ophthalmol Vis Sci 2007; 48: 3524–3532.
7. Jones-Jordan LA, Sinnott LT, Cotter SA et al. Time outdoors, visual activity, and myopia progression in juvenile-onset myopes. Investigative Ophthalmology & Visual Science 2012; 53: 7169–7175.
8. Jones-Jordan LA, Sinnott LT, Graham ND et al. The contributions of near work and outdoor activity to the correlation between siblings in the collaborative longitudinal evaluation of ethnicity and refractive error (CLEERE) study. Investigative Ophthalmology & Visual Science 2014; 55: 6333–6339.
9. Li SM, Kang MT, Peng XX et al. Efficacy of Chinese eye exercises on reducing accommodative lag in school-aged children: a randomized controlled trial. PLoS One 2015; 10(3): e0117552.
10. Li SM, Li S-Y, Kang M-T et al. Near work related parameters and myopia in Chinese children: the anyang childhood eye study. Pan C-W (ed.). PLoS ONE 2015; 10(8): e0134514.

11. Lin Z, Vasudevan B, Jhanji V et al. Eye exercises of acupoints: their impact on refractive error and visual symptoms in Chinese urban children. BMC Complement Altern Med 2013; 13: 306.
12. Lin Z, Vasudevan B, Liang YB et al. Baseline characteristics of nearwork-induced transient myopia. Optom Vis Sci 2012; 89: 1725–1733.
13. Morgan IG, Ohno-Matsui K, Saw SM. Myopia. Lancet 2012; 379: 1739–1748.
14. Rudnicka AR, Kapetanakis VV, Wathern AK et al. Global variations and time trends in the prevalence of childhood myopia, a systematic review and quantitative meta-analysis: implications for aetiology and early prevention. Br J Ophthalmol 2016 Jan 22; doi: 10.1136/bjophthalmol-2015–307724.
15. Saw SM, Tan SB, Fung D et al. IQ and the association with myopia in children. Investigative Ophthalmology & Visual Science 2004; 45: 2943–2948.
16. Schaeffel F, Glasser A, Howland HC. Accommodation, refractive error and eye growth in chickens. Vision Res 1988; 28: 639–657.
17. Schaeffel F. Klinische Risikofaktoren der Myopieprogression. Ophthalmologe 2012; 109: 738–748.
18. Spitzer M. Smartphones. Zu Risiken und Nebenwirkungen für Bildung, Sozialverhalten und Gesundheit. In: Denken – zu Risiken und Nebenwirkungen. Stuttgart: Schattauer 2015; 111–134.
19. Spitzer M. Cyberkrank! München: Droemer 2015.
20. Vasudevan B, Ciuffreda KJ. Additivity of near work-induced transient myopia and its decay characteristics in different refractive groups. Invest Ophthalmol Vis Sci 2008; 49: 836–841.
21. Vasudevan B, Fisher B, Case B et al. Progression of lower and higher-order aberrations: a longitudinal study. BMC Ophthalmol 2015; 15: 11.
22. Walline JJ. Myopia control: A review. Eye Contact Lens 2016; 42: 3–8.
23. Weiss S, Schaeffel F. Diurnal growth rhythms in the chicken eye: relation to myopia development and retinal dopamine levels. J Comp Physiol A 1993; 172: 263–270.
24. Williams KM, Verhoeven VJM, Cumberland P et al. Prevalence of refractive error in Europe: the European Eye Epidemiology (E3) Consortium. Eur J Epidemiol 2015; 30: 305–315.
25. Wu JF, Bi HS, Wang SM et al. Refractive error, visual acuity and causes of vision loss in children in Shandong, China. The Shandong Children Eye Study. PLoS ONE 2013; 8(12): e82763.

7 Telefonieren studieren

Wer, mit wem, wie oft und wie viele?

Der Erfinder des Telefons – Johann Philipp Reis (1834–1874) – hätte sich wahrscheinlich in seinen kühnsten Träumen nicht vorgestellt, wie häufig heute telefoniert wird. Insbesondere seit es Mobiltelefone gibt, ist im Grunde jeder ständig mit jedem im Gespräch, dauernd und überall – so scheint es zumindest. Und kaum eine technische Errungenschaft scheint unsere Art des Umgangs miteinander stärker verändert zu haben als das mobile Telefon.

Da ist eine Studie von Interesse, in deren Rahmen finnische Computerfachleute zusammen mit britischen Psychologen und Anthropologen die Telefongespräche von 3,2 Millionen Nutzern untersucht haben, um herauszufinden, wer mit wem wie oft Telefonkontakt hatte (1). Man wertete hierzu die Verbindungsdaten (phone call detail records, CDRs) der Nutzer einer bestimmten Mobiltelefongesellschaft aus, die auch Daten zum Alter und Geschlecht der Nutzer beinhaltet hatten. Sie bezogen sich auf alle Telefonate im Zeitraum eines Jahres. Da es sich um das Jahr 2007 handelte und das erste Smartphone in eben diesem Jahr sein Debüt hatte, kann man davon ausgehen, dass sich diese Studie mithin auf das gute alte Mobiltelefon und nicht auf das Smartphone bezieht.

Der Seniorautor der Studie, Robin Dunbar, ist dem aufmerksamen Leser meiner Kolumnen oder Bücher kein Unbekannter: Nach ihm ist die Dunbar-Zahl benannt, das heißt, die Anzahl der (weiteren) Bekannten eines Menschen, die sich in den verschiedensten Lebensbereichen zeigt: 150 (4). Auch hat er nicht nur Telefonate, sondern ebenso die Nutzung sozialer Online-Medien wie Facebook untersucht, um das Sozialverhalten des Menschen besser charakterisieren zu können (5). Seine Erkenntnisse zum menschlichen

Sozialverhalten betreffen unter anderem die Anzahl der guten Freunde, deren Tod uns beispielsweise sehr nahegehen würde: Sie liegt bei 15 bis 25 Personen (2, 3).

Das erste Ergebnis der Studie bestand darin, dass die Anzahl der unterschiedlichen Personen, die eine Person im Laufe eines Monats anruft, vom Alter dieser Person abhängt (► Abb. 7-1 links): Im Alter vom 25 Jahren erreicht diese Zahl einen Höhepunkt, der bei knapp 18 Personen liegt. Danach fällt die Zahl der monatlichen Telefonkontakte bis zum 45. Lebensjahr auf etwa 13 unterschiedliche Personen im Monat ab, bleibt dann für 10 Jahre relativ stabil und fällt dann weiter ab. Erst mit 80 Jahren stabilisiert sich die Zahl erneut auf etwa 8 Personen im Monat.

Teilt man die Gesamtgruppe in männliche und weibliche Teilnehmer und berechnet das Ganze noch einmal, so zeigt sich ein geschlechtsspezifischer Effekt (► Abb. 7-1 rechts): Männer haben in jüngeren Jahren mehr Telefonkontakte. In der Mitte des Lebens, etwa zwischen dem 38. und 39. Lebensjahr, „überholen“ dann die Frauen die Männer und haben bis ans Lebensende mit mehr Menschen Telefonkontakte als die Männer.

Betrachtet man die insgesamt am Telefon verbrachte Zeit, so zeigt sich, dass Frauen in jedem Alter mehr Zeit mit Telefonieren verbringen als Männer, das heißt, längere Telefonate führen. Beim zeitlichen Anteil der Telefonate mit dem wichtigsten Gesprächspartner (also in aller Regel dem Partner) zeigt sich hingegen wiederum eine geschlechtsspezifische Änderung in Abhängigkeit vom Lebensalter einer Person (► Abb. 7-2): In jungen Jahren (bis 27) ist der Anteil der mit dem Partner vertelefonierten Zeit (im Verhältnis zur Gesamtzeit aller Telefonate) bei Frauen höher, danach bei Männern.

Mit wem reden die Leute ansonsten am Telefon? Dies herauszubekommen ist nicht so einfach, denn man kann ja nicht bei Hunderten von Millionen von Telefonaten – die

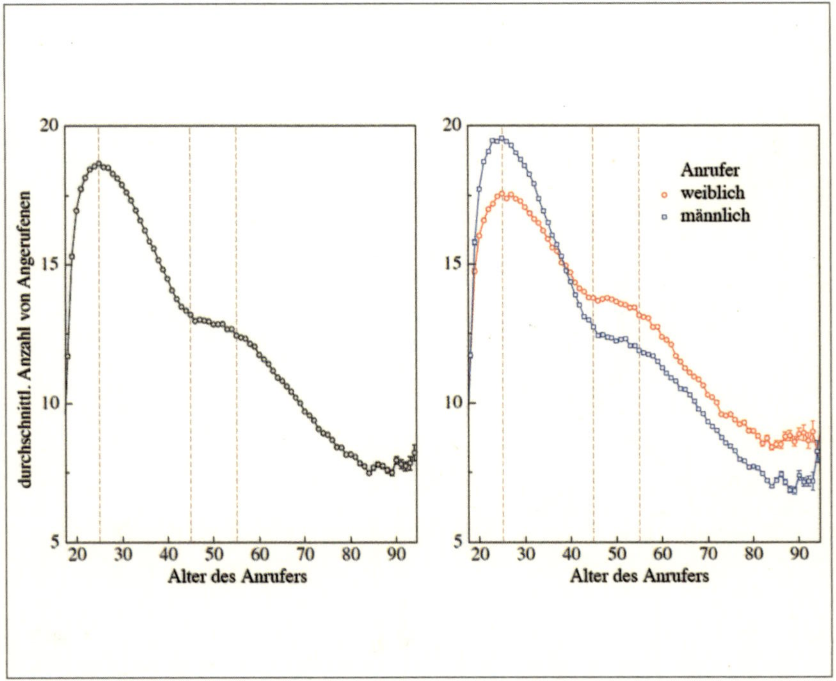

Abb. 7-1 Abhängigkeit der Anzahl der monatlichen Telefonkontakte mit unterschiedlichen Menschen in Abhängigkeit vom Alter einer Person über alle Personen (links) und getrennt nach Geschlecht der Person (rechts). Aufgrund der großen Datenmengen sind die Fehlerbalken so klein, dass sie in den Datenpunkten verschwinden und erst im hohen Alter sichtbar werden (übersetzt, aus 1, Figure 1). Die senkrechten gestrichelten Linien bezeichnen den Maximalwert im jungen Alter und den Bereich der relativen Konstanz im mittleren Alter.

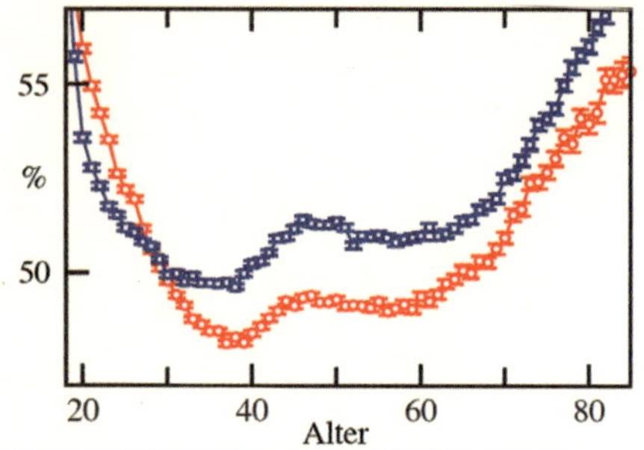

Abb. 7-2 Anteil (in Prozent der Gesamtzeit) der mit dem wichtigsten (Telefon-)Partner vertelefonierten Zeit in Abhängigkeit vom Geschlecht und Alter einer Person. Bis etwa zum 27. Lebensjahr ist der Zeitanteil mit dem „wichtigsten" Partner bei Frauen (rot) größer, danach bei Männern (blau) (übersetzt, aus 1, Figure 5d).

Abb. 7-3 Wahrscheinlichkeit, einen Partner bestimmten Alters und Geschlechts anzurufen, in Abhängigkeit vom Alter (jeweils oben im Kasten vermerkt) und Geschlecht (Farbkodierung der möglichen vier Kombinationen im Kasten links oben auf der rechten Seite). Der Maßstab ist unten (also bei den 50-, 60- und 70-Jährigen) feiner als oben (also bei den 20-, 30- und 40-Jährigen). Man sieht, dass der 20-jährige Mann vor allem mit anderen Männern seines Alters telefoniert (grüne Kurve links oben), hingegen nicht einmal halb so oft mit gleichaltrigen Frauen (blaue Kurve links oben), wohingegen die 20-jährigen Frauen etwa gleich häufig mit Männern und Frauen ihres Alters telefonieren (gelbe und rote Kurve links oben). Beide telefonieren (wenn auch seltener) mit Menschen, die etwa 30 Jahre älter sind als sie selber – wahrscheinlich den Eltern. Das gilt noch immer 20 Jahre später (oben rechts). Wobei sich die Geschlechter kaum noch unterscheiden. Mit 50 Jahren (links unten) kommt ein neuer Peak hinzu, wobei jetzt die Mütter vor allem mit den Söhnen (rote Kurve), aber auch mit den Töchtern (gelbe Kurve) telefonieren, die Väter insgesamt seltener (wie schon in Abb. 7-1 zu sehen) und eher mit den Söhnen als mit den Töchtern. Insgesamt nimmt der Anteil der Gespräche mit Menschen, die eine Generation jünger sind, zwischen dem 50. und dem 70. Lebensjahr deutlich zu (übersetzt, aus 1, Figure 3).

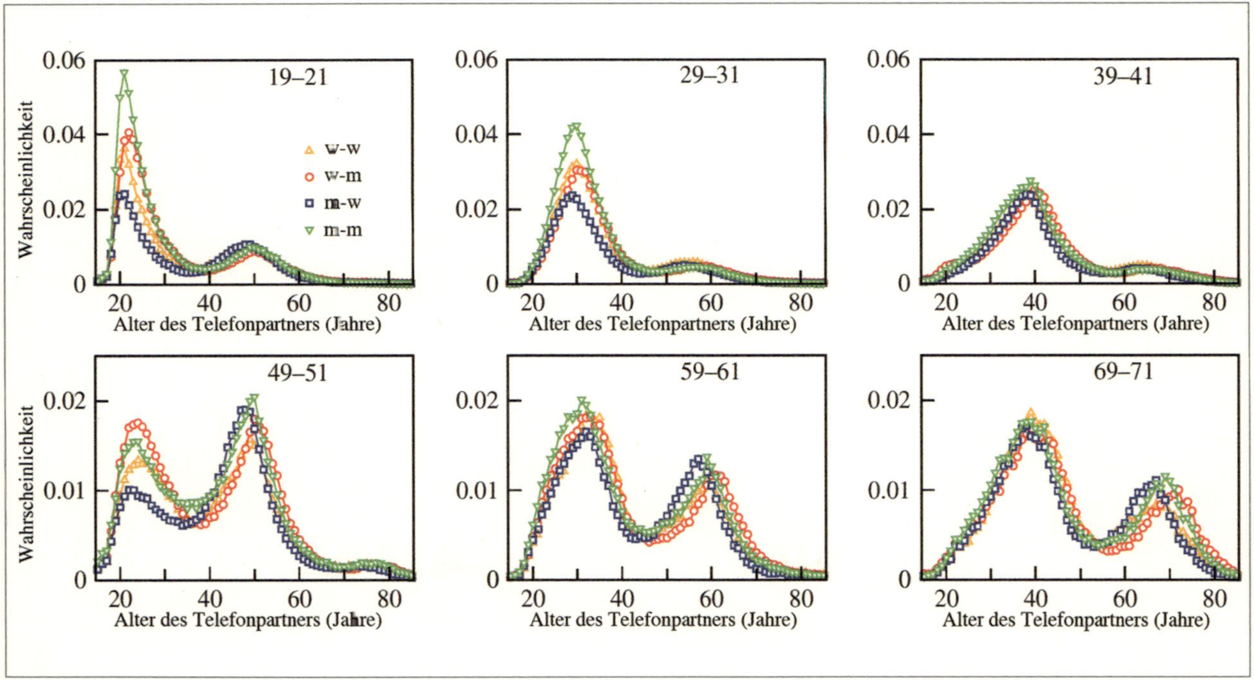
19–21
29–31
39–41
49–51
59–61
69–71
w-w
w-m
m-w
m-m
Wahrscheinlichkeit
Alter des Telefonpartners (Jahre)
0.06
0.04
0.02
0.01
0
20
40
60
80

genaue Zahl der im Rahmen der vorliegenden Studie untersuchten Telefonate steht nirgends, ihre Größenordnung lässt sich aber anhand der Daten abschätzen – nachsehen, in welchem Verhältnis die jeweiligen Teilnehmer zueinander stehen. Einen groben Eindruck kann man jedoch bekommen, wenn man die Verteilung von Alter und Geschlecht des Telefonpartners in Abhängigkeit vom Alter und Geschlecht des Telefonierenden betrachtet (▸ Abb. 7-3). Was lernen wir aus alledem?

1. Jüngere Menschen haben mehr Kontakte als ältere, die sich eher auf ihre Kinder konzentrieren. Dies tun Frauen noch etwas deutlicher als Männer („wie schon der Volksglaube sagt", kommentieren die Autoren selbst in Klammern diesen Befund; 1, S. 7, Übersetzung durch den Autor).
2. Die Anzahl der monatlich per Telefon kontaktierten Menschen korrespondiert ziemlich gut zum „mittleren Bekanntenkreis" von 15 bis 25 Personen.
3. In jungen Jahren sind die Männer stärker vernetzt als die Frauen, was sich im mittleren Alter ändert. Dann haben Frauen mehr telefonische Sozialkontakte: mit ihren Kindern (und deren Eheleuten sowie wahrscheinlich auch deren Eltern) und zudem mit ihren eigenen Eltern, die auf dem Laufenden darüber gehalten werden, was in der jungen Familie passiert: (Ur-)Enkel?
4. Frauen sind fokussierter als Männer, was ihre Kontakte anbelangt. Kurz nach dem Peak der Kurve in Abbildung 7-1 (25 Jahre) überschneiden sich die Kurven in Abbildung 7-2 (27 Jahre), d. h. Frauen legen nun größeren Wert auf ihre wichtigste Beziehung, denn diese betrifft – mit großer Wahrscheinlichkeit – den (künftigen) Vater gemeinsamer Kinder. Dazu passt, dass Frauen in Europa mit etwa 29 Jahren ihr erstes Kind bekommen.
5. Über die Lebenszeit hinweg sind familiäre Beziehungen stabiler als alle anderen. Mit den Worten der Autoren:

„Die Familie ist bei den meisten Menschen das dominierende Element innerhalb ihrer sozialen Netzwerke, was eine zunehmende Fokussierung auf Familie und enge Freundschaftsbeziehungen mit dem Alter nahelegt. Darin spiegelt sich möglicherweise die Tatsache wider, dass familiäre Beziehungen widerstandsfähiger und stabiler als Freundschaften sind und zudem eine viel wichtigere Quelle lebenslanger Unterstützung darstellen“ (1, S. 8, Übersetzung durch den Autor).

6. In jungen Jahren streckt man die Fühler aus und prüft für eine Weile, bevor man sich ewig bindet: „Im Gegensatz dazu ließe sich die höhere soziale Promiskuität jüngerer Menschen als eine Phase des sozialen Ausprobierens interpretieren, in der sie die Bandbreite ihrer Möglichkeiten (sowohl für Freundschaften als auch für Fortpflanzungspartner) erkunden, ehe sie sich schließlich mit denjenigen niederlassen, die sie als optimal oder am wertvollsten erachten. Insofern kann man jüngere Menschen als ‚vorsichtige Einkäufer‘ betrachten, die kontinuierlich die Verfügbarkeit von Optionen austesten und erst später ihre sozialen Bemühungen auf eine bestimmte Auswahl bevorzugter Mitmenschen ausrichten“ (1, S. 8, Übersetzung durch den Autor).

Insgesamt ist das Ergebnis der Studie insofern bemerkenswert, als sich in ihr genau das abbildet, was Menschen auch ohne Mobiltelefon tun. „Wir haben Hinweise darauf, dass der Gebrauch der Mobiltelefontechnik unsere soziale Welt nicht verändert“, beschreiben die Autoren diese Einsicht bescheiden (1, S. 7). Warum sollte das auch so sein? Aus meiner Sicht zeigt die Studie schön, dass Menschen (neue) technische Möglichkeiten genau dann nutzen, wenn diese zu Bedürfnissen passen, die sie ohnehin haben.

Literatur

1. Bhattacharya K, Ghosh A, Monsivais D et al. Sex differences in social focus across the life cycle in humans. Royal Society Open Science 2016; 3: 160097.
2. Buys CJ, Larsen KL. Human sympathy groups. Psychological Report 1979; 45: 547–53.
3. Dunbar RIM, Spoors M. Social networks, support cliques, and kinship. Human Nature 1995; 6: 273–290.
4. Spitzer M. Die Dunbar-Zahl. Zur Größe von Gehirnen und Freundeskreisen. In: Nichtstun, Flirten, Küssen. Stuttgart: Schattauer 2012; S. 66–82.
5. Spitzer M. Groß in Facebook, klein im Gehirn? Gehirnforschung zu sozialen Netzwerken. In: Das (un)soziale Gehirn. Stuttgart: Schattauer 2013; S. 91–109.

8 Was geschieht beim Online-Dating?

Big Data, der Mensch und die Maschinen

Früher traf man sich in der Schule, der Uni, im Beruf oder in irgendeiner Kneipe oder Bar. Was dann geschah, wurde zwar auch bereits wissenschaftlich zu erfassen versucht, die Methode der unauffälligen teilnehmenden Beobachtung hatte jedoch ihre immanenten Grenzen.[1] Dies hat sich mit dem Aufkommen von Computern, dem Internet und von Software, die das Begegnen zwischen den Geschlechtern online ermöglicht (*Online Dating Platforms*) geändert. Dort hinterlässt man Spuren, weil man meist beim Akzeptieren der Geschäftsbedingungen mit unterschreibt, dass die Daten für wissenschaftliche Zwecke weiterverwendet werden dürfen.

Diese sind im Falle des Dating im Netz deswegen so interessant, weil es sich um Abfolgen von Verhaltensweisen im sozialen Bereich handelt, die sich real abspielen. Im Gegensatz zu anderen großen Datensätzen, wo man einzelne Variablen statistisch miteinander in Verbindung bringt, liegen hier die Verbindungen bereits vor bzw. sind im Entstehen, sodass man genau dies ganz wörtlich untersuchen kann: Das Entstehen von Verbindungen zwischen Menschen und die Abfolge von Verhaltensweisen, die hierüber letztlich entscheiden.

---

1 So wurde David Buss, einem der bekanntesten Wissenschaftler auf dem Gebiet der Evolutionären Psychologie und der Psychologie von Paarung und Partnerschaft, gelegentlich sogar vorgeworfen, dass seine Erkenntnisse auf fragwürdigen Beobachtungen in Single-Bars beruhten (12). Aber was gab es denn vor einem Vierteljahrhundert anderes, wenn man sich bestimmte Fragen der menschlichen Annäherung empirisch zu stellen versuchte?

Die Wissenschaft vom Entscheiden ist schon älter (10), und setzt traditionell bei einem rationalen Entscheider an, der Gründe vernünftig bewertet und abwägt. Dass ein solcher Rahmen für das, was sich zwischen zwei Menschen abspielt, die sich begegnen und herausfinden wollen, ob sie eine Paarbeziehung eingehen wollen – egal ob für eine Nacht oder fürs Leben –, eher nicht geeignet ist, leuchtet jedem ein. Aber nicht nur deswegen, weil es bei Beziehungen zwischen Frau und Mann keineswegs immer rational zugeht, sondern weil sich solche Entscheidungen in (zuweilen sehr) kurzer Zeit abspielen, die beteiligten Personen nur eine begrenzte Zeit zum Kennenlernen haben, und zudem ihre Kapazität zur Aufnahme und Verarbeitung wesentlicher Gesichtspunkte begrenzt ist. Menschen sind endlich, und deswegen müssen sie sich dauernd *entscheiden*, was gleichbedeutend damit ist, dass sie *nicht* logisch schlussfolgern (dann wäre ja immer alles klar!). Sowohl die Daten als auch die Kapazität zu deren Verarbeitung sind im wirklichen Leben bei sehr vielen wichtigen Entscheidungen nahezu immer begrenzt wegen unserer Endlichkeit, ganz prinzipiell.

Genau deswegen folgen Menschen bei solchen Entscheidungen keineswegs immer einem Entscheidungsbaum mit all seinen Verzweigungen, sondern erledigen die Sache mittels vergleichsweise deutlich einfacheren Heuristiken, wie man Daumenregeln heute zu nennen pflegt. Wenn man sich beispielsweise zwischen sehr vielen Alternativen zu entscheiden hat, ist man überfordert, weil die Zahl von Einzelnem, was man unabhängig voneinander im Kopf behalten kann, schlicht und einfach begrenzt ist. Glaubte man noch in den 1950er-Jahren, dass diese Zahl bei 7 ± 2 läge

(9)[2], so hält man heute sogar noch weniger, nämlich 4 ± 2, für die realistischere Schätzung. Das bedeutet, dass es bei Entscheidungen mit deutlich mehr als etwa vier Alternativen sinnvoll ist, den Entscheidungsraum auf nicht mehr als vier Alternativen zu verkleinern. Dann hat man alles im Kopf und kann entscheiden.

In der Wirtschaft spielen solche Gedanken eine große Rolle, weiß man doch schon länger, dass die Leute dann, wenn sie aus nur vier oder sechs Alternativen auswählen können, mehr kaufen als wenn sie 20 Möglichkeiten haben (11). Umfangreiche statistische Analysen eines großen Datensatzes von 1 147 499 Entscheidungen von 1 855 zufällig ausgewählten Personen eines Online-Dating-Portals legen nahe, dass dies nicht nur im Supermarkt, sondern auch auf dem Heiratsmarkt gilt.

In ▸Abbildung 8-1 ist dargestellt, wie man sich das Verhalten von Personen beim Online-Dating vorzustellen hat: Zunächst muss man unter allen überhaupt in der Datenbank vorhandenen Personen diejenigen auswählen, die man sich ansehen will. Hierzu benötigt man bestimmte Kriterien, wobei in der vorliegenden Studie vor allem drei Kriterien untersucht wurden: das Alter, die Körpergröße und der Body-Mass-Index (BMI). Weitere kategoreale Kriterien waren unter anderem Bildungsgrad, Familienstand, Kinder und Rauchgewohnheiten. Gemäß diesen Kriterien

---

2 Zumindest wird dies seit mehr als einem halben Jahrhundert so kolportiert. Liest man das Original, so findet man eine clevere Diskussion vielfältiger psychologischer Experimente unter einem noch clevereren Titel, die damit endet, dass der Autor alles – er nennt unter anderem die sieben Meere und primären Farben, das Siebengestirn, die sieben Wochentage und die sieben Töne der Tonleiter, die sieben Todsünden und die sieben Stufen der Hölle und die sieben Zahlen, die man sich merken kann – am ehesten für einen Zufall hält (9).

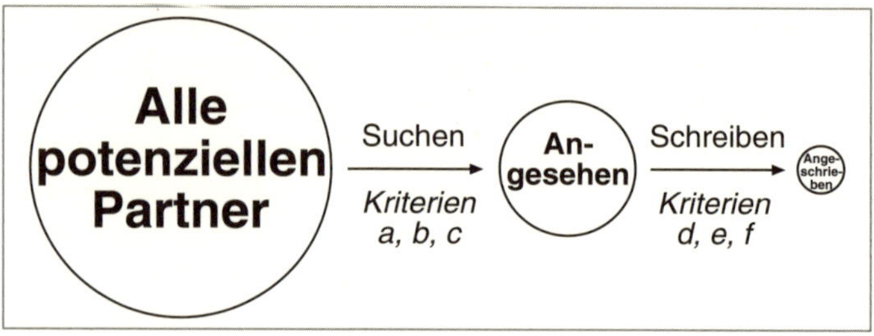

Abb. 8-1 Entscheiden als Abfolge von Entscheidungsschritten, wer herausgefiltert wird und wer nicht. Die Autoren unterscheiden die Prozesse des Suchens (Browsing) und des Anschreibens (Writing), die jeweils dazu dienen, die Zahl der infrage kommenden Personen einzuschränken (nach 1, Fig. 1).

bildet der Nutzer des Dating-Portals zunächst eine Teilmenge der infrage kommenden potenziellen Partner. Aus dieser Teilmenge aller Teilnehmer schreibt er diejenigen aktiv (über das Dating-Portal) an, die wiederum nach Anwendung bestimmter Entscheidungskriterien infrage kommen.

Die Wissenschaftler betonen, dass es dabei nicht um Gelegenheitskontakte ging. Vielmehr untersuchte man die Mitglieder einer „established, marriage-oriented, subscription-based dating site“ (1). Man kann also annehmen, dass es diesen Leuten – insgesamt 696 Männer und 1159 Frauen – um eine längerfristige ernsthafte Beziehung ging.

Welche Regeln bzw. Kriterien werden bei einer solchen Suche nun tatsächlich angewendet? Wie verhalten sich die Entscheider auf welcher Stufe des Entscheidungsprozesses? Verwenden sie komplexe Modelle mit gewichteten Variablen (Motto: wenn er soundso klein ist, sollte er wenigstens soundso gebildet sein)? Oder verwenden die Nutzer ganz einfache Cut-offs (K. o.-Kriterien) wie beispielsweise seine Größe nicht unter 1,60 m oder ihr Alter nicht über 40? Nun machen fünf Jahre Altersunterschied bei 25-Jährigen mehr aus als bei 55-Jährigen (und bei der Größe und dem Gewicht ist es ähnlich). Um die Effekte von Alter, Größe und Gewicht daher realistisch abzubilden, wurden sie logarithmiert und die Abweichung der Ergebnisse des potenziellen Partners von den korrespondierenden logarithmierten Werten des Nutzers berechnet. Das klingt kompliziert, bewirkt aber, dass Differenzen verhältnismäßig bewertet werden.

Die Autoren präsentieren eine komplexe mathematische Modellierung ihrer Daten, auf die hier nicht näher eingegangen wird. Heraus kommt ein Bild davon, wie Partnerwahl online funktioniert, das datengetrieben hervorgebracht wurde und damit gegenüber methodischer Kritik (man sieht doch nur, was man sehen will) eher immun ist als andere Verfahren.

Zunächst einmal ergab sich, dass für das anfängliche Suchen und das spätere Anschreiben nicht immer die gleichen Kriterien eingesetzt wurden. Im Hinblick auf das Alter zeigte sich beispielsweise, dass Männer Frauen suchen (erster Schritt), die gleichaltrig oder etwas jünger sind als sie selbst (▸Abb. 8-2 oben). Ihre Entscheidung, einer Frau zu schreiben (zweiter Schritt), hängt dagegen nicht mehr von deren Alter ab (Abb. 8-2 unten).

Den Frauen hingegen ist das Alter eines potenziellen Partners sowohl beim Suchen als auch beim Anschreiben wichtig. Passt sein Alter nicht, gerät er mit einer bis zu 400-fach geringeren Wahrscheinlichkeit überhaupt nur in ihren Suchraum! Die Autoren sprechen hier von einem „deal breaker“, also einem K.o.-Kriterium, das dafür sorgt, dass bestimmte Konstellationen überhaupt keine Chance haben.[3]

3 Mit den Worten der Autoren: „Age differences are the biggest deal breaker. [...] women can be up to 400 times less likely to browse someone with an undesirable value of age (all else equal)“ (1).

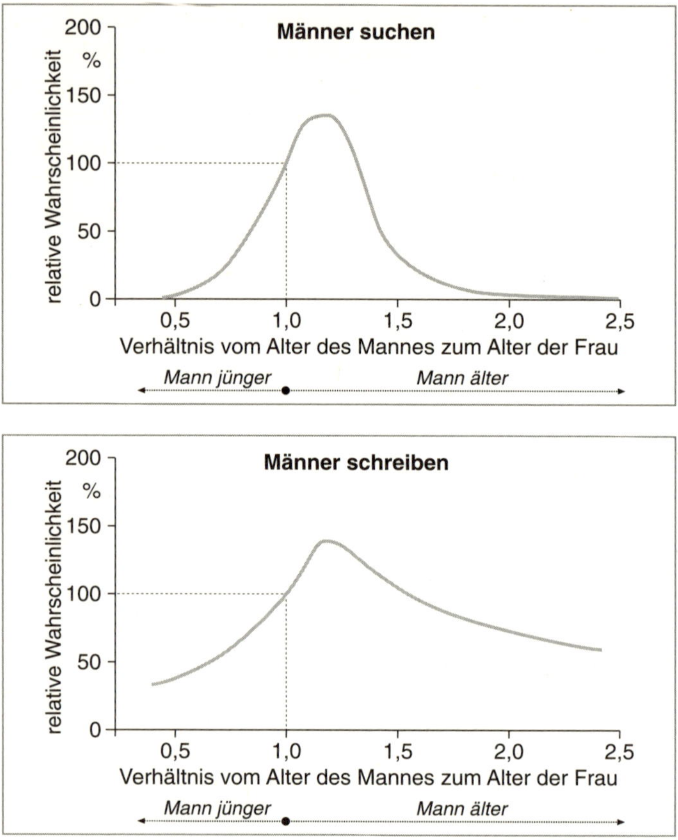

Abb. 8-2 Altersunterschied beim Dating. **Oben:** Wen Männer suchen. Relative Wahrscheinlichkeit (bezogen auf die Wahrscheinlichkeit bei gleichem Alter), in die Suche eines Mannes eingeschlossen zu werden, in Abhängigkeit vom Verhältnis des Alters des (suchenden) Mannes und der (potenziellen) Partnerin. **Unten:** Wem Männer schreiben. Relative Wahrscheinlichkeit, dass ein Mann einer Frau schreibt, in Abhängigkeit vom Verhältnis seines Alters zu dem der potenziellen Partnerin (stark schematisierte Darstellung nach 1, Fig. 3 A, B; die Daten beziehen sich auf die erwähnten 1 147 499 Entscheidungen, jemanden zu suchen oder anzuschreiben).

Im Hinblick auf die Körpergröße ergab sich das gewohnte Bild, dass Frauen größere Männer und Männer kleinere Frauen bevorzugen. Dies liegt ganz einfach daran, dass Männer nun einmal größer sind als Frauen und man davon ausgehen kann, dass entsprechende Präferenzen Produkt der Evolution sind. Es machte einfach wenig Sinn, wenn Menschen das wollen, was sie prinzipiell nicht bekommen können.

Auffällig ist jedoch, wie stark der Effekt der Körpergröße auf die Präferenz gerade von Frauen ist. Eine kleinere Körpergröße des Mannes stört sie zwar beim ersten Suchen kaum (► Abb. 8-3 oben), beim Anschreiben ist das jedoch ein K. o.-Kriterium: Einen, der kleiner ist als sie selbst, schreibt eine Frau kaum an (► Abb. 8-3 unten). Bei Männern hingegen ist es so, dass sie sowohl beim Suchen als auch beim Anschreiben Frauen umso eher bevorzugen, je kleiner sie im Vergleich zu ihnen sind, wobei der Effekt bei einem Unterschied von mehr als etwa 15 cm wieder leicht abnimmt.

Weil man heute weiß, dass bei der Partnerwahl in vielerlei Hinsicht auf Gleichheit (z. B. der Hautfarbe, der Herkunft, des Bildungsstandes, der politischen Einstellung, des Charakters, der Werte) sehr großen Wert gelegt wird, kann man die Frage stellen, warum die Paare bei der Größe auf Unterschiede aus sind. Gewiss liegen auch diese in bestimmten Grenzen – eine der vielen Regeln hierzu besagt: *Er* sollte genau so groß sein wie *Sie* mit hohen Absätzen. Aber dennoch sind sie da und spielen bei der Partnerwahl eine nicht geringe Rolle. Der Grund hierfür ist, dass Attribute, die mit dem Geschlecht verknüpft sind (und das ist die Größe nun einmal) auch mit den geschlechtsspezifischen Eigenschaften, die ja gesucht werden, in Verbindung stehen. Frauen sind kleiner und schwächer als Männer, und kleinere schwächere Frauen sind damit weiblicher. Bei Männern ist es genau umgekehrt. Und weil Männer eine

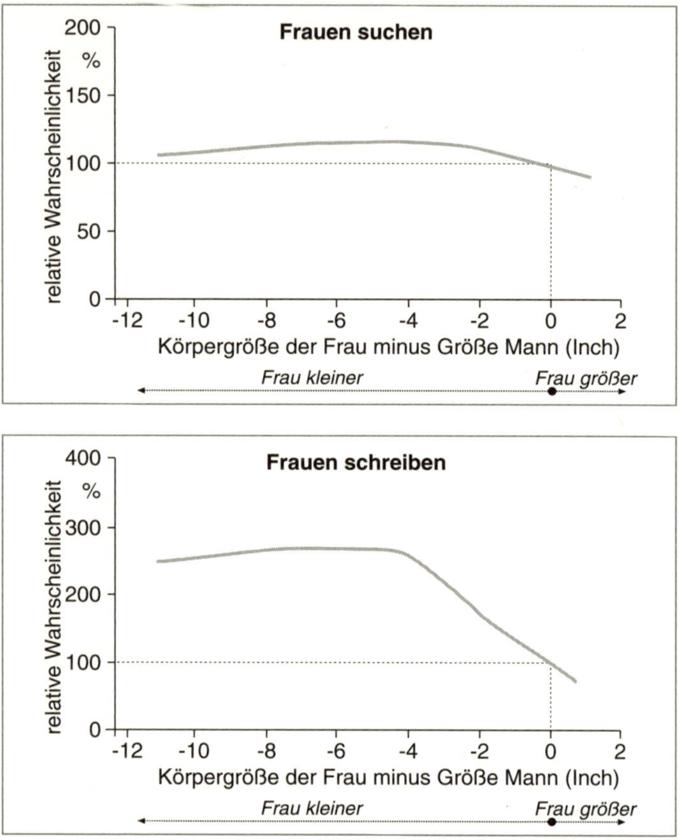

Abb. 8-3 Einfluss der Körpergröße beim Dating. **Oben:** Wen Frauen suchen. Relative Wahrscheinlichkeit (bezogen auf die Wahrscheinlichkeit bei gleicher Größe), in die Suche einer Frau eingeschlossen zu werden, in Abhängigkeit vom Verhältnis der Größe der (suchenden) Frau und des (potenziellen) Partners. **Unten:** Wem Frauen schreiben. Relative Wahrscheinlichkeit, dass eine Frau einem Mann schreibt, in Abhängigkeit vom Verhältnis ihrer Größe zu der des potenziellen Partners (stark schematisierte Darstellung nach 1, Fig. 5 C, D).

Frau suchen und Frauen einen Mann, sind die Boulevardblätter, obwohl es mittlerweile auch Damenfußball und männliche Kleiderständer gibt, voll von Beziehungen zwischen zierlichen Modells und muskulösen Fußballern.

Auch beim Körpergewicht (BMI) finden sich Unterschiede der Entscheidungskriterien in Abhängigkeit von Geschlecht und Entscheidungsschritt. Bei ihrer Suche bevorzugen Männer solche Frauen, deren BMI sich zu dem des Mannes wie 1 : 1,3 verhält, also schlanker sind als sie selbst, aber nicht zu viel schlanker (▸ Abb. 8-4 oben). Wenn es jedoch darum geht, ob man(n) einer Frau schreibt, dann scheint der vielzitierte Satz, eine Frau könne nie zu dünn sein, zu gelten (▸ Abb. 8-4 unten).

Weitere interessante Befunde waren kurz zusammengefasst: Kein Foto von sich zu senden, lässt die eigene Chance, von jemandem ausgesucht zu werden, um das 20-Fache sinken, egal, ob man ein Mann oder eine Frau ist. Auch Raucher haben es, unabhängig vom Geschlecht, schwer: Ihre Chance, in den Suchraum zu gelangen, ist im Vergleich zu Nichtrauchern um das 10-Fache geringer.

Bemerkenswert erscheint zudem die extreme Variabilität der Verhaltensweisen. So lassen sich bestimmte Typen identifizieren, beispielsweise korpulente Männer um die 40, die eine deutlich jüngere und vor allem schlankere Frau bevorzugen; oder Frauen um die 40, die nach einem deutlich älteren Mann Ausschau halten. Paarungen dieser Art sind also eher kein Zufall, sondern passen auf bestimmte biologische und kulturelle Anforderungsprofile bei der wechselseitigen Auswahl. Es kann bei der Partnerwahl offensichtlich manchmal ganz ähnlich sein wie beim Blinden und beim Lahmen: Unterschiede tun sich zusammen und haben davon im konkreten Lebensvollzug *beide* einen Vorteil.

Insgesamt passen die Ergebnisse der Studie sehr gut zu den bekannten Studien zum Verhalten von Menschen bei der Partnerwahl: Dachte man früher vor allem an psycho-

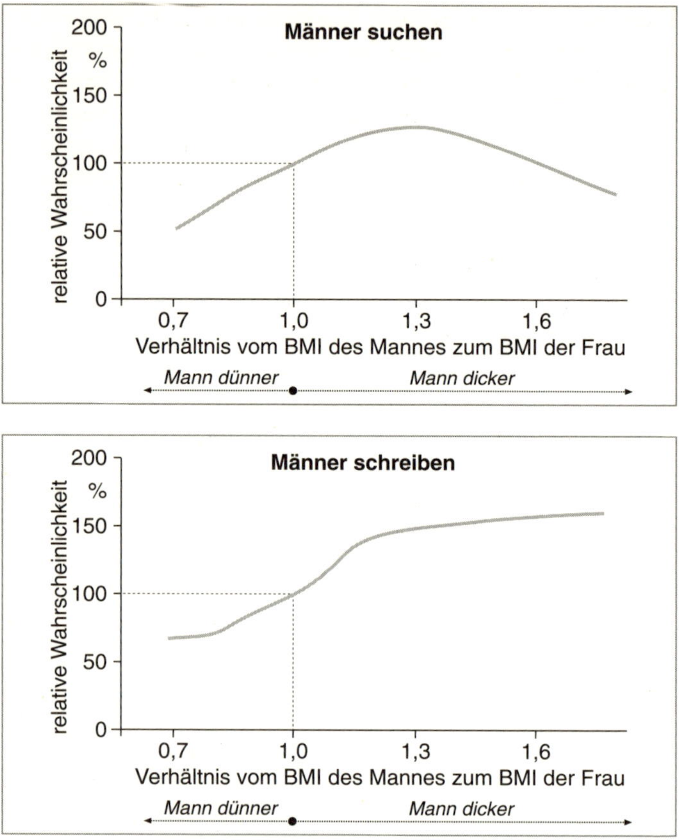

Abb. 8-4 Rolle des Körpergewichts (BMI) beim Dating. **Oben:** Wen Männer suchen. Relative Wahrscheinlichkeit (bezogen auf die Wahrscheinlichkeit bei gleichem BMI), in die Suche eines Mannes eingeschlossen zu werden, in Abhängigkeit vom Verhältnis des BMI des (suchenden) Mannes und der (potenziellen) Partnerin. **Unten:** Wem Männer schreiben. Relative Wahrscheinlichkeit, dass ein Mann einer Frau schreibt, in Abhängigkeit vom Verhältnis seines BMI zu dem der potenziellen Partnerin (stark schematisierte Darstellung nach 1, Fig. 4 A, B).

logische und soziologische Gesichtspunkte im Sinne einer kulturellen Beeinflussung, so setzte sich in den vergangenen knapp drei Jahrzehnten die Erkenntnis durch, dass sehr vieles, was zunächst kulturell höchst variabel scheint, im Grunde eindeutige biologische Wurzeln hat und in seiner Homogenität schon fast als langweilig zu bezeichnen ist: Männer sind Männer und Frauen sind Frauen – überall!

So fand David Buss (2) in einer Untersuchung von 10047 Personen aus 33 Ländern auf allen sechs Kontinenten und fünf Inseln erstaunliche Gemeinsamkeiten trotz aller Unterschiede der Kulturen im Hinblick auf die der Partnerwahl zugrunde liegenden Prinzipien. Zwar gibt es kulturelle Unterschiede: Keuschheit vor der Ehe ist in Taiwan, Indien und im Iran für Männer und Frauen ein unabdingbares Kriterium, spielt hingegen in Finnland, Frankreich, Dänemark, Schweden oder Deutschland kaum eine Rolle (4). Wenn es jedoch darum geht, wie wichtig materielle Ressourcen sind, so sind diese den Frauen *überall auf der Welt* wichtiger als den Männern, und Männer legen wiederum *überall auf der Welt* mehr Wert auf Schönheit (ein Zeichen von Fruchtbarkeit) als Frauen. Beides erklärt übrigens, warum fast überall auf der Welt bei Paaren ein Altersunterschied besteht (Frauen jünger, Männer älter), dessen Ausmaß allerdings von sozio-ökonomischen Rahmenbedingungen abhängt: Wo Armut herrscht, sind materielle Ressourcen und wo es keine Altersversorgung gibt, sind Nachkommen vergleichsweise wichtiger. Dies erklärt, warum in afrikanischen Ländern der Altersunterschied von Paaren bei der Hochzeit weltweit am größten ist. Und es erklärt auch die einzige Ausnahme Schweden. Dort sind die Männer bei der Hochzeit im Mittel ein klein bisschen jünger als die Frauen. Kein Wunder: Wenn der Staat die (Alters-) Versorgung weitgehend übernommen hat, entfällt der Versorgungsaspekt, unter dem Männer sonst ausgewählt werden.

Auch Kenrick und Keefe (7) fanden in einem methodisch und im Hinblick auf die untersuchten Stichproben sehr variantenreichen Ansatz, dass der Altersunterschied überall zu finden ist, egal, wo und wie man schaut: Man findet ihn in Heiratsanzeigen (ganz normaler sowie sehr reicher Leute) und Heiratsstatistiken in den USA, Europa und Indien, heute und auch vor fast hundert Jahren, wie sechs sehr unterschiedliche Studien zeigten.

Auch die Ergebnisse einer älteren Studie zum Online-Dating bei knapp 12 000 Personen aus San Diego und Boston bestätigen dies: „Wir finden bei einem typischen Paar [das sich gefunden hat], dass die Männer 1,3 Jahre älter und 5,9 Inch größer sind, einen höheren BMI haben und schlechter aussehen als die Frauen. Sie verdienen 49 000 Dollar [pro Jahr] mehr und haben ein halbes Jahr Ausbildung mehr" (6, Übersetzung durch den Autor).

Bliebe noch eine weitere sehr große, US-amerikanische Studie zum Verhalten (von jeweils heterosexuellen 528 800 Männern und 405 021 Frauen) in sozialen Online-Medien zu erwähnen, in der sich vor allem eines zeigte: die ethnische Zugehörigkeit als K. o.-Kriterium: Amerikaner mit afrikanischer Abstammung haben es auf dem amerikanischen Heiratsmarkt schwer.[4]

4 „Menschen, die im Internet nach einem potenziellen Partner suchen, tendieren dazu, auf andere zuzugehen, die dieselbe ethnische Zugehörigkeit haben. Jedoch wird der Antwort-Prozess von einer markanten ethnisch bestimmten Hierarchie dominiert. Die Nachrichten von weißen Männern und Frauen werden mit hoher Wahrscheinlichkeit von Dating-Portal-Nutzern anderer ethnischer Gruppen beantwortet, weiße Frauen jedoch antworten fast ausschließlich weißen Männern. Schwarze Dating-Portal-Nutzer, insbesondere schwarze Frauen, werden häufig ignoriert, wenn sie nicht-schwarze Gruppen kontaktieren, antworten jedoch nicht seltener auf Nachrichten von Mitgliedern anderer ethnischer Gruppen. Asiatische und lateinamerikanische Nutzer scheinen in der Mitte dieser Hierarchie angesiedelt zu sein" (8, Übersetzung durch den Autor).

Insgesamt zeigen diese Studien auf eindrucksvolle Weise und anhand sehr großer Datenmengen, dass die uns umgebende digitale Welt eines nicht verändert: uns selbst. Wie schon die in Kapitel 7 diskutierten Daten zum Telefonieren (ca. eine halbe Milliarde Telefonate betreffend) zeigten, verhalten sich die Menschen angesichts der neuen Kommunikationsmöglichkeiten keineswegs anders als vor 100 000 Jahren, sondern genau gleich. Das ist zunächst einmal beruhigend, denn es geht bei den untersuchten Verhaltensweisen ja um nichts weniger als um solche, die den Fortbestand der Menschheit sichern.

Wir ändern uns also nicht, obwohl dies durchaus möglich wäre. Wenn sich in den USA 60 % aller verheirateten Paare in der Schule, bei der Arbeit, bei einer privaten Party, in der Kirche oder in einem Sport- oder Freizeitclub kennengelernt haben (6), dann könnte man erwarten, dass die Möglichkeiten des Online-Treffens den Zufall aus solchen Begegnungen zugunsten von bedeutsamen Variablen verdrängen könnten. Eine davon könnte Bildung sein. Macht also das Online-Dating künftige Beziehungen zufriedenstellender und damit haltbarer? Die Antwort der Empirie auf diese Frage ist: eher nicht. Denn gerade die Tatsache, dass manche Variablen als K. o.-Kriterien ganz zu Beginn des Suchprozesses eingesetzt werden, spricht gegen den Gedanken, die Digitalisierung des Heiratsmarktes ermögliche eine Zunahme von dessen Nuancierung: „Ist Bildung, ein zunehmend wichtiger erreichter Status, von größerer Bedeutung als ethnische Präferenzen? Die Antwort ist ein überwältigendes Nein […]. Weiße Frauen und Männer mit einem College-Abschluss kontaktieren oder antworten eher weißen Dating-Portal-Nutzern ohne College-Abschluss als schwarzen Nutzern mit College-Abschluss“ (8, Übersetzung durch den Autor). Daraus ergibt sich die zunächst kontraintuitive Konsequenz, dass der Bildungsstand durch Online-Dating für die Paarbildung an Bedeutung verliert, wie auch Hitsch und Mitarbeiter bereits zuvor aufgrund ähnlicher Beobachtungen feststellten: „Eine interessante Konsequenz daraus ist, dass eine Auswahl anhand von Bildungskriterien *abnehmen* könnte, falls Online-Dating zu einer weitverbreiteten Art der Partnerwahl wird." (6, Übersetzung und Hervorhebung durch den Autor). Hierzu nochmals Lin und Lundquist (8, S. 207): „Eine wichtige Feststellung ist, dass Bildung ethnische Präferenzen weißer Männer und Frauen nicht ausgleicht. Weiße mit College-Abschluss kontaktieren bzw. antworten lieber anderen Weißen ohne College-Abschluss als Schwarzen mit College-Abschluss."

Auch wenn also die Menschen so sind und auch digital so bleiben, wie sie sind, bedeutet dies nicht, dass die Digitalisierung aller Aspekte unseres Lebens, einschließlich unseres Sexuallebens, keine Spuren hinterlassen würde. Nur sind es vielleicht andere als man dies erwarten würde. Und ob durch sie alles besser wird, darf man(n) bezweifeln, frau auch.

Literatur

1. Bruch E, Feinberg F, Lee KY. Extracting multistage screening rules from online dating activity data. PNAS 2016; August 30, published ahead of print.
2. Buss DM. Sex differences in human mate preferences: Evolutionary hypotheses testing in 37 cultures. Behavioral and Brain Sciences 1989; 12: 1–49.
3. Buss DM. The Evolution of Desire: Strategies of Human Mating. New York: Basic Books 1994/2003.
4. Buss DM. The evolution of human mating. Acta Psychologica Sinica 2007; 39: 502–512.
5. Cowan N. The magical mystery four: How is working memory capacity limited, and why? Curr Dir Psychol Sci 2010; 19: 51–57.
6. Hitsch G, Hortaçsu A, Ariely D. Matching and sorting in online dating. Am Econ Rev 2010; 100: 130–163.

7. Kenrick DT, Keefe RC. Age preferences in mates reflect sex differences in human reproductive strategies. Behavioral and Brain Sciences 1992; 15: 75–133.
8. Lin K, Lundquist J. Mate selection in cyberspace. Am J Sociology 2013; 119: 183–215.
9. Miller GA. The magical number seven, plus or minus two: Some limits on our capacity for processing information. Psychological Review 1956; 63: 81–97.
10. Spitzer M. Entscheiden. Im Rahmen von Bernoulli zur Amygdala. Nervenheilkunde 2006; 25: 969–973.
11. Spitzer M. Die Qual der Wahl. In: Liebesbriefe und Einkaufszentren. Stuttgart: Schattauer 2008; S. 27–33.
12. Spitzer M. Die Wissenschaft vom Flirten. In: Nichtstun, Flirten, Küssen. Stuttgart: Schattauer 2012; S. 92–115.

9 Stunting: Gehirnentwicklung, Status und Statur

Zur Bedeutung der ersten tausend Tage im Leben eines Menschen

Das englische Wort *Stunting*[1] bezeichnet im Bereich der Medizin ein Syndrom (*stunting syndrome*), dessen auffälligstes Merkmal der Minderwuchs (Kleinwuchs, Zwergwuchs) ist, das aber keineswegs auf das Längenwachstum des Körpers beschränkt ist. Die Ursache – Mangel- bzw. Unterernährung – bewirkt neben einer Wachstumsverzögerung auch ein erhöhtes Krankheitsrisiko (Morbidität), vor allem für Durchfallerkrankungen und Lungenentzündungen, aber auch Sepsis, Tuberkulose, Meningitis und Hepatitis, sowie ein Sterblichkeitsrisiko (Mortalität) aufgrund multipler pathologischer Veränderungen. Diese betreffen neben metabolischen Störungen und einer geschwächten Immunabwehr auch Entwicklungsverzögerungen im kognitiven, affektiven und sozialen Bereich.

Weltweit sind davon nach Schätzungen der Vereinten Nationen etwa 161 Millionen Kinder unter fünf Jahren betroffen, was etwa einem Viertel aller Kinder entspricht (8). Hierzulande kennt man das Syndrom kaum (▸ Abb. 9-1), leben doch 90 % aller Kinder mit diesem Syndrom in Afrika und Asien. Von 1990 bis 2010 nahm der Prozentsatz in Asien von etwa 50 % auf etwa 30 % ab, wohingegen

---

1 Im deutschen Sprachgebrauch kennt man den Stuntman, der waghalsige Kunststücke bei Filmproduktionen für den Schauspieler ausführt. Das Verb „to stunt" bedeutet dagegen „verkümmern" bzw. „verkrüppeln", „stunting" kann entsprechend als Substantiv (Verkrüppelung, Verkümmerung) oder als Partizip präsens (verkrüppelnd, verkümmernd) vorkommen.

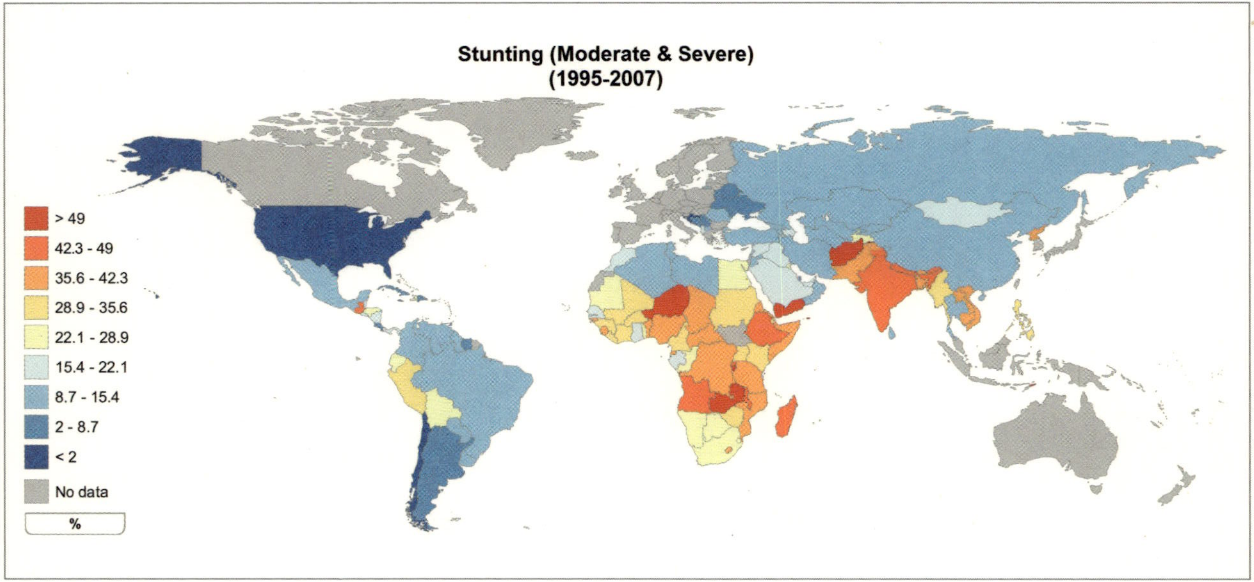

Abb. 9-1 Weltweite Verteilung des Stunting-Syndroms, das man in Kanada und vielen europäischen Ländern offensichtlich gar nicht erfasst (graue Bereiche in der Karte stehen für „keine Daten vorhanden"). Die Karte beruht auf Daten des Kinderhilfswerks UNICEF (nach 8).

in Afrika gleichbleibend etwa 40 % aller Kinder betroffen sind.

Das Ausmaß der Größenreduktion durch Stunting bis ins Erwachsenenalter ist bemerkenswert: In einer im Senegal durchgeführten Studie von Coly und Mitarbeitern (6) betrug es 9 cm bei betroffenen Männern und 6,6 cm bei Frauen.

Das Gefährliche am Kleinwuchs ist *nicht* die Größe! Am Größenwachstum[2] zeigt sich lediglich, dass sich ein Kind nicht so entwickelt, wie das sein sollte, was ihn zum besten Indikator dafür macht, wie es einem Kind geht: „Childhood stunting is the best overall indicator of children's well-being and an accurate reflection of social inequalities", formulieren Mercedes de Onis und Francesco Branca von der Genfer WHO in einer kürzlich erschienenen Übersicht lapidar (8).

Das Längenwachstum von Kindern erfolgt nicht gleichmäßig über die Zeit hinweg (13). Vielmehr wachsen Kinder in 90 bis 95 % der Zeit gar nicht und dann in 5 bis 10 % ihrer Kindheit sehr rasch. Eine Reihe von Studien konnte zeigen, dass dieses Wachstum davon abhängt, ob ihm förderliche Bedingungen vorliegen. Dies wiederum hängt davon ab, unter welchen sozioökonomischen Bedingungen das Kind aufwächst. Kurz: Man kann an der Größe von Kindern ablesen, ob sie unter armen oder wohlhabenden Verhältnissen leben. Ganz kurz: Armut zeigt sich in kleinen Kindern, aus denen dann kleine und zurückgebliebene Erwachsene werden.

---

2 Es geht um die Größe für das entsprechende Alter. Liegt sie unterhalb von 2 Standardabweichungen unter dem Mittelwert, liegt Stunting vor. Man bestimmt hierzu den HAZ-Score (height-for-age Z-score), der dann unter minus zwei liegt.

Wie man mittlerweile weiß, sind die ersten tausend Lebenstage – der Zeitraum von der Verschmelzung der Ei- und Samenzelle bis zum zweiten Geburtstag – für die gesamte Entwicklung eines Kindes von entscheidender Bedeutung. Mangelernährung (auch bei der Schwangeren), mangelnde Hygiene und chronische Infektionen (insbesondere Durchfallerkrankungen und Wurmbefall des Darms) verursachen in diesem extrem wichtigen Zeitraum Schäden, die später kaum noch oder gar nicht mehr zu reparieren sind. Was geschieht hier im Einzelnen?

Eine gestörte *Immunabwehr* geht oft mit Mangelernährung einher. Man konnte zeigen, dass es sich dabei sowohl um die Ursache als auch die Folge von Mangelernährung handeln kann (3). Gastrointestinale Parasiten, insbesondere Würmer (*Ascaris lumbricoides, Trichuris trichiura*), Hakenwürmer (*Necator americanus, Ancylostoma duodenale*), Fadenwürmer (*Strongyloides stercoralis*) und intestinale Protozoen (*Giardia lamblia, Cryptosporidium parvum/hominis, Entamoeba histolytica*) gehören zu den verbreitetsten infektiösen Erkrankungen von Kindern weltweit. Infektionen führen zu vermindertem Appetit, verminderter Resorption der aufgenommenen Nahrung, vermehrtem Energiebedarf (Fieber!) bzw. zur Verwendung von Energie für die Immunabwehr anstatt für das Wachstum. Umgekehrt führt Mangelernährung zu einem erhöhten Infektionsrisiko, weil sie die Immunabwehr schwächt (9).

In den ersten tausend Lebenstagen eines Menschen findet ein großer Teil seiner *Gehirnentwicklung* statt. Im Kortex schießen die Dendriten (also die Verbindungen zwischen den Nervenzellen) während dieser Zeit gewissermaßen ins Kraut, damit aus diesen vielen Verbindungen dann diejenigen – erfahrungsabhängig – ausgewählt werden können, die tatsächlich gebraucht werden. So ist beispielsweise die Anzahl der Synapsen im visuellen Kortex mit acht Monaten maximal, um dann wieder abzunehmen (12). Geschieht dieses Aussprossen nicht, ist die Plastizität des Gehirns reduziert, was bedeutet, dass Lernprozesse und damit Mechanismen der vollen Ausbildung des Gehirns und dessen Funktionen durch Interaktion mit der Umwelt beeinträchtigt sind. Neuroanatomische Studien haben gezeigt, dass die Gehirne von Kindern mit Stunting weniger Dendriten und Synapsen sowie kürzere Dendriten aufweisen (► Abb. 9-2 und 9-3).

Maria Cordero und Mitarbeiter aus Chile (7) untersuchten jeweils den motorischen Kortex (Gyrus präcentralis) in zehn Gehirnen von an Lungenentzündung verstorbenen Kindern im Alter von drei bis vier Monaten, von denen fünf normal entwickelt und fünf unterernährt waren. Die Präparate wurden nach der Golgi-Methode angefärbt, die bekanntermaßen besonders feine Bilder ergibt und zudem nur etwa jedes hundertste Neuron anfärbt, sodass man die Bäume vor lauter Wald auch wirklich gut sehen kann. Wie in ► Abbildung 9-2 zu sehen, sind die Neuronen bei den mangelernährten Kindern eher verklumpt und weisen deutlich weniger und kürzere Dendriten auf.

Im Rahmen einer mexikanischen Studie wurden ebenfalls Gehirne von Kindern unter zwei Jahren mittels der Golgi-Färbung untersucht. Dreizehn der Kinder waren an Mangelernährung verstorben, sieben weitere Kinder mit anderen Todesursachen und vorheriger normaler Entwicklung dienten als Kontrollen. Wieder wurden Pyramidenzellen aus Schicht 5 des Kortex untersucht, wobei es sich um den somatosensorischen, motorischen und visuellen Kortex handelte (► Abb. 9-3, linke Fotografie). Insgesamt wurden 130 Dendriten aus den Gehirnen der mangelernährten Kinder und 70 Dendriten aus normalen Kindergehirnen untersucht. Hierbei zeigten sich klare quantitative Unterschiede (► Abb. 9-3, rechte Säulendiagramme).

Für die schon länger bekannte Tatsache, dass schwere Unterernährung in den ersten Lebensmonaten eines Kindes

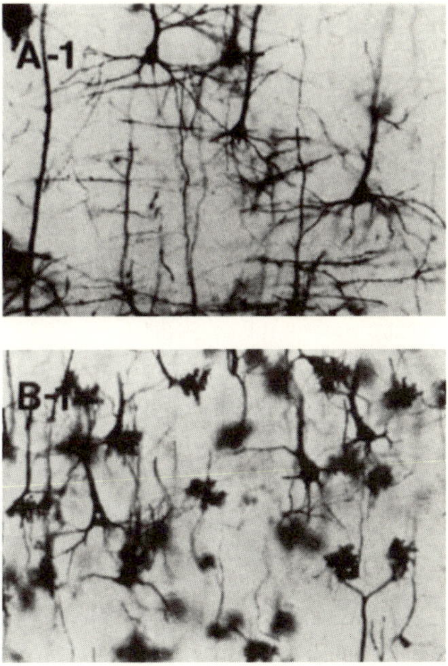

Abb. 9-2 Mittels Golgi-Färbung sichtbar gemachte Pyramidenzellen in Schicht 5 des Motorkortex im Gehirn eines (oben) normal entwickelten und eines (unten) mangelernährten Kindes (aus 7, Fig. 4, Ausschnitt).

zu irreparablen kognitiven Defiziten führen kann (4), liefern diese mikroanatomischen Daten einen plausiblen Mechanismus, warum dies im Grunde gar nicht anders sein kann!

Angesichts der gestörten Gehirnentwicklung wundert es nicht, dass die Entwicklung kognitiver, emotionaler und sozialer Fähigkeiten bei Kindern mit Mangelernährung während der ersten tausend Lebenstage beeinträchtigt ist (►Kap. 11). Dies resultiert später in weniger Schulbesuch bzw. schlechteren Schulleistungen, d. h. einer *beeinträchtigten Bildungs- und Berufskarriere* mangelernährter kleinwüchsiger Kinder (11). Zwar können Kinder durchaus auch aufholen und sich in den Jahren nach dem zweiten

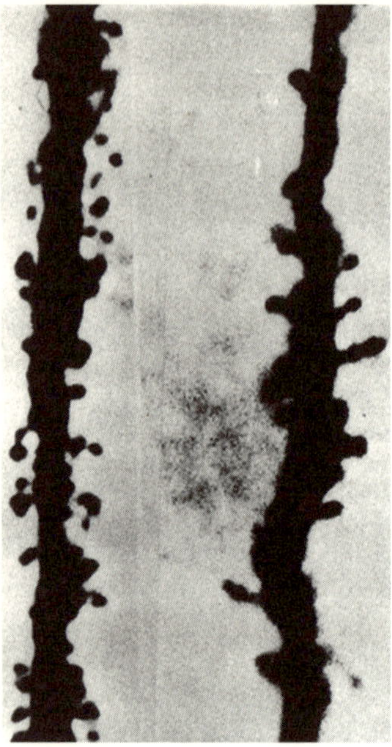

Abb. 9-3 Mikroskopische Fotografie (oben) von mittels Golgi-Färbung sichtbar gemachten Dendriten (links: Gehirn eines gesunden Kindes; rechts: Gehirn eines mangelernährten Kindes; aus 1, Fig. 4, Ausschnitt). Säulendiagramme (unten): Durchschnittliche Länge apikaler Dendriten von Neuronen aus Schicht 5 in drei untersuchten kortikalen Arealen (links). Durchschnittliche Anzahl dendritischer Dornen per apikalem Dendriten von Neuronen aus Schicht 5 in drei untersuchten kortikalen Arealen (rechts). Jeweils weiße Säulen repräsentieren die Daten aus normalen Gehirnen, jeweils schwarze Säulen die Daten aus den Gehirnen unterernährter Kinder (nach 1).

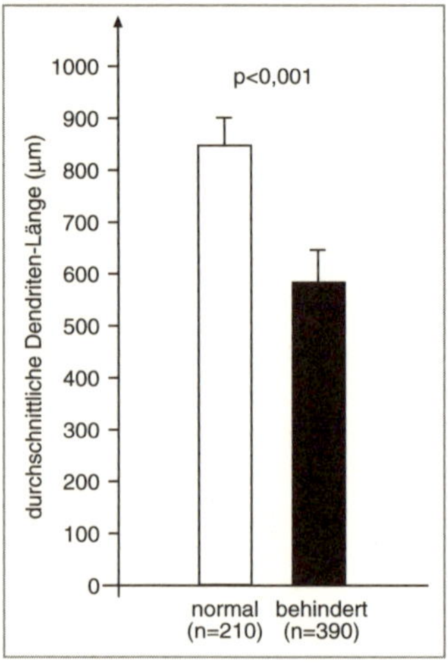

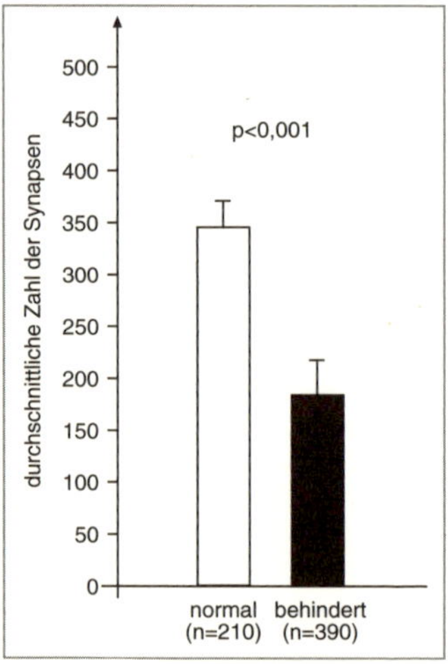

Geburtstag „erholen", also Meilensteine der Entwicklung erreichen, die von normalen Kindern auch erreicht werden. Der prozentuale Anteil der Kinder, bei denen dies der Fall ist, liegt allerdings nach einer großen Längsschnittstudie an Kindern aus Äthiopien, Indien, Peru und Vietnam bei nur 36 %. Dies stimmt nicht gerade optimistisch, zumal sich auch zeigte, dass die Chancen mit zunehmender Schwere der Beeinträchtigung in jungen Jahren geringer sind (10).

Die verminderte Bildung und die geringere berufliche Qualifikation verursachen *ökonomische Probleme* auf individueller und gesellschaftlicher Ebene. Berechnet man die Kosten der kindlichen Mangelernährung, so zeigt sich das wahre Ausmaß der hierdurch bedingten Schäden. Zudem wird klar, dass therapeutische Interventionen in den ersten tausend Lebenstagen sich schlicht und einfach rechnen: Was man durch vergleichsweise geringe Investitionen an Entwicklungsrückstand verhindert, zahlt sich später mehrfach wieder aus. Kinderarmut können wir uns eigentlich gar nicht leisten! Es wird höchste Zeit, dass sich diese Einsicht weltweit durchsetzt.

Literatur

1. Benítez-Bribiesca L, De la Rosa-Alvarez I, Mansilla-Olivares A. Dendritic spine pathology in infants with severe protein-calorie malnutrition. Pediatrics 1999; 104(2): e21:1–6.
2. Black RE, Victora CG, Walker SP et al. Maternal and child undernutrition and overweight in low-income and middle-income countries. Lancet 2013; 382: 427–451.
3. Bourke CD, Berkley JA, Prendergast AJ. Immune Dysfunction as a cause and consequence of malnutrition. Trends in Immunology 2016; 37: 386–398.
4. Brown JL, Pollitt E. Malnutriton, poverty and intellectual development. Sci Am 1996; 274: 26–31.

5. Bryan P, Mejia R. Invited commentary on growth and development in children with gastrointestinal parasitic infections. Current Tropical Medicine Reports 2015; 2: 233–237.
6. Coly AN, Milet J, Diallo A et al. Preschool stunting, adolescent migration, catch-up growth, and adult height in young Senegalese men and women of rural origin. Journal of Nutrition 2006; 136: 2412–2420.
7. Cordero ME, D'Acuña E, Benveniste S et al. Dendritic development in neocortex of infants with early postnatal life undernutrition. Pediatric Neurology 1993; 9: 457–464.
8. de Onis M, Dewey KG, Borghi E et al. The World Health Organization's global target for reducing childhood stunting by 2025: rationale and proposed actions. Maternal & Child Nutrition 2013; 9 (Suppl. 2): 6–26.
9. de Onis M, Branca F. Childhood stunting: a global perspective. Maternal & Child Nutrition 2016; 12: 12–26.
10. Fink G, Rockers PC. Childhood growth, schooling, and cognitive development: further evidence from the Young Lives Study. American Journal of Clinical Nutrition 2014; 100: 182–188.
11. Hoddinott J, Alderman H, Behrman JR et al. The economic rationale for investing in stunting reduction. Maternal & Child Nutrition 2013; 9 (Suppl. 2): 69–82.
12. Huttenlocher PR, De Courten C, Garvey LJ, Van der Loos H. Synaptic development in human cerebral cortex. International Journal of Neurology 1983; 16/17: 144–154.
13. Lampl M, Veldhuis JD, Johnson ML. Saltation and stasis: a model of human growth. Science 1992; 258: 801–803.
14. Prendergast AJ, Humphrey JH. The stunting syndrome in developing countries. Paediatrics and International Child Health 2014; 34: 250–265.

10 Armut tut weh

Nach dem neuesten Bericht über die Armut in Deutschland (Armutsbericht 2016) hat Armut hierzulande gegenüber dem Vorjahr leicht (um 0,1 %) abgenommen und liegt bei 15,4 % der Bevölkerung (10). Dabei muss man sich jedoch verdeutlichen, dass Armut relativ zu den Anderen definiert ist:[1] Arm ist nach Definition der Wohlfahrtsverbände, die den Bericht verfasst haben, wer in einem Haushalt lebt, der über weniger als 60 % des mittleren Haushaltseinkommens in Deutschland verfügt. Nach den jüngsten verfügbaren Daten aus dem Mikrozensus lag die Armutsschwelle demnach bei 917 Euro für einen Singlehaushalt und bei 1926 Euro für einen Paarhaushalt mit zwei kleinen Kindern (10). Aus der relativen Definition von Armut folgt übrigens: Würden alle Deutschen ab heute das doppelte Einkommen haben, würde sich die Quote der Armen nicht ändern!

Während man sich also trefflich darüber streiten kann, wie hoch die absolute Quote der Armen in Deutschland „wirklich" liegt (also darüber, was „arm" nun wirklich bedeutet), kann man über relative Armut anhand des Berichts relativ gute Aussagen machen: So leben im Süden Deutschlands die wenigsten Armen (Baden-Württemberg: 11,4 %; Bayern: 11,5 %), die meisten dagegen eher im Nordosten

1 Es gibt auch absolute Armut, die definiert ist als „weniger als 1 US-Dollar bzw. den entsprechenden Gegenwert in der lokalen Währung am Tag zur Verfügung haben" oder „weniger als 2 US-Dollar täglich" – je nach Quelle.

(Bremen: 24,1 %; Mecklenburg-Vorpommern und Sachsen-Anhalt: jeweils 21,3 %; Berlin: 20 %) (▸ Abb. 10-1).[2]

Armut und Bildung hängen eng zusammen: In Haushalten, in denen der Haupternährer maximal Hauptschulabschluss hat, liegt die Armutsquote bei 39,7 %. In Akademikerhaushalten sind es nur 5,3 %. Und es gibt bestimmte soziodemografische Gruppen, die besonders von Armut betroffen sind: Arbeitslose (57,6 %), Alleinerziehende (41,9 %), Familien mit drei oder mehr Kindern (24,6 %), Kinder und Jugendliche unter 18 Jahren (19,0 %) sowie Rentner (15,6 %). Interessant sind auch die Veränderungen der Armutsquote über die Zeit hinweg: So stieg im Vergleich zu 2005 die Armutsquote bei den Rentnern um 45,8 %, bei den Arbeitslosen dagegen vergleichsweise „nur" um 16,1 % (9, S. 24). Die Zunahme der Altersarmut kann man also durchaus jetzt schon als „dramatisch" bezeichnen, und man muss davon ausgehen, dass sie noch deutlich weiter steigt (10).

Jedem aufmerksamen klinisch tätigen Arzt – ganz gleich welcher Fachrichtung (sehen wir mal von Anatomie und Pathologie ab) wird sicher schon ein Sachverhalt bekannt sein,

2 Solche Vergleiche sind allerdings nicht unproblematisch, wie man sofort merkt, wenn man in Greifswald oder in Freiburg einen Kaffee trinken oder Essen geht, vom Kauf eines Einfamilienhauses gar nicht zu reden. Die Kaufkraft eines Euro unterliegt innerhalb Deutschlands erheblichen Schwankungen. Für den Gegenwert einer kleinen Eigentumswohnung in München bekommt man in manchen Gegenden Mecklenburg-Vorpommerns ein ganzes Dorf! Diese Problematik wird im Armutsbericht (S. 13) durchaus diskutiert, wegen fehlender verlässlicher Daten zur vergleichenden Kaufkraft jedoch nicht weiter verfolgt. Zudem scheint es im Norden Licht am Ende des Tunnels zu geben: Die Armutsquote nahm in Mecklenburg-Vorpommern gegenüber dem Vorjahr um 2,3 % ab und auch in Berlin ging sie um 1,4 % zurück (1).

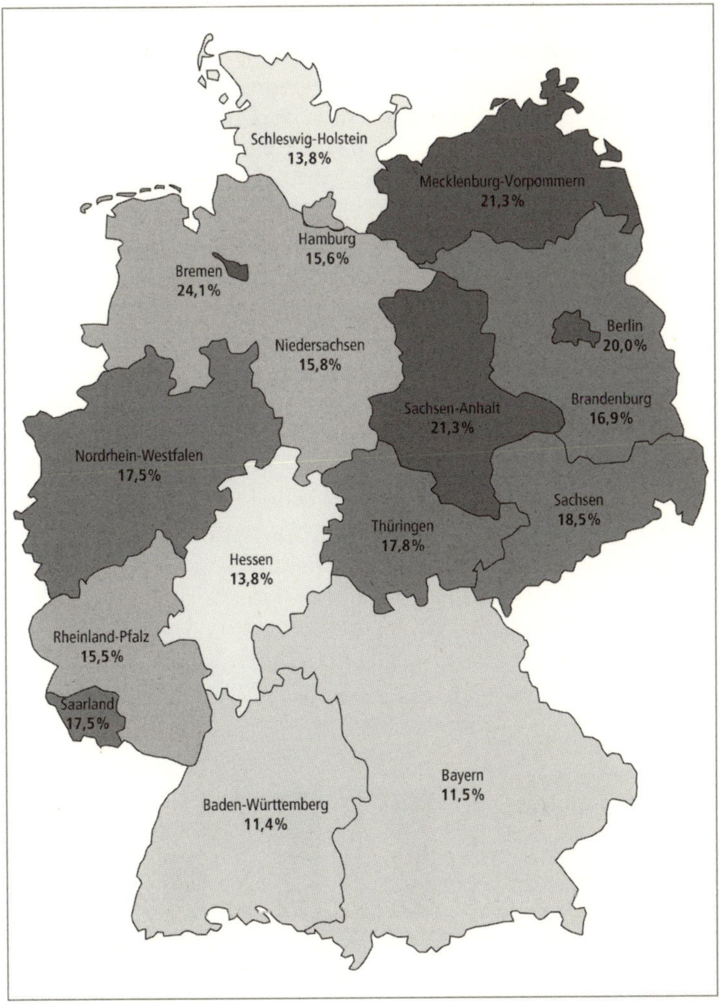

Abb. 10-1 Armut in Deutschland (nach 10, S. 15).

der ansonsten wenig beachtet wird, dessen klinische und gesundheitspolitische Relevanz jedoch erheblich ist: Wer arm ist, der neigt eher zu (meist chronischen) Schmerzen.

Bereits die Ergebnisse des Bundesgesundheitssurveys 1998 zeigten damals, dass das Schmerzerleben von der sozialen Schicht abhängt: „Sowohl bei Männern als auch bei Frauen verringert sich die Prävalenz starker Schmerzen mit steigendem Sozialstatus zugunsten des größeren Anteils von nur mäßigen Schmerzen“ (2), fassen die Autoren ihre diesbezüglichen Daten zusammen (►Abb. 10-2). Es handelt sich hier zwar nicht um Absolutwerte, sondern um relative Einschätzungen (wie im Armutsbericht auch), diese bleiben allerdings beispielsweise über die Lebenszeit recht konstant und sagen daher durchaus etwas über das subjektive Erleben aus.

Nun gibt es sicherlich Faktoren (allgemeine Ressourcenknappheit, Rentenbegehren, Bedürfnis nach Aufmerksamkeit), die den ein oder anderen in Armut lebenden Men-

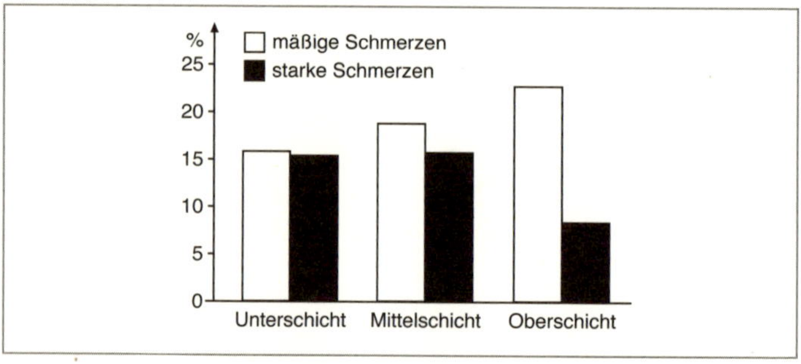

Abb. 10-2 Schmerzerleben (relative Häufigkeit in Prozent) in Abhängigkeit von der sozialen Schicht, erhoben an 7124 Personen im Alter von 18 bis 80 Jahren (nach Daten aus 2, Tab. 7 und 8, wobei zur Vereinfachung der Darstellung Mittelwerte aus den Mittelwerten von Männern und Frauen gebildet wurden).

schen betreffen und indirekt dazu führen, dass mehr oder stärkere Schmerzen berichtet werden. Aber reicht das zur Erklärung aus? – Vor dem Hintergrund dieser Problemlage ist eine kürzlich erschienene Publikation von Bedeutung, die dem Zusammenhang von Armut[3] und Schmerzerleben im Rahmen von insgesamt sechs Studien nachgegangen ist (4).

In der ersten Studie wurden letztlich die gerade gezeigten Befunde an einer deutlich größeren, neueren und im Hinblick auf die untersuchte Bevölkerung „breiteren" Untersuchung repliziert. Zudem basierte die eingesetzte Methodik nicht auf Selbstbeurteilung. In insgesamt 33 720 Haushalten in den USA ging man der Frage nach dem Zusammenhang von Arbeitslosigkeit und dem Konsum von rezeptfreien Schmerzmitteln (im Wesentlichen Paracetamol und Ibuprofen) nach. Dieser Konsum wurde aus Daten eines großen Marktforschungsinstituts gewonnen. Die Arbeitslosigkeit im Haushalt wurde durch eine einfache Variable kodiert, deren Wert von 0 (beide Erwachsene im Haushalt arbeitslos) bis 2 (kein Erwachsener im Haushalt arbeitslos) reichte. Wie sich zeigte, waren in 14 % der untersuchten Haushalte beide arbeitslos, in 34 % einer arbeitslos und in 51 % beide beschäftigt. Die Ausgaben für die Schmerzmittel beliefen sich im Untersuchungsjahr (2008) im Mittel auf 32,25 US-Dollar. Zum Vergleich: Für Präparate gegen Erkältung wurden im gleichen Zeitraum im Mittel knapp 46 US-Dollar ausgegeben. Neben dieser

---

3 Die Autoren sprechen zwar nicht von Armut, meinen sie aber zweifellos. Sie umgehen damit die eingangs erwähnten Probleme einer Definition von Armut ebenso wie die Tatsache, dass die meisten Menschen unter Armut nur den Mangel von Geld verstehen. Dass Armut chronische Unsicherheit und damit chronischen Stress bewirkt (mit allen seinen negativen Konsequenzen), ist in der Literatur vergleichsweise wenig umstritten.

Variable wurden 10 weitere Kontrollvariablen kontrolliert, um andere Einflüsse, die den Zusammenhang ebenfalls beeinflussen könnten, auszuschließen. Wie die Ergebnisse zeigten, gab es einen hoch signifikanten positiven Zusammenhang zwischen Arbeitslosigkeit und Schmerzmittelkonsum ($p < 0{,}001$).

In der zweiten Studie wurde der Frage nachgegangen, ob der Effekt der Arbeitslosigkeit eher auf individueller Ebene (wie in der ersten Studie) oder auf der Ebene der wirtschaftlichen Aussichten des jeweiligen Bundesstaats zu suchen ist. Diese wurde von der entsprechenden staatlichen Stelle (Bureau of Labour Statistics 2014) in Form der gegenwärtigen Arbeitslosigkeit im jeweiligen Staat operationalisiert. Die Logik dahinter: Ist es nur die eigene Situation oder ist es auch der Kontext (d. h. die Aussichten auf Arbeit), auf die das vermehrte Schmerzerleben zurückgeführt werden kann?

Die insgesamt 293 auswertbaren Teilnehmer wurden über Amazon rekrutiert und erhielten dafür einen US-Dollar am Tag nach ihrer Teilnahme. Sie mussten den Bundesstaat angeben, in dem sie wohnten. In Abhängigkeit davon, ob sie in einem Staat mit vergleichsweise hoher oder niedriger Arbeitslosigkeit wohnten (von jeweils 19 entsprechenden Staaten; die verbleibenden 13 Staaten mit mittlerer Arbeitslosigkeit ließ man also weg, um nur Extremgruppen zu vergleichen), wurden die verbliebenen 187 Probanden in zwei Gruppen aufgeteilt (auch Studenten und Rentner hatte man zuvor noch ausgeschlossen). Dann mussten die Probanden angeben, ob sie arbeitslos waren oder nicht und schließlich wurde noch ihr Schmerzerleben mittels vier Items eines Schmerz-Rating-Fragebogens (West Haven-Yale Multidimensional Pain Inventory) erfasst:

- Wie groß ist das Ausmaß Ihrer körperlichen Schmerzen im Moment (von 1: keine Schmerzen bis 5: starke Schmerzen)?

- Wie stark denken Sie beeinflussen Ihre momentanen Schmerzen Ihre Freude an Familienaktivitäten (von 1: gar nicht bis 5: extrem stark)?
- Wie beunruhigt würde Ihr Partner sein, wenn er/sie über die körperlichen Schmerzen, die Sie gerade fühlen, Bescheid wüsste (von 1: gar nicht bis 5: sehr besorgt)?
- Wie viel Leiden erwarten Sie von Ihren Schmerzen (von 1: gar keines bis 5: starkes Leiden)?

Aus den Antworten, die mit Alpha = 0,89 korrelierten, wurde ein Mittelwert gebildet, der als Schmerz-Index in die weitere Analyse der Daten einging. Weitere acht Kontrollvariablen (z.B. Alter, gegenwärtiger Schmerzmittelgebrauch, negativer Affekt) wurden ebenfalls erfasst.

Die Ergebnisse dieser Studie replizierten zunächst die der ersten, denn es wurde ein signifikanter positiver Zusammenhang (p = 0,019) zwischen Arbeitslosigkeit und Schmerzerleben gefunden. Interessanterweise wurde ebenfalls ein Einfluss der jeweiligen Arbeitslosenquote des Bundesstaates gefunden (p = 0,026). Mit anderen Worten: Schon das Bewusstsein davon, in einem Staat mit größerem Risiko für Arbeitslosigkeit zu leben, führt zu verstärktem Schmerzerleben.

Um einen kausalen Zusammenhang zwischen Arbeitslosigkeit und Schmerzerleben herstellen zu können, wurden zwei weitere Studien durchgeführt, bei denen zunächst wirtschaftliche Unsicherheit als unabhängige Variable experimentell manipuliert wurde, woraufhin körperliche Schmerzen gemessen wurden. Wieder wurden die Teilnehmer über Amazon rekrutiert und erhielten am Tag nach ihrer Teilnahme einen US-Dollar dafür. Sie wurden per Zufall in zwei Gruppen eingeteilt: Die einen bekamen die Aufgabe, sich an eine Zeit privater wirtschaftlicher Unsicherheit zu erinnern, während der sie unter finanzieller Unsicherheit litten, einen unsicheren Job hatten und ständig Angst hatten, ihre Rechnungen nicht bezahlen zu können (Bedingung: finanzielle Unsicherheit). Die anderen bekamen die Aufgabe, sich an eine Zeit guter privater wirtschaftlicher Aussichten zu erinnern, während der sie finanzielle Sicherheit hatten, einen sicheren Job und sich über das Bezahlen von Rechnungen keine großen Gedanken machen mussten (Bedingung: finanzielle Sicherheit).

Danach wurden die Teilnehmer mittels der adaptierten Version eines anderen Fragebogens zum Schmerzerleben (McGill Pain Questionaire) getrennt nach Kopfschmerzen, Brustschmerzen und Bauchschmerzen (jeweils von 0: keine Schmerzen bis 10: stärkste jemals erlebte Schmerzen) befragt. Und wieder wurden die Antworten, die mit Alpha = 0,84 korrelierten, zu einem Gesamtindex aggregiert. Zudem wurden mittels PANAS (Positive and Negative Affective Schedule) vor allem der negative Affekt erfasst sowie Alter, Geschlecht und Beschäftigungsstatus (arbeitslos: ja/nein) erfragt. Es zeigte sich, dass diejenigen Teilnehmer, die sich zuvor an wirtschaftliche Unsicherheit erinnert hatten, nahezu doppelt so viel körperliche Schmerzen angaben wie diejenigen, die sich zuvor an private wirtschaftliche Sicherheit und Stabilität erinnert hatten (p = 0,01). Das Ergebnis blieb zudem signifikant (p = 0,03), wenn man Alter, Geschlecht, negativen Affekt und gegenwärtigen Beschäftigungsstatus in die Analyse mit einbezog.

Ein viertes Experiment an 195 Teilnehmern wurde ganz ähnlich durchgeführt. Die unabhängige Variable „wirtschaftliche Unsicherheit" wurde jedoch auf andere Weise implementiert: Der einen Gruppe wurde mitgeteilt, dass sie in einem Staat mit relativ hoher Arbeitslosigkeit leben (Bedingung: Unsicherheit), der anderen nicht (Kontrollgruppe). Um sicherzustellen, dass dieser Gedanke von den Teilnehmern auch tatsächlich reflektiert („aufgenommen") wurde, sollten die Teilnehmer noch einige Sätze zu den wirtschaftlichen Chancen von Bewohnern ihres Bundesstaates schreiben. Danach hatten die Teilnehmer ihr gegenwärtiges Schmerzerleben auf einer Skala (Wong-Baker Face Scale) einzuschätzen (von 0: nichts tut weh bis 5: stärkste Schmerzen). Zudem wurde die Lack of Control Scale eingesetzt (► Tab. 10-1), um das Ausmaß der erlebten Selbstkontrolle zu erfassen und es wurden noch Alter und Geschlecht erfragt.

Die Ergebnisse dieses Experiments zeigten den Effekt der vorherigen Studien nochmals: Gedanken an ökonomische Unsicherheit gingen mit mehr Schmerzen einher (Mittelwert: 1,81; Kontrollgruppe: 1,45; $p < 0{,}009$). Auch führten sie erwartungsgemäß zu einem stärkeren erlebten Kontrollverlust (Mittelwert: 2,57; Kontrollgruppe: 2,31; $p < 0{,}04$).

In einem fünften Experiment wurde daher zunächst die erlebte Kontrolle direkt beeinflusst, um dann deren Effekt

Tab. 10-1 Die fünf Items der in Experiment 4 verwendeten Lack of Control Scale in deutscher Übersetzung (aus 4, Übersetzung durch den Autor). Sämtliche Korrelationen zwischen den Items lagen über 0,60 und waren mit $p < 0{,}001$ hoch signifikant; Alpha = 0,91.

Nr.	Item
1	Andere Menschen bestimmen, was ich tun kann und was nicht.
2	Ich kann wenig tun, um viele der wichtigen Dinge in meinem Leben zu ändern.
3	Ich fühle mich oft hilflos, wenn ich mit den Problemen in meinem Leben umgehe.
4	Ich kann so ziemlich alles, wenn ich es nur wirklich will. (reverse Kodierung)
5	Wenn ich etwas wirklich tun will, finde ich auch einen Weg, um es erfolgreich zu tun. (reverse Kodierung)

auf das Schmerzerleben zu untersuchen. Es wurde wieder in ähnlicher Weise wie die vorhergehenden Experimente durchgeführt, d. h. die Rekrutierung erfolgte erneut durch Amazon, wobei die Teilnehmer diesmal allerdings nur 0,41 US-Dollar erhielten. Sie wurden zufällig zwei Bedingungen (Fehlen von Kontrolle, vollständige Kontrolle) zugeordnet (► Tab. 10-2) und sollten danach ihr momentanes Schmerzerleben auf einer visuellen Analogskala mit einem Schieberegler am Computer zwischen 0 und 100 angeben. Alter, Geschlecht, Arbeitslosigkeit und Schmerzmittelgebrauch wurden ebenfalls erfasst. In diesem Experiment zeigte sich, dass die Teilnehmer in der Bedingung „Fehlen von Kontrolle“ mehr als die doppelte Anzahl körperliche Schmerzen angaben (13,75 im Vergleich zu 6,57 in der Kontrollgruppe) ($p < 0{,}04$). Auch wenn man die Kontrollvariablen

Tab. 10-2 Bedingungen in Experiment 5 (übersetzt aus 4).

Bedingung: Fehlen von Kontrolle.	**Bedingung: Vollständige Kontrolle**
Bitte erinnern Sie sich an ein bestimmtes Ereignis, während dessen etwas geschah und Sie keinerlei Kontrolle über die Situation hatten. Bitte beschreiben Sie diese Situation während der Sie das vollkommene Fehlen von Kontrolle spürten, was genau geschah, wie Sie sich fühlten usw. Sie müssen 1,5 Minuten auf diese Aufgabe verwenden. Danach wird diese Seite automatisch auf die nächste Seite springen.	Bitte erinnern Sie sich an ein bestimmtes Ereignis, während dessen etwas geschah und Sie die Situation vollkommen unter Kontrolle hatten. Bitte beschreiben Sie diese Situation der vollständigen Kontrolle, was genau geschah, wie Sie sich fühlten usw. Sie können sich für diese Aufgabe solange Zeit nehmen, wie Sie möchten.

(vor allem Arbeitslosigkeit und Schmerzmittelgebrauch) in die Analyse mit einbezog, blieb der Unterschied mit p = 0,05 signifikant.

Im sechsten und letzten Experiment wurde das Schmerzerleben nicht abgefragt, sondern mittels Cold Pressure Test[4] gemessen, wofür die üblichen Studenten aus den Undergraduate-Bereich der Universität von Virginia (UVA) herhalten mussten. Zunächst mussten sie ihre Hand in eiskaltes Wasser legen, solange sie es vermochten, und gemessen wurde die Zeit (Baseline-Kontrolle). Danach nahmen sie an einer (vermeintlich) vollkommen anderen Studie teil, bei der es sich in Wahrheit um eine Implementierung der unabhängigen Variable – Sicherheit versus Unsicherheit – handelte (► Tab. 10-3). Danach wurden die Teilnehmer in der Bedingung „hohe Unsicherheit“ auf eine Webseite geleitet, auf der ihre Universität auf dem Rangplatz 23 im nationalen Vergleich aller Universitäten zu sehen war. Die Teilnehmer

---

4 Als Student habe ich diesen Test, den es schon seit 75 Jahren gibt (12) einmal im Rahmen einer der vielen Untersuchungen der Forschungsgruppe Psychophysiologie unter der Leitung von Professor Jochen Fahrenberg mitgemacht. Damals musste der gesamte Arm für eine Minute in Eiswasser eingetaucht werden, und es wurde nicht gemessen, wie lange man es aushält, sondern wie dadurch manche psychophysischen Variablen verändert wurden. Ich kann mich daran noch sehr gut erinnern, denn es war ein überaus schmerzhaftes Erlebnis. Übrigens: Man findet zwei Bezeichnungen: „Cold Pressor Test“ und „Cold Pressure Test“, die im Englischen praktisch gleich klingen und daher auch in der Literatur synonym verwendet wurden. In der Originalarbeit verwenden die Autoren die erste Variante. Weil aber die gemessenen Variablen auf den Kältereiz („cold“) Blutdruck („pressure“) und Puls darstellen, wundert nicht, das aus „Pressor“ – das Wort gibt es tatsächlich, wird kaum noch gebraucht und hat die Übersetzung „Sympathomimetikum“ – über die Zeit hinweg „Pressure“ wurde.

Tab. 10-3 Bedingungen in Experiment 6 (aus 4; es erfolgte keine Übersetzung, um die sprachlichen Eigenheiten der Instruktion zu bewahren).

Bedingung: hohe Unsicherheit	**Bedingung: geringe Unsicherheit**
Today's economy landscape greatly diverges from a decade ago, for the worse. According to a recent poll, more than 3.5 million Americans work at or below the minimum wage. Moreover, latest research conducted by Bureau of Labor Statistics reveals that more than 300,000 recent college grads are working minimum wage jobs, a figure that is twice as high as it was merely 10 years ago. Certain college grads bear more of the burden than others. In particular, students who do not graduate from top 10 national universities (e.g., Princeton and Harvard) fare significantly worse than those who do. Those college grads have a much more difficult time finding jobs. Some statistics suggest that it could be almost twice as difficult. And when they do find jobs, they are underemployed.	Today's economy landscape greatly diverges from a decade ago. According to a recent poll, more than 3.5 million Americans work at or below the minimum wage. Moreover, latest research conducted by Bureau of Labor Statistics reveals that more than 300,000 recent college grads are working minimum wage jobs, a figure that is twice as high as it was merely 10 years ago. Certain college grads are shield [sic] from the economic turmoil more than others. In particular, students who graduate from top 10 public universities (e.g., UC Berkeley and UVA) fare significantly better on the job market than those who do not. These college grads have a much easier time finding jobs. Some statistics suggest that it could be almost twice as easy. And when they do find jobs, they are well-compensated.

in der Bedingung „geringe Unsicherheit“ wurden dagegen auf eine Webseite geleitet, auf der ihre Universität auf dem Rangplatz 2 im nationalen Vergleich der staatlichen Universitäten zu sehen war. Danach sollten die Probanden aufschreiben, wie sich der Durchschnittsstudent an ihrer Universität im Hinblick auf seine Chancen am Arbeitsmarkt fühlt.

Danach wurde der Cold Pressure Test nochmals durchgeführt und die neuen Werte mit den vorherigen Messungen in Beziehung gesetzt. Wie sich zeigte (►Abb. 10-3), bewirkte der Gedanke an wirtschaftliche Unsicherheit eine Änderung der Schmerztoleranz: Die Studenten in dieser Bedingung konnten ihre Hand nun für etwa 16 Sekunden weniger in das eiskalte Wasser halten als die Studenten, die zuvor an wirtschaftliche Stabilität und Sicherheit erinnert wurden und deren Schmerztoleranz sich praktisch nicht geändert hatte. Dieser Unterschied war mit p = 0,02 signifikant.

Eine Metaanalyse der genannten Studien (außer Studie 5) und dreier weiterer nur im Supplement angeführter Studien ergab insgesamt einen deutlichen Effekt von ökonomischer Unsicherheit auf das Schmerzerleben von 0,36 und einem 95 %-Konfidenzintervall von 0,11–0,61 (4). Dieser Effekt erscheint über das Erleben von Kontrolle bzw. deren

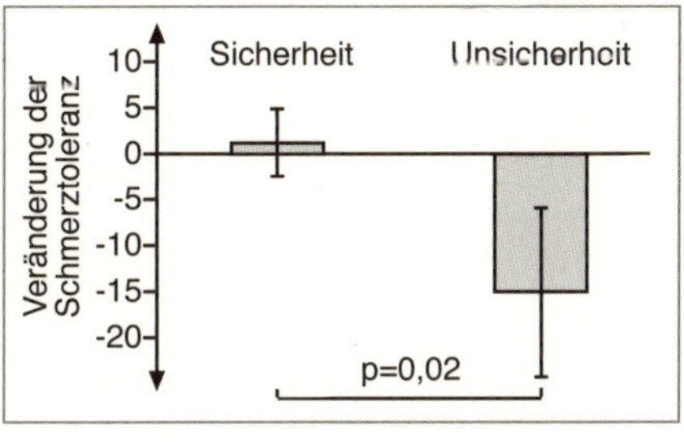

Abb. 10-3 Veränderung der Schmerztoleranz (Messwiederholung) durch ökonomische Sicherheit bzw. Unsicherheit (nach 4).

Fehlen vermittelt zu sein. Entsprechend diskutieren die Autoren ihre Ergebnisse im Rahmen der Jahrzehnte alten Überlegungen zu Angst, Depression, gelernter Hilflosigkeit und Schmerzerleben.

Sie übersehen dabei leider die neueren Befunde aus dem Gebiet der Systems Neuroscience, wo schon vor knapp 20 Jahren eine Aktivierung des anterioren Gyrus cinguli im präfrontalen Kortex (anterior cingulate cortex, ACC) beim Erleben von Schmerzen nachgewiesen werden konnte (8). Wenige Jahre später wurde die Aktivierung des ACC bei sozialer Isolation gezeigt (5), was eine wahre Flut von Studien zum (dem aufmerksamen Kliniker schon lange bekannten) Zusammenhang von Einsamkeit und Scherzen mit sich brachte (11). Spätestens seit den Arbeiten aus der Gruppe um Jonathan Cohen und Cameron Carter (3) zur Aktivierung des ACC nicht nur bei Fehlerverarbeitung, sondern bereits bei einer erhöhten Wahrscheinlichkeit, einen Fehler zu begehen – d.h. bei erhöhter Unsicherheit – könnte aber klar sein, dass Unsicherheit und Schmerzen in einer ganz ähnlich engen Beziehung stehen wie Unsicherheit und Einsamkeit (7). Aus dieser neurobiologischen Perspektive verwundern die hier diskutierten Ergebnisse also kaum! Sie eröffnen allerdings neue Zugangswege zur Lösung drängender ökonomischer als auch gesundheitlicher Probleme: Der Verbrauch von Schmerzmitteln steigt in westlichen Gesellschaften ebenso kontinuierlich an wie die relative Armut.

Literatur

1. Anonymus. Bericht des Paritätischen Wohlfahrtsverbands. Die meisten Armen leben in Nordrhein-Westfalen. Spiegel Online 23.2.2016; www.spiegel.de/wirtschaft/soziales/armutsbericht-armutsquote-bleibt-auf-hohem-niveau-a-1078823-druck.html

2. Bellach BM, Ellert U, Radoschewski M. Epidemiologie des Schmerzes – Ergebnisse des Bundes-Gesundheitssurveys 1998. Bundesgesundheitsbl – Gesundheitsforsch – Gesundheitsschutz 2000; 43: 424–431.
3. Carter CS, Braver TS, Barch DM et al. Anterior cingulate cortex, error detection, and the online monitoring of performance. Science 1998; 280: 747–749.
4. Chou EY, Parmar BL, Galinsky AD. Economic insecurity increases physical pain. Psychological Science 2016; doi: 10.1177/0956797615625640.
5. Eisenberger NI, Lieberman MD, Williams KD. Does rejection hurt: an fMRI study of social exclusion. Science 2003; 302: 290–292.
6. Jensen RT, Richter K. The health implications of social security failure: Evidence from the Russian pension crisis. Journal of Public Economics 2004; 88: 209–236.
7. Kerns JG, Cohen JD, MacDonald AW 3rd et al. Anterior cingulate conflict monitoring and adjustments in control. Science 2004; 303: 1023–1026.
8. Rainville P, Duncan GH, Price DD et al. Pain affect encoded in human anterior cingulate but not somatosensory cortex. Science 1997; 277: 968–971.
9. Schneider U. Zeit zu handeln. Bericht zur Armutsentwicklung in Deutschland 2016. Deutscher Paritätischer Wohlfahrtsverband, Gesamtverband. Berlin.
10. Specht F. Armutsbericht für Deutschland. Das sind die fünf größten Armutsrisiken. Handelsblatt 23.2.2016; www.handelsblatt.com/politik/deutschland/armutsbericht-fuer-...die-fuenf-groessten-armutsrisiken/v_detail_tab_print/13004298.html
11. Spitzer M, Bonenberger M. Soziale Schmerzen. Warum sie auch wehtun und was daraus folgt. In: Das (un)soziale Gehirn. Stuttgart: Schattauer 2013; 121–134.
12. Wolf S, Hardy JD. Studies on pain. Observations on pain due to local cooling and on factors involved in the „cold pressor“ effect. Journal of Clinical Investigation 1941; 20: 521–533.

11 Armut macht dumm

Armut und Bildung hängen eng zusammen: In Haushalten, in denen der Hauptеrnährer maximal Hauptschulabschluss hat, liegt die Armutsquote bei 39,7 %. In Akademikerhaushalten sind es nur 5,3 % (58).

Noch bis vor wenigen Jahren war die Interpretation dieses Sachverhalts relativ klar und einfach: Die armen Menschen einer Gesellschaft sind eine fixe Teilmenge des Volkes, das Proletariat, das sich durch viel Armut und viele Nachkommen auszeichnet (der Name kommt vom Lateinischen *proles*: Nachkommen) und dadurch zur Armut verdammt ist (▸Abb. 11-1). Diese These geht auf den britischen Ökonomen Thomas Robert Malthus (1766–1834) zurück, der weltweit den ersten Lehrstuhl für politische Ökonomie inne hielt. Er war auch einer der Ersten, die das Problem des Mangels mit Überbevölkerung in Zusammenhang brachten, da das Wachstum der Bevölkerung, wie wir heute wissen, exponentiell rascher erfolgt als die Steigerung der Ressourcen, die nur linear verläuft (▸Abb. 11-2). Daraus muss sich nach Malthus zwangsläufig Ressourcenknappheit ergeben, was zu Chaos, Hungersnöten und Kriegen führen muss.

Im Rückgriff auf Charles Darwin formulierte dessen Halbcousin Francis Galton 1869 als einer der Ersten die Idee, dass vor allem mangelnde intellektuelle Begabung zu Armut führe. Der Harvard Psychologe Richard Herrnstein (1930–1994) machte diesen Gedanken noch einmal in seinem zusammen mit dem Politikwissenschaftler Charles Murray publizierten (sehr dicken) Buch *The Bell Curve* stark publik, in dem der Zusammenhang zwischen Intelligenz (daher der Titel: diese ist nach einer Glockenkurve verteilt) und sozialem Status aus Sicht der Autoren nachgewiesen wird. Das Buch wurde zum Bestseller und einerseits sehr kritisch diskutiert, spiegelt jedoch andererseits die

Abb. 11-1 Das Ölgemälde *Der vierte Stand* (public domain) ist vielleicht die bekannteste Darstellung des Proletariats und gilt als Denkmal der Arbeiterbewegung. Der italienische Maler Giuseppe Pellizza da Volpedo (1868–1907) arbeitete fast 10 Jahre daran und erhängte sich im Juni 1907 in seinem Atelier direkt davor.

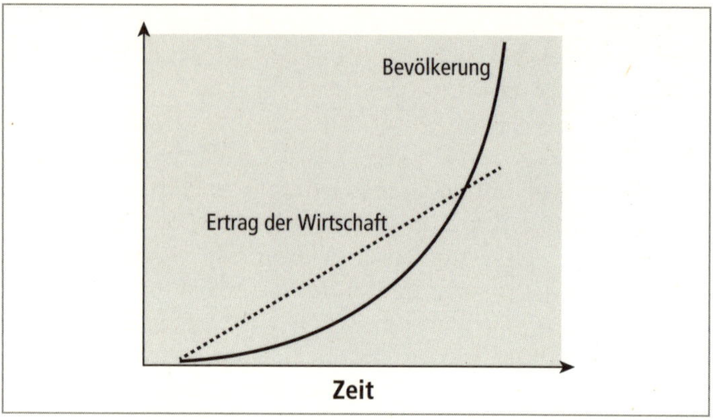

Abb. 11-2 Grafische Veranschaulichung des Grundgedankens von Malthus, aus dem die Unvermeidlichkeit von Armut direkt und zwangsläufig folgt. Der Ertrag wächst linear, die Bevölkerung wie er schrieb „geometrisch", was wir heute durch „exponentiell" ersetzen können. Es ist nun vollkommen egal, welche Werte man annimmt (daher ist die y-Achse in der Grafik nicht genauer ausgeführt), die beiden Grafen müssen sich irgendwann schneiden – und damit ist (nach Malthus aus Gründen reiner Mathematik) Armut prinzipiell unvermeidbar.

Auffassung vieler Menschen wider. Haben also die Armen bei der Lotterie um die guten Gene einfach nur die Nieten gezogen? Wenn es so wäre, könnte man recht wenig an ihrem Los ändern.

Szenenwechsel: Seit dem Jahr 2000 führt die OECD (Organisation für wirtschaftliche Zusammenarbeit und Entwicklung) ihre unter dem Akronym PISA (Programme for International Student Assessment) bekannten Schulleistungsuntersuchungen in damals 32 Mitgliedsländern durch. Zu den aus meiner Sicht gerade im Hinblick auf Deutschland bedrückendsten Ergebnissen gehörte damals nicht unser Dasein im Mittelfeld bei den Leistungen, sondern die

Tatsache, dass der Einfluss der sozialen Schichtenzugehörigkeit eines Schüler im internationalen Vergleich in Deutschland am höchsten ist (► Abb. 11-3).

Auch die neuesten Daten aus der PISA-Erhebung der OECD von 2012 (54) aus immerhin mittlerweile 62 Ländern zeigen anhand der Leistungen in Mathematik, das in jedem Land der Unterschied zwischen den Leistungen der Schüler aus dem oberen Viertel der sozialen Schicht und der Schüler aus dem unteren Viertel der sozialen Schicht hochsignifikant verschieden sind. Der Zusammenhang von Armut und geringerer Bildung ist somit für alle Länder der OECD klar nachgewiesen und bedarf hier

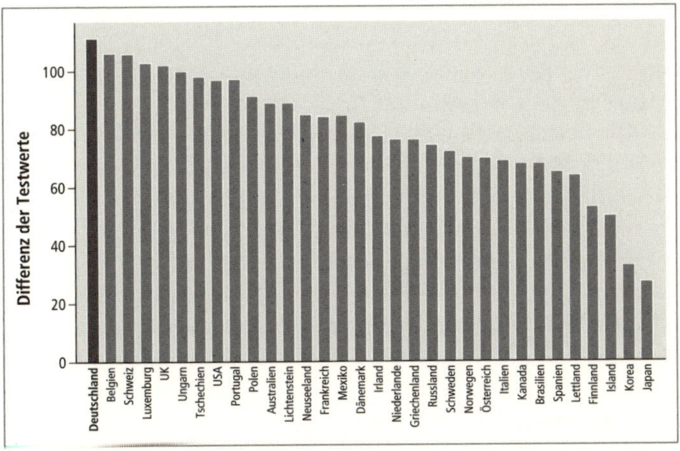

Abb. 11-3 Unterschiede in der mittleren Lesekompetenz von 15-Jährigen in Abhängigkeit von der sozialen Schicht. Angezeigt ist die Differenz zwischen Kindern aus Familien des oberen und unteren Viertels der sozialen Schicht für jedes Land getrennt (nach Daten aus 4). Wie man sieht, führt Deutschland die Unterschiede an, die in Finnland gerade einmal halb so groß sind und in Japan nur ein Viertel des hiesigen Werts betragen (59).

keiner weiteren Belege. Aber in welche Richtung verläuft die Kausalität?

Entgegen der dargestellten landläufigen Meinung ist diese Frage keineswegs geklärt und war gerade in der jüngsten Vergangenheit Gegenstand einer Reihe sehr hochrangig publizierter Studien. Beginnen wir mit der im Fachblatt *Science* publizierten Arbeit *Some consequences of having too little* (69). Die Autoren gingen von der einfachen Beobachtung aus, dass man mehr einkauft, wenn man hungrig in den Supermarkt geht. Ganz offensichtlich wird unsere Aufmerksamkeit durch den Mangel an Nahrung verändert. Und so ist es mit jeglichem Mangel, der unsere Aufmerksamkeit auf diesen Mangel lenkt und damit von anderen möglicherweise wichtigeren Sachverhalten *ablenkt*. Damit wäre Armut weder eine genetisch bedingte Charaktereigenschaft noch ein Produkt ungünstiger Umstände. Sie wäre vielmehr nichts weiter als die Folge der durch Mangel veränderten Aufmerksamkeit.

Dies behaupten die Autoren nicht nur, sondern belegen es mit Experimenten. In diesen mit einfachen in den USA bekannten Gesellschaftsspielen durchgeführten Experimenten wurden Armut und Reichtum ganz einfach dadurch implementiert, dass manche Teilnehmer mehr und andere weniger „Spielgeld“ zur Verfügung hatten. (Man denke an Monopoly: Die einen würde mit 30 000 starten und die anderen mit 3 000 Mark.) Dann wurde untersucht, wie sich dadurch das Spielverhalten, die Konzentrationsfähigkeit und der Erfolg im Spiel veränderten. So konnte in fünf Experimenten gezeigt werden, dass Mangel die Aufmerksamkeit fokussiert und zugleich strapaziert, was unüberlegtes bzw. schlecht geplantes Verhalten begünstigt, insbesondere im Hinblick auf langfristigen Erfolg. Beispielsweise erfolgt bei akutem Mangel eine langfristig schadende Kreditaufnahme mit deutlich größerer Häufigkeit. „Wir gehen davon aus, dass kognitive Belastung (cognitive load) dadurch entsteht, weil die Leute mehr mit Problemen beschäftigt sind, die durch den Mangel entstehen. Das verbraucht attentionale Ressourcen und lässt weniger für anderes übrig", kommentieren die Autoren ihre Befunde (70, S. 684, Übersetzung durch den Autor).

Nur ein Jahr später wurden ebenfalls im Fachblatt *Science* weitere Experimente als auch quasi-experimentelle Feldstudien publiziert, die einen negativen Einfluss von Armut auf die kognitive Leistungsfähigkeit zeigen. Aufgrund ihrer methodischen Raffinesse (und der damit einhergehenden argumentativen Schlagkraft!) seien sie im Folgenden etwas ausführlicher dargestellt (69).

Die Probanden von vier Experimenten wurden in einem Einkaufszentrum (Shopping Mall in New Jersey, USA) rekrutiert. Das mittlere Jahreseinkommen (Median) ihres Haushalts belief sich auf 70 000 US-Dollar, wobei ein für die USA repräsentatives Spektrum (Minimum etwa 20 000 US-Dollar) zu erreichen versucht wurde. Durch Division des Haushaltseinkommens durch die Quadratwurzel der Haushaltsgröße („Anzahl der Köpfe") wurde das „effektive Jahreseinkommen" ermittelt und dann die jeweilige Gesamtgruppe durch einen Median-Split in „arm" und „reich" aufgeteilt. Man befasste sich also gar nicht mit Armutsdefinitionen oder Armutsgrenzen, sondern teilte einfach die Experimentalgruppe mit offensichtlich genügender Varianz nach deren Haushaltseinkommen in zwei Gruppen – arm und reich – ein.

Im ersten Experiment wurden den insgesamt 101 Probanden (mittleres Alter: 35 Jahre, 65 weiblich), die dafür 5 US-Dollar bekamen, zunächst im Abstand von einigen Minuten vier Szenarien vorgelegt, die ganz normale finanzielle Probleme beschrieben: z. B. „Ihr Auto fährt nicht mehr richtig und muss repariert werden. Das kostet X US-Dollar. Sie können das gleich ganz bezahlen, einen Kredit aufnehmen oder die Reparatur fürs erste noch aufschieben. Was würden Sie tun?" Alle vier Szenarien handelten von dieser Art finanzieller Probleme und sollten dazu führen, dass sich die Probanden über ihre eigenen finanziellen Möglichkeiten Gedanken machten. Während sie nach jedem Szenario über die Lösung des Problems nachdachten, mussten die Probanden zwei (in der Literatur gut bekannte) Tests zur kognitiven Leistungsfähigkeit am Computer durchführen, die Progressiven Matrizen nach Raven und einen Test zur räumlichen Aufmerksamkeit. Danach teilten die Probanden ihre Auflösung der Aufgabe schriftlich oder mündlich mit, woran sich nach einer kleinen Pause das nächste Szenario zur Bearbeitung anschloss.

Bei Ravens Progressiven Matrizen werden Muster gezeigt, wobei eines fehlt und aus einigen vorgegebenen Mustern ausgewählt werden muss (▸Abb. 11-4). Die Muster können in der Form einer 4×4-, 3×3-, oder 2×2-Matrix angeordnet sein, was dem Test seinen Namen gibt. Dieser Test gehört zu den bekannten weitgehend kulturunabhängigen Messinstrumenten von Intelligenz (er misst „fluide Intelligenz", d.h. die Fähigkeit, neue Probleme zu lösen). Er kann beispielsweise auch durchgeführt werden, wenn jemand

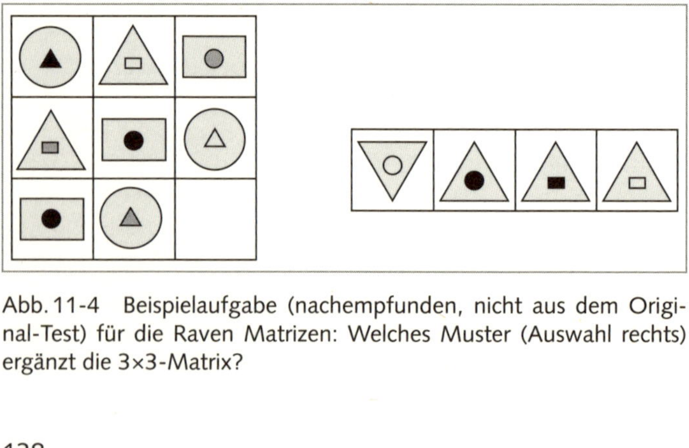

Abb. 11-4 Beispielaufgabe (nachempfunden, nicht aus dem Original-Test) für die Raven Matrizen: Welches Muster (Auswahl rechts) ergänzt die 3×3-Matrix?

nicht lesen und schreiben kann. Nach jedem Szenario waren von den Probanden drei Matrizen-Aufgaben zu lösen.

Die zweite Aufgabe (auch unter dem Namen Dotsmixed bekannt; 70) bestand darin, dass entweder links oder rechts zufällig einfache Figuren (ein Herz oder eine Blume) auf dem Computerbildschirm auftauchen, worauf jeweils durch Tastendruck links oder rechts entsprechend der Lokalisation der Figur zu reagieren ist. Bei manchen Figuren jedoch muss man die Taste auf der Gegenseite drücken (▸Abb. 11-5). Man kann hierbei sowohl die Reaktionszeiten als auch die Fehler auswerten. Die Aufgabe misst also, wie gut jemand nicht nur auf äußere Reize reagieren kann, sondern zugleich auch gedanklich gespeicherte Ziele bzw. Regeln verwenden kann, die eine Hemmung der normalen („präpotenten") Reaktion verlangen. Man sagt

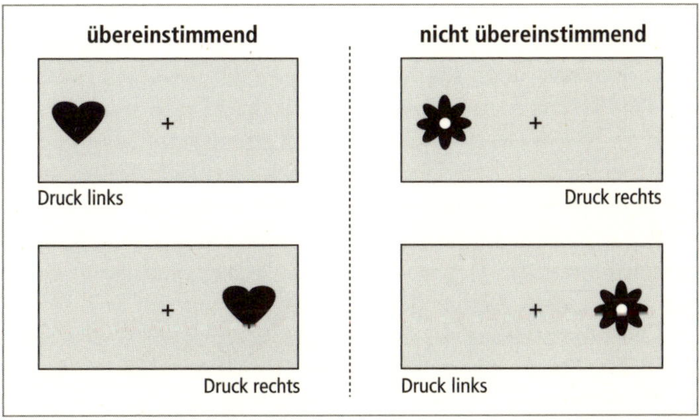

Abb. 11-5 Schematische Darstellung des Tests zur Messung der kognitiven Kontrolle („Dots mixed"). Beim Stimulus „Herz" soll die Taste auf der gleichen Seite, bei „Blume" hingegen soll die Taste auf der Gegenseite so rasch wie möglich gedrückt werden.

auch, dass dieser Test das Ausmaß der kognitiven Kontrolle misst, die eine Person über ihr Denken und Handeln hat.

Alle Probanden wurden vorher per Zufall in zwei Gruppen aufgeteilt: In der einen Gruppe waren die jeweiligen Kosten beim aufgetretenen finanziellen Problem vergleichsweise hoch, in der anderen dagegen niedrig. So kostete die Reparatur des Autos im Beispiel entweder 1500 oder 150 US-Dollar. Die Logik dahinter: Wer arm ist, macht sich bei der großen Summe mehr Geldsorgen und ist daher geistig weniger leistungsfähig. In den Worten der Autoren: „Weil die Summen in der einfachen Bedingung gering waren, erwarteten wir, dass diese Bedingung sowohl bei den eher Reichen als auch bei den eher Armen nur in geringem Ausmaß Gedanken an eigene private finanzielle Sorgen hervorruft. Im Gegensatz dazu sollten die großen Summen in der [finanziell] harten Bedingung gerade bei den Armen Geldsorgen hervorrufen, bei den Reichen jedoch nicht" (69, S. 977, Übersetzung durch den Autor).

Und so war es auch, wie ▸ Abbildung 11-6 zeigt. Man sieht deutlich, dass das Muster der Ergebnisse im Hinblick auf Intelligenz (links) und kognitive Kontrolle (rechts) nahezu identisch ist, d. h. nur bei den Probanden aus eher einkommensschwachen Haushalten machen sich Geldsorgen im Sinne einer geringeren geistigen Leistungsfähigkeit bemerkbar. Damit wurde im Experiment nachgewiesen, dass Geldsorgen das Denken messbar beeinträchtigen, oder ganz kurz, dass Armut dumm macht.

Um auszuschließen, dass die im Experiment beobachteten Effekte auf andere Weise – beispielsweise durch „Angst vor Mathematik" (59) – zustande gekommen waren, wurde ein zweites Experiment an 39 Probanden durchgeführt. Hierbei wurden die gleichen Zahlen verwendet (ebenfalls in den zwei Bedingungen), bei den Aufgaben ging es jedoch nicht ums Geld. Hierbei zeigte sich der in ▸ Abbildung 11-6

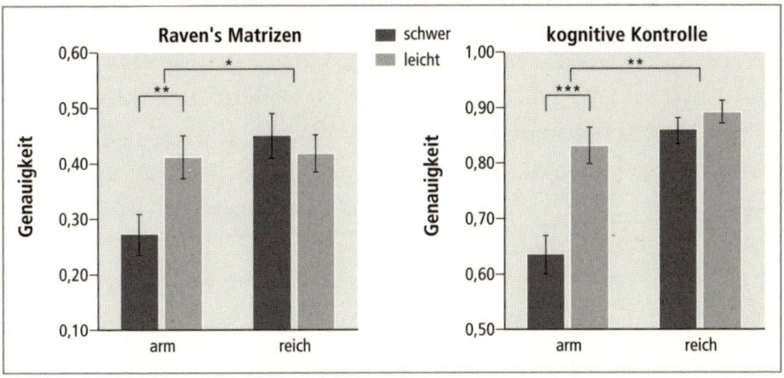

Abb. 11-6 Ergebnisse im ersten Experiment (nach 69, Fig. 1). Abgebildet sind jeweils die richtigen Antworten (in Prozent) bei Raven's Matrizen (links) und der Aufgabe zur kognitiven Kontrolle (rechts). War die Aufgabe „leicht", d. h. ging es nur um einen vergleichsweise geringen Geldbetrag (weiße Säulen), wurden beide Tests von armen wie reichen Probanden gleichermaßen gut erledigt. War die Aufgabe dagegen „schwer", d. h. ging es um einen größeren Geldbetrag (schwarze Säulen), war die Leistungsfähigkeit der armen Probanden in beiden Tests verringert (*p <0,05; ** p <0,01; ***p <0,001; der horizontale Balken bezieht sich auf die Wechselwirkung zwischen Gruppe und Bedingung).

dargestellte Effekt nicht, d. h. die armen und reichen Probanden schnitten in beiden Bedingungen gleich gut ab.

In einem dritten Experiment an weiteren 100 Probanden wurde ihnen zusätzlich zu den 5 US-Dollar Entlohnung für jede richtige Antwort 25 Cent bezahlt. Das Experiment war ansonsten identisch mit Experiment 1, dessen Ergebnisse praktisch auch. Die zusätzliche Motivation, die bei den Armen hätte stärker wirken können, bewirkte keine Verbesserung von deren Leistung, sodass diese insgesamt auch weniger als die reichen Probanden mit dem Experiment verdienten.

Mittels eines vierten Experiments wurde der Frage nachgegangen, ob das schlechte Abschneiden der vergleichsweise ärmeren Probanden vielleicht daran liegt, dass sie während der Testung noch zu stark mit ihren finanziellen Problemen beschäftigt waren. Daher wurde das Experiment ein viertes Mal an 96 Probanden durchgeführt, allerdings wurde ihre Lösung des Problems jeweils schon vor den Tests erfragt, sodass dieses für die Probanden gewissermaßen „erledigt" war. Wieder fiel das Ergebnis aus wie im ersten Experiment.

Macht Armut nur im Experiment dumm oder auch in der realen Welt? Um diese Frage nach der externen Validität ihrer Befunde zu klären, führten die Autoren eine Feldstudie an 464 Zuckerrohrfarmern aus 54 Dörfern in Indien durch. Diese wurden im Jahr 2010 innerhalb von vier Monaten jeweils vor und nach der Ernte per Interview befragt. Ihr Jahresgehalt verdienen die Bauern nach der Ernte, was ihr Vermögen zyklisch innerhalb eines Jahres ändert: Nach der Ernte und erfolgter Bezahlung sind sie vergleichsweise reich, vorher hingegen arm. Um Effekte von Jahreszeit und Wetter auszuschließen, wurden diese Farmer ausgewählt, weil das Pflanzen und Ernten von Zuckerrohr in Indien über Monate hinweg erfolgt, damit die begrenzte Kapazität der Zuckerfabriken optimal ausgenutzt werden kann. Kalendarische Effekte sollten sich daher „herausmitteln", weil der eine Farmer im Juni und der andere im August geerntet hat. Wie sich zeigte, waren die Farmer vor der Ernte tatsächlich deutlich ärmer als danach: Vorher hatten 99 % einen Kredit aufgenommen und 74 % hatten Sachen ins Pfandleihhaus gebracht. Nach der Ernte hatten 13 % einen Kredit und 4 % hatten Sachen im Pfandleihhaus.

Zur Messung der Intelligenz wurden wieder Raven's Matrizen verwendet, zur Messung der kognitiven Kontrolle diente ein numerischer Stroop-Test: Auf das Zeigen von „5 5 5" war mit der Antwort „3" zu reagieren, also nicht mit der gezeigten Ziffer (präpotente Reaktion), sondern mit der Anzahl der gezeigten Ziffern. Gestoppt wurde die Zeit, in der 75 der Aufgaben erledigt wurden und auch die Anzahl der Fehler wurde notiert. Beide Tests wurden auf Papier „vor Ort“ durchgeführt. Wie ▸ Abbildung 11-7 zeigt, ergab sich erneut ein deutlicher Effekt dahingehend, dass Armut (vor der Ernte) zu schlechteren Leistungen führte.

Die Autoren stellten noch die Frage, ob diese Ergebnisse durch Übung bei Messwiederholung oder durch Ängste (klappt das mit der Ernte?), Hunger oder Erschöpfung vor und vor allem während der Ernte zustande gekommen sein könnten. Durch alleinige Testung weiterer 100 Bauern nach der Ernte (deren Bearbeitungszeiten und Fehler nicht von der anderen Gruppe verschieden waren) konnte ein Übungseffekt weitgehend ausgeschlossen werden. Da die Bezahlung oft Wochen nach der Ernte erfolgte und die zweite Testung erst nach der Bezahlung erfolgte, ergab sich zudem, dass bei 316 Bauern der erste Test tatsächlich erst nach der Ernte (aber vor der Bezahlung) erfolgt war, und dass sich diese Gruppe von der Gesamtgruppe nicht unterschied. Damit sind auch die anderen genannten Erklärungen weitgehend auszuschließen.

Das Fazit der Autoren ist bemerkenswert, denn sie sprechen von nichts weniger als einer neuen Perspektive auf

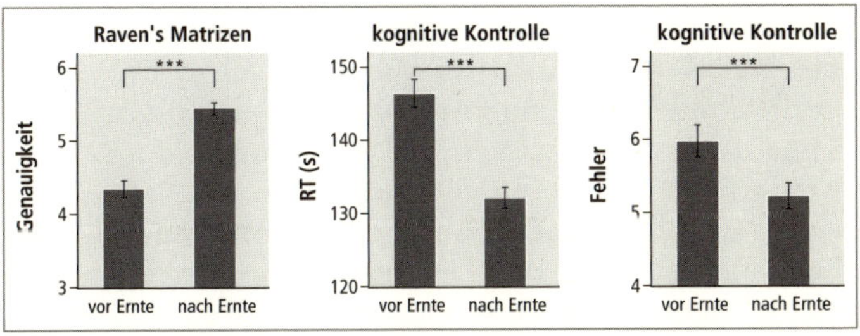

Abb. 11-7 Ergebnisse aus der Feldstudie (nach 69, Fig. 4). Anzahl der richtig gelösten Matrizen (links) sowie benötigte Zeit für die Erledigung der Stroop-Aufgabe (Mitte) und Fehler beim Stroop-Test (rechts). Alle drei Unterschiede waren mit $p < 0{,}001$ hoch signifikant.

Armut: Meinen viele (vor allem dem konservativen Lager zugehörende) Bürger, die Armen seien eben wenig begabt und nur gering leistungsfähig und daher zu Recht arm, so legen die hier dargestellten Ergebnisse eine andere Sicht nahe: Armut ist keine Eigenschaft eines Menschen (ungünstige Gene; geringe Begabung) – man spricht auf Neudeutsch auch von trait –, sondern ein Zustand – state – der geringeren kognitiven Leistungsfähigkeit, in den jeder geraten kann, wenn die Ressourcen knapp werden.

„Nach dieser Sichtweise sind die Armen nicht aufgrund von angeborenen Eigenschaften (traits) weniger leistungsfähig, sondern weil eben der Kontext der Armut sie belastet und in ihrer kognitiven Kapazität einschränkt. Mit anderen Worten: Es geht bei diesen Ergebnissen nicht um Arme an sich, sondern um Menschen, die sich in Armut befinden" (69, S. 980, Übersetzung durch den Autor). Es könnte also jeden erwischen!

Und die Auswirkungen sind groß, wenn man sich die in den vorgestellten Studien gefundenen Effektstärken betrachtet. Vergleicht man sie mit dem, was in anderen Studien gefunden wurde, so stellt sich heraus, dass Armut etwa den gleichen Effekt auf die kognitive Leistungsfähigkeit hat wie eine schlaflose Nacht oder eine Verminderung der Intelligenz um 13 IQ-Punkte! Damit ergibt sich jedoch ein Teufelskreis: Armut bewirkt auf verschiedene Weise eine Verringerung der kognitiven Kontrolle. Geldsorgen absorbieren die Aufmerksamkeit und lassen weniger Raum für das Nachdenken. Armut führt weiterhin zu mehr negativem Affekt, der zusammen mit der erlebten verminderten Kontrolle gleichbedeutend ist mit einem höheren Stressniveau. Hinzu kommt, dass mangelnde Liquidität sinnvolle ökonomische Entscheidungen negativ beeinflussen kann: Armut führt zu einer stärkeren „Diskontierung der Zukunft" (wie die Ökonomen sich ausdrücken), d. h. weniger Geld *jetzt* ist dem Armen vergleichsweise wichtiger als mehr Geld in Zukunft. Wer „flüssig“ ist, kann mit geringerem persönlichen Risiko die Option „später mehr“ wählen und damit langfristig eher seinen Reichtum vermehren. Das kann der Mittellose nicht. Armut reduziert also die Chance, etwas an der Armut ändern zu können, sie produziert also Armut und perpetuiert sich selbst.

Im Klartext: Wer arm ist, wird mit geringerer Wahrscheinlichkeit sparen oder eine Immobilie erwerben – nicht nur, weil es am Geld fehlt, sondern auch, weil entsprechende sinnvolle Entscheidungen eher nicht getroffen werden.

Direkt nachweisen konnten dies Johannes Haushofer und Kollegen von der Princeton University in einem clever angelegten Experiment (28): Sie erzeugten zunächst „arme“ und „reiche“ Versuchspersonen (per Zufall) dadurch, dass sie ihnen 100 oder 1 000 Punkte zu Beginn eines zweistündigen Experiments übertrugen (70 Punkte waren einen Schweizer Franken wert; am Ende des Experiments konnten Punkte in Franken eingetauscht werden). Während des gesamten Experiments wurde den Probanden ihr gegenwärtiger „Reichtum“ am Computermonitor angezeigt. Zudem wurden sie über den Stand des reichsten, des ärmsten Probanden sowie den Mittelwert des Besitzes aller Probanden in ihrer jeweiligen Sitzung informiert (konnten sich also einordnen). Dann mussten alle Teilnehmer für 35 Minuten Aufgaben bearbeiten, für die sie mit Punkten belohnt wurden. Sie konnten sehen, wie dies sowohl ihren Besitz als auch den der anderen nach oben trieb. Bereits zu Anfang waren alle Teilnehmer darüber informiert worden, dass sich ihr Besitz während des Arbeitens plötzlich nach oben oder unten verändern konnte, was bei jeweils der Hälfte der „Armen“ und „Reichen“ (per Zufall) geschah. Nach der guten halben Stunde geschah dies durch die Anzeige „Ihr Einkommen wurde um x Punkte vermindert/vermehrt“. Dabei wurde x so gewählt, dass die Hälfte der „Reichen“ nun im Durchschnitt so „arm“ waren wie die

„Armen“ zuvor im Schnitt, und die Hälfte der „Armen“ nun so „reich“ waren wie die Reichen im Durchschnitt zuvor. Man erzeugte damit das, was die Ökonomen einen negativen oder positiven Income-Schock nennen. Damit wurden per Zufall die Hälfte der „Armen“ „reich“ und die Hälfte der „Reichen“ „arm“. Man zeigte ihnen dies und ließ sie nochmals für 5 Minuten (für Punkte) arbeiten, damit ihnen ihre Einkommensänderung auch so richtig bewusst wurde.

Danach mussten die Probanden insgesamt 18 intertemporale Auswahlaufgaben lösen, um das Ausmaß ihres Diskontierens der Zukunft zu bestimmen. Das hört sich kompliziert an, ist aber ganz einfach: „Was ist Ihnen lieber, 15 Franken morgen oder 30 Franken in einem Jahr?“ Den Probanden war zuvor erklärt worden, dass eine der 18 Aufgaben per Los ausgewählt wird und ihnen dann der Betrag, für den sie sich entschieden haben zum zugehörigen Zeitpunkt ausgezahlt wird.

Wie sich zeigte, war den Teilnehmern nach dem negativen Income-Schock (sie waren zunächst reich, dann arm) die Zukunft deutlich weniger wert als den von Beginn an „Armen“ (trotz gleichen Reichtums!), und den Teilnehmern mit positivem Income-Schock war die Zukunft etwas mehr wert als den von Beginn an „Reichen“ (der Effekt war deutlich geringer). Zwischen den permanent „Reichen“ und „Armen“ gab es dagegen keinen signifikanten Unterschied. Das an 148 männlichen Studenten durchgeführte Experiment zeigte somit, dass nicht die absolute Menge an Geld die wirtschaftlich bedeutsamen Entscheidungen beeinflusst, sondern der „gefühlte Reichtum“ bzw. die „gefühlte Armut“, wie man heute gerne sagt. „Insgesamt zeigen unsere Befunde, dass negative Income-Schocks einen direkten Effekt auf ökonomische Präferenzen haben, d.h. zu einer vermehrten Entwertung der Zukunft führen, zu mehr Ungeduld“, diskutieren die Autoren ihre Ergebnisse und sehen darin einen Beleg für den vermuteten Teufelskreis: „Sofern Verarmung in erhöhter Diskontierung der Zukunft resultiert, kann dieser Effekt zu einer Perpetuierung der Armut durch unkluge intertemporale Entscheidungen führen" (28).

Neben diesen „akuten Effekten" von Armut auf die kognitive Leistungsfähigkeit wurden auch langfristige, teilweise sogar Generationen übergreifende Auswirkungen von Armut auf Intelligenz, Bildungsniveau und kognitive Leistungsfähigkeit im Allgemeinen untersucht (21, 41, 49). Um dabei auch den Wirkungsmechanismen auf die Spur zu kommen, wurden hierbei mittlerweile auch zunehmend die Methoden der modernen Gehirnforschung eingesetzt. Man spricht im Hinblick auf deren zunehmende Bedeutung bei der Aufklärung dieser Zusammenhänge mittlerweile mit Fug und Recht von einer Neurowissenschaft der Armut (33).

Seit Jahrzehnten ist der Zusammenhang zwischen langweiliger, nur gering stimulierender Umgebung in der Kindheit und späteren Leitungsdefiziten und anatomisch nachweisbaren Korrelaten im Sinne eines kleineren Gehirns bzw. von Defiziten in der grauen und weißen Substanz im Erwachsenenalter tierexperimentell eindeutig belegt. Beim Menschen kann Armut Unterstimulation bedeuten, insbesondere im Hinblick auf Sprache (60) und im Hinblick auf exekutive Funktionen (▸ Abb. 11-8). Entsprechend sind die Auswirkungen von Armut auf links-frontotemporale und präfrontale Areale aus Verhaltensstudien schon länger bekannt (16, 50).

Um sich zu entwickeln, braucht das Gehirn viel Input. Wichtig ist, dass dieser Input systematische Zusammenhänge enthält, die das Gehirn entdecken und abspeichern kann. Vollkommen zufällige Reize können eine Strukturierung des Gehirns prinzipiell *nicht* bewirken, weil dessen Funktion der Mustererkennung durch Lernen nur dann

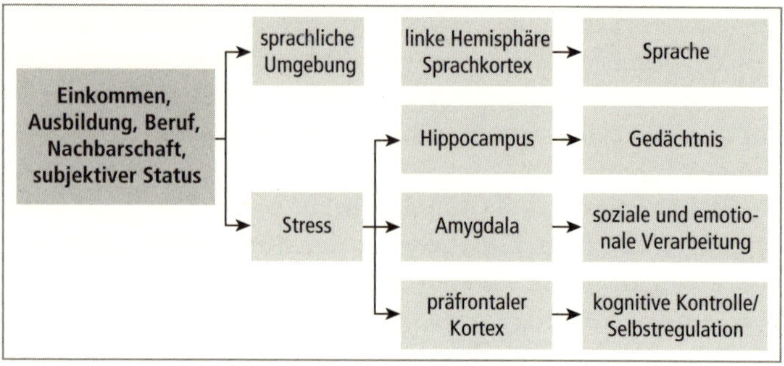

Abb. 11-8 Auswirkungen von Armut (nach 62).

funktionieren kann, wenn die äußeren Reize Muster (Struktur) auch tatsächlich enthalten. Dies folgt aus ganz allgemeinen Überlegungen zur Funktion neuronaler Netzwerke und wurde zudem immer wieder experimentell nachgewiesen (11). Dabei ist die Literatur noch so disparat und in den Anfängen, dass man für diesen Sachverhalt noch keine einheitliche Terminologie verwendet: Signaltechnisch kann man (wie die gerade genannten Autoren) von Rauschen sprechen, physikalisch von Entropie (47) und lebensweltlich[1] von Chaos (15, 64) – gemeint ist letztlich immer das Gleiche, nämlich das Fehlen von Struktur.

Armut geht sowohl mit zu wenig Stimulation als auch mit unsystematischer Stimulation einher, wie entsprechende Studien zeigen: Materielle Unsicherheit, emotionale Wechselbäder infolge unsicherer Beziehungen der Familienangehörigen, Trennungserlebnisse durch Beziehungsbrüche und/oder vermehrter Alkohol- und Drogenkonsum, zu

1 In den entsprechenden Artikeln geht es ganz eindeutig nicht um deterministisches Chaos (einen mathematischen Sachverhalt).

viele Menschen auf engstem Raum („crowding") und höhere Kriminalität im näheren Wohnumfeld führen allesamt zu mehr Erlebnissen der fehlenden Kontrolle und damit zu mehr Stress. Dieser wiederum beeinträchtigt die Gehirnfunktion, was wiederum noch mehr Stress verursacht.

Damit entsteht ein Teufelskreis, aus Armut, Stress, beeinträchtigter Gehirnfunktion und noch mehr Stress, der vor allem in der frühen Kindheit wirksam ist, dessen Auswirkungen im Jugendalter schon deutlich und kaum noch zu korrigieren sind und bis weit ins Erwachsenenalter hineinreichen (21, 41, 72). Begann das Verständnis dieser Zusammenhänge vor Jahrzehnten mit recht einfachen Tierexperimenten zum Handling der neugeborenen Nachkommen durch Rattenmütter und dessen Auswirkungen auf der Ebene des Verhaltens der Nachkommen, so beruht es heute auf einer reichen Literatur und nicht zuletzt auf einem vergleichsweise noch jungen Forschungsgebiet – der Epigenetik (7, 8, 17, 18, 46, 63, 67). Diese beschäftigt sich mit den Auswirkungen der Umwelt auf das Ablesen von Genen in Zellen, also mit einem Mechanismus, der biologische Auswirkungen frühkindlicher (und sogar pränataler) Erfahrungen im weiteren Lebensverlauf plausibel erklären kann. So wurden sowohl tierexperimentell als auch beim Menschen epigenetische Veränderungen durch frühkindlichen Stress gefunden, die später beim Erwachsenen in vermehrter Anfälligkeit gegenüber der Stressreaktion führten (34, 72–75). Diese wiederum ist mit messbaren strukturellen oder funktionellen neuroanatomischen Veränderungen verknüpft (▸ Tab. 11-1).

Armut führt zusammengefasst zu einer Beeinträchtigung der Gehirnentwicklung. Diese scheint umso ausgeprägter zu sein, je früher die Armut sich auf das Kind auswirkt und je stärker ausgeprägt die Armut ist, was insbesondere durch den im letzten Jahr gefundenen logarithmischen Zusammenhang zwischen Einkommen und Kor-

Tab. 11-1 Studien zu den Auswirkungen von Armut auf das menschliche Gehirn (Stand: Februar 2016). DLPFC = dorso-lateraler präfrontaler Kortex, VLPFC = ventro-lateraler präfrontaler Kortex, rVLPFC = rechter ventro-lateraler präfrontaler Kortex.

Autor, Jahr	**n, untersuchte Population (Alter)**	**betroffene Struktur**	**Befund: (Armut bewirkt ...)**
Avants et al. 2015	52 Erwachsene (19,2 Jahre)	Kortex	„In all regions, more environmental stimulation predicted thinner cortex." Armut verhindert die mit normaler Entwicklung einhergehende kortikale Verdünnung
Butterworth et al. 2012	431 Erwachsene (44–48 Jahre)	Hippocampus, Amygdala	Volumenminderung beidseitig
Evans et al. 2015	54 Erwachsene (23,7 Jahre)	Amygdala	Armut während der Kindheit führte zu einem vergrößerten Volumen und einer stärkeren Aktivierung auf neutrale Stimuli
Hair et al. 2015	389 (4–22 Jahre)	frontaler und temporaler Kortex	Entwicklungsrückstand, abhängig von der Schwere der Armut
Hanson et al. 2011	317 Kinder (11 Jahre)	Hippocampus beidseitig	reduzierte Dichte („als Maß für reduziertes Volumen"); keine Effekte auf Amygdala

Tab. 11-1 *Fortsetzung*

Autor, Jahr	**n, untersuchte Population (Alter)**	**betroffene Struktur**	**Befund: (Armut bewirkt …)**
Hanson et al. 2015	128 Kinder (12 Jahre)	Hippocampus, Amygdala	Volumenminderung beidseitig
Kim et al. 2013	49 Erwachsene (24 Jahre)	VLPFC, DLPFC, Amygdala	Armut im Alter von 9 Jahren führte zu verminderter Aktivierung im ventrolateralen und dorsolateralen präfrontalen Kortex und fehlender Unterdrückung der Aktivierung der Amygdala durch negative Emotionen
Krishnadas et al. 2013	42 gesunde Männer	Wernicke-Areal und rechtes homologes Areal	geringere Oberfläche und Dicke
Jednorog et al. 2012	23 Zehnjährige	Hippocampus, mittlerer Gyrus temporalis beidseitig, linker Gyrus fuslformis, rechter inferiorer occipital-temporaler Gyrus	geringeres Volumen der grauen Substanz, keine Veränderungen der weißen Substanz

Tab. 11-1 *Fortsetzung*

Autor, Jahr	**n, untersuchte Population (Alter)**	**betroffene Struktur**	**Befund: (Armut bewirkt …)**
Leonard et al. 2015	58 Jugendliche (14,2 Jahre)	Hippocampus, DLPFC	Volumen verringert, Funktion (Arbeitsgedächtnis) reduziert; keine Effekte auf Basalganglien
Liberzon et al. 2015	–	DLPFC, Hippocampus, Insula	DLPFC: geringere Aktivierung bei Emotionsregulationsaufgabe; Hippocampus: geringere Aktivierung unter Stress; Insula: vermehrte Aktivierung unter Stress
Luby et al. 2013	145 Kinder	Kortex, weiße und graue Substanz, Hippocampus, Amygdala	Volumenminderung
Mackay et al. 2015	58 Jugendliche	Kortex	vergrößerte Dicke, in allen Arealen
McLean et al. 2012	30 Männer	Hippocampus	verminderte N-Acetylaspartat (NAA)-Konzentration (gemessen mit MR-Spektroskopie), stressassoziiert, als Zeichen geringerer Funktion

Tab. 11-1 *Fortsetzung*

Autor, Jahr	**n, untersuchte Population (Alter)**	**betroffene Struktur**	**Befund: (Armut bewirkt …)**
Noble et al. 2012a	60 Kinder	Hippocampus, Amygdala	Volumenminderung
Noble et al. 2015	1 099 (Alter 3–20 Jahre)	Kortex-Oberfläche	Zusammenhang mit dem Logarithmus des Einkommens der Herkunftsfamilie
Sheridan et al. 2012	18, Kinder (8–12 Jahre)	rechter mittlerer frontaler Gyrus	mehr Aktivierung bei zugleich mehr Fehlern beim Lernen, („stärkere Rekrutierung notwendig“)
Staff et al. 2012	249 Erwachsene (geb. 1936)	Hippocampus	geringeres Volumen, noch nach 50 Jahren nachweisbar
Yanagisawa et al. 2013	25 junge Erwachsene (19 Jahre)	rVLPFC	geringere Aktivierung (erfasst mittels NIRS) und (dadurch) mehr sozialer Stress

texfläche seinen klaren Ausdruck findet. Beschrieben wurden eine Volumenreduktion im Hippocampus bei Kindern aus armen Verhältnissen, die Verminderung des Volumens entweder der gesamten grauen Substanz (24) oder in verschiedenen spezifischen kortikalen Arealen (vor allem präfrontal; Insel) sowie eine Volumenzunahme in der Amygdala. Die Datenlage im Hinblick auf das Volumen des Kortex ist jedoch uneinheitlich, was daran liegen könnte, dass bei Jungen ab ca. 11 Jahren und bei Mädchen ab ca. 12 Jahren eine Verdünnung des Kortex Teil der normalen Entwicklung ist. Auch im Hinblick auf weiße Substanz, Basalganglien und Kleinhirn ist die Datenlage noch heterogen bei ohnehin nur wenigen Studien. Dies dürfte sich in naher Zukunft allerdings ändern.

Von besonderer Bedeutung ist die Tatsache, dass die mit Armut einhergehende geringere Bildung ihrerseits einen deutlichen Risikofaktor für die *Verkleinerung* des Hippocampus im Alter darstellt. Dies wurde erstmals im Herbst 2012 sehr deutlich in einer Studie von Kimberley Noble und Mitarbeitern an der Kinderklinik der Columbia University an 275 Personen im Alter von 17 bis 85 nachgewiesen. Im Hinblick auf die Amygdala (als Kontrolle) fand sich kein entsprechender Effekt (51).

Je neuer die Studien zu den Auswirkungen von Kinderarmut auf das Erziehungsverhalten dieser Kinder im späteren Erwachsenenalter sind, desto komplexer werden die Designs und die Ergebnisse: So fand eine prospektive Studie an Kindern aus unterschiedlicher sozialer Herkunftsschicht, dass Armut in der Kindheit bei den späteren Frauen zu einer vermehrten Aktivierung der posterioren Insel, des Striatum, des Sulcus calcarinus, Gyrus fusiformis und Hippocampus bei der Wahrnehmung von schreienden Babys (im Vergleich zu neutralem Rauschen) führte, wohingegen bei den späteren Männern unter gleichen Bedingungen eine Deaktivierung in genau den gleichen Strukturen zu finden war (36). Unabhängig vom Geschlecht ging diese Aktivierung mit einer größeren Verärgerung über das Geschrei sowie einer verringerten Neigung, sich dem Kind zu nähern, einher. „Die Ergebnisse legen nahe, dass es bei jungen Erwachsenen, die in Armut aufgewachsen sind, Geschlechtsunterschiede hinsichtlich der neuralen und emotionalen Reaktion auf Schreilaute von Babys gibt“, bemerken die Autoren unterkühlt, was hier nicht weiter kommentiert sei, zumal man grundsätzlich Replikationen abwarten sollte, bevor man sich über Befunde zu viele Gedanken macht.

Über eines jedoch lohnt sich das Nachdenken schon jetzt: Noch ist die soziale Neurowissenschaft und mit ihr die Wissenschaft von den Auswirkungen von Armut auf das menschliche Gehirn zwar am Anfang. Aber dennoch gibt es hier eine Reihe von Fakten die man zur Kenntnis nehmen muss: Gehirnsubstanz, graue auf jeden Fall und möglicherweise auch weiße, kostet Geld (66). Und mangelnde Gehirnsubstanz aufgrund von Armut vermindert die Gehirnleistung (gemessen als Verringerung des IQ um 13 Punkte). Das wirft die Frage auf: Wie viel Armut wollen, können oder dürfen wir uns angesichts dieser Daten leisten?

Wie viel Geld ein IQ-Punkt wert ist, haben Ärzte berechnet, die sich mit den Auswirkungen neurotoxisch wirkender Substanzen beim Menschen ausgehend von tierexperimentellen Befunden zur Abhängigkeit der Neurotoxizität von klinisch verwendeten Anästhetika vom Entwicklungsstadium des Gehirns befasst haben. „Der Verlust eines jeden IQ-Punkts bewirkt nach Schätzungen einen Verlust von 12000 Euro Verdienst während der Lebensarbeitszeit eines Menschen“ (19), und sie geben die jährlichen Kosten der Bleiexposition von Kindern in den USA (Blei bewirkt eine Verminderung des IQ) mit 50 Milliarden US-Dollar an, nicht ohne hinzuzufügen: „Da Verluste beim IQ nur einen Aspekt der Entwicklungsneurotoxizität von Blei darstellen, liegen die tatsächlichen Kosten selbstverständlich hoher.“ Nur ein Jahr später wurde für die USA publiziert, dass die dortigen sechs Millionen Operationen pro Jahr bei Kindern unter vier Jahren zu leichten kognitiven Defiziten führen (Reduktion des IQ um 5 bis 6 Punkte), was sich unter Zugrundelegung der genannten Kosten eines IQ-Punkts auf 540 Milliarden (kein Druckfehler!) addiert, wenn man alle reduzierten Lebenszeitverdienste eines Operations-Jahrgangs aufsummiert (3).[2] Die Herangehensweise der Autoren war der aus den zitierten Studien zur Armut nicht unähnlich: Mittels kognitiver und IQ-Tests zeigten sie Defizite, und sie fanden im strukturellen MRT Unterschiede zwischen heranwachsenden Kindern, die als Kind eine Anästhesie durchgemacht haben und solchen, bei denen dies nicht erfolgt war. Der Rest ist einfache Mathematik. In der Wikipedia findet man unter „Armut" den folgenden Satz: „Weltweit sind 219 Millionen Kinder unter fünf Jahren durch Armut kognitiv eingeschränkt." Wer also gerne noch ein bisschen mehr rechnen möchte …

Warum geschieht nichts? – Einen Hinweis auf die Antwort liefert die im vorliegenden Papier diskutierte Grundthese der attentionalen Folgen von Armut: Politiker handeln ja nicht anders als Arme, wenn sie die Zukunft in einer übertriebenen Weise diskontieren, sodass ihnen heute gespartes, nicht in eine direkte Reduktion von Armut JETZT investiertes, Geld offensichtlich mehr wert ist als viel mehr Geld, das man übermorgen durch die dann vermiedenen finanziellen Schäden übrig hätte!

Man halte sich vor Augen, dass sich diese Berechnungen vor allem nur deswegen auf die Leistungsfähigkeit des Gehirns beziehen, weil diese in ökonomischen Begriffen am ehesten zu erfassen ist. Selbst manche Ökonomen schlagen ja mittlerweile auch Maße wie das „Bruttosozialglück" aller Beteiligten als Bewertungsmaßstab von Wirtschaft vor, sodass sich Medizin und Psychologie also gar nicht zu ver-

---

2 „The loss of 1 IQ point has been estimated to decrease an individual's lifetime earnings capability by \$ 18 000 (in 2008 dollar amounts). Accordingly, a potential diminuation in 5 to 6 IQ points after surgery, as observed here, may result in a lifetime loss of more than \$ 540 billion in the estimated 6 million children undergoing surgery every year in the United States alone" (3).

stecken brauchen. Nun werden aber Genuss-, Liebes- oder Empathiefähigkeit auch in der Kindheit entwickelt, was bekanntermaßen ebenfalls durch Armut behindert wird. Die „Kosten" dafür tragen wir alle! Vielleicht ist es gerade aus neuropsychiatrischer Sicht kein Zufall, das sich Giuseppe Pellizza da Volpedo das Leben nahm, nachdem er sich zehn Jahre lang mit Armut und deren Konsequenzen beschäftig hatte.

Literatur

1. Anonymus. Bericht des Paritätischen Wohlfahrtsverbands. Die meisten Armen leben in Nordrhein-Westfalen. Spiegel Online 23.2.2016; www.spiegel.de/wirtschaft/soziales/armutsbericht-armutsquote-bleibt-auf-hohem-niveau-a-1078823-druck.html.
2. Apkarian AV, Sosa Y, Krauss BR et al. Chronic pain patients are impaired on an emotional decision-making task. Pain 2004; 108: 129–136.
3. Backeljauw B, Holland SK, Altaye M, Loepke AW. Cognition and brain structure following early childhood suregry with anesthesia. Pediatrics 2015; 136 (1): e1–12.
4. Baumert J et al. (Hrsg). Pisa 2000. Die Länder der Bundesrepublik Deutschland im Vergleich. Opladen: Leske & Budrich 2000.
5. Bellach B-M, Ellert U, Radoschewski M. Epidemiologie des Schmerzes – Ergebnisse des Bundes-Gesundheitssurveys 1998. Bundesgesundheitsbl – Gesundheitsforsch – Gesundheitsschutz 2000; 43: 424–431.
6. Benhassine N, Devoto F, Duflo E et al. Turning a shove into a nudge? A „labeled cash transfer" for education. NBER Working 2014; Paper, no. 19227.
7. Brent DA, Silverstein M. Shedding light on the long shadow of childhood adversity. JAMA 2013; 309: 1777–1778.
8. Brody GH, Miller GE, Yu T et al. Supportive family environments ameliorate the link between racial discrimination and epigenetic aging: A replication across two longitudinal cohorts. Psychological Science 2016; February 25 doi: 10.1177/0956797615626703.
9. Butterworth P, Cherbuin N, Sachdev P, Anstey KJ. The association between financial hardship and amygdala and hippocampal

volumes: results from the PATH through life project. Scan 2012; 7: 548–556.
10. Cacioppo JT, Decety J. Social neuroscience: challenges and opportunities in the study of complex behavior. Ann N Y Acad Sci 2011; 1224: 162–173.
11. Chang EF, Merzenich MM. Environmental noise retards auditory cortical development. Science 2003; 300: 498–502.
12. Chou EY, Parmar BL, Galinsky AD. Economic insecurity increases physical pain. Psychological Science 2016; doi: 10.1177/0956797615625640.
13. Córdova-Palomera A, Fatjó-Vilas M, Falcón C et al. Birth weight and adult IQ, but not anxious-depressive psychopathology, are associated with cortical surface area: a study in twins. PLoS ONE 2015; 10(6): e0129616.
14. Evans GW, Swain JE, King AP et al. Childhood cumulative risk exposure and adult amygdala volume and function. J Neurosci Res 2015; doi: 10.1002/jnr.23681.
15. Evans GW, Gonnella C, Marcynyszyn LA et al. The role of chaos in poverty and children's socioemotional adjustment. Psychol Sci 2005; 16: 560–565.
16. Farah MJ, Shera DM, Savage JH et al. Childhood poverty: Specific associations with neurocognitive development. Brain Res 2006; 1110: 166–174.
17. Gianaros PJ, Horenstein J, Hariri A et al. Potential neural embedding of parental social standing. Scan 2008; 3: 91–96.
18. Gianaros PJ, Manuck S, Sheu L et al. Parental education predicts corticostriatal functionality in adulthood. Cerebral Cortex 2011; 21: 896–910.
19. Grandjean P, Landrigan PJ. Neurobehavioural effects of developmental toxicity. Lancet Neurol 2014; 13: 330–338.
20. Hackman DA, Betancourt LM, Gallop R et al. Mapping the trajectory of socioeconomic disparity in working memory: parental and neighborhood factors. Child development 2014; 85: 1433–1445.
21. Hackman DA, Farah MJ, Michael J, Meaney MJ. Socioeconomic status and the brain: mechanistic insights from human and animal research. Nature Reviews Neuroscience 2010; 11: 651–659.
22. Hair NL, Hanson JL, Wolfe BL, Pollak SD. Association of child poverty, brain development, and academic achievement. JAMA Pediatr 2015; 169: 822–829.

23. Hall CC, Jiaying Zhao J, Shafir E. Self-affirmation among the poor: Cognitive and behavioral implications. Psych Sci 2014; 25: 619–625.
24. Hanson JL, Chandra A, Wolfe BL, Pollak SD. Association between income and the hippocampus. PLoS ONE 2011; 6(5): e18712.
25. Hanson JL, Nacewicz BM, Sutterer MJ et al. Behavior problems after early life stress: Contributions of the hippocampus and amygdala. Biol Psychiatry 2015; 77: 314–323.
26. Haushofer J, Schunk D, Fehr E. Negative income shocks increase discount rates 2013 www.princeton.edu/~joha/publications/Haushofer_et_al_Negative_Income_Shocks_2013.pdf.
27. Haushofer J, Shapiro J. Household response to income changes: Evidence from an unconditional cash transfer program in Kenya 2013. www.princeton.edu/~joha/publications/Haushofer_Shapiro_UCT_2013.pdf.
28. Haushofer J, Fehr E. On the psychology of poverty. Science 2014; 344: 862–867.
29. Hiroto DS, Seligman MEP. Generality of learned helplessness in man. Journal of Personality and Social Psychology 1975; 31: 311–327.
30. Insana SP, Banihashemi L, Herringa RJ et al. Childhood maltreatment is associated with altered frontolimbic neurobiological activity during wakefulness in adulthood. Dev Psychopathol 2015; 1–14.
31. Jednoróg K, Altarelli I, Monzalvo K et al. The influence of socioeconomic status on children's brain structure. PLoS ONE 2012; 7(8): e42486.
32. Jensen RT, Richter K. The health implications of social security failure: Evidence from the Russian pension crisis. Journal of Public Economics 2004; 88: 209–236.
33. Katsnelson A. The neuroscience of poverty. PNAS 2015; 112: 15530–15532.
34. Kertes DA, Kamin HS, Hughes DA et al. Prenatal maternal stress predicts methylation of genes regulating the hypothalamic-pituitary-adrenocortical system in mothers and newborns in the Democratic Republic of Congo. Child Dev 2016; 87: 61–72.
35. Kim P, Evans GW, Angstadt M et al. Effects of childhood poverty and chronic stress on emotion regulatory brain function in adulthood. PNAS 2013; 110: 18442–18447.
36. Kim P, Ho SS, Evans GW et al. Childhood social inequalities influences neural processes in young adult caregiving. Dev Psychobiol 2015; 57: 948–960.

37. Krishnadas R, McLean J, Batty GD et al. Socio-economic deprivation and cortical morphology: Psychological, social and biological determinants of ill health study. Psychosom Med 2013; 75: 616–623.
38. Lengua LJ, Moran L, Zalewski M et al. Relations of growth in effortful control to family income, cumulative risk, and adjustment in preschool-age children. J Abnorm Child Psychol 2015; 43: 705–720.
39. Leonard JA, Mackey AP, Finn AS, Gabrieli JD. Differential effects of socioeconomic status on working and procedural memory systems. Front Hum Neurosci 2015; 9: 554.
40. Liberzon I, Ma ST, Okada G et al. Childhood poverty and recruitment of adult emotion regulatory neurocircuitry. Soc Cogn Affect Neurosci 2015; 10: 1596–1606.
41. Lipina SJ, Segretin MS. Strengths and weakness of neuroscientific investigations of childhood poverty: future directions. Frontiers in Human Neuroscience 2015; 9: 53.
42. Luby J, Belden A, Botteron K et al. The effects of poverty on childhood brain development: the mediating effect of caregiving and stressful life events. JAMA Pediatr 2013; 167: 1135–1142.
43. Lupien SJ, McEwen BS, Gunnar MR, Heim C. Effects of stress throughout the lifespan on the brain, behavior and cognition. Nat Rev Neurosci 2009; 10: 434–445.
44. Mackey AP, Finn AS, Leonard JA et al. Neuroanatomical correlates of the income-achievement gap. Psychol Sci 2015; 26: 925–933.
45. McLean J, Krishnadas R, Batty GD et al. Early life socioeconomic status, chronic physiological stress and hippocampal N-acetyl aspartate concentrations. Behav Brain Res 2012; 235: 225–230.
46. Meloni M. The social brain meets the reactive genome: neuroscience, epigenetics and the new social biology. Frontiers in Human Neuroscience 2014; 8: 309.
47. Molet J, Heins K, Zhuo X et al. Fragmentation and high entropy of neonatal experience predict adolescent emotional outcome. Transl Psychiatry 2016; 6: e702.
48. Neville H, Stevens C, Pakulak E et al. Family-based training program improves brain function, cognition, and behavior in lower socioeconomic status preschoolers. PNAS 2013; 110: 12138–12143.
49. Noble KG, Norman MF, Farah, MJ. Neurocognitive correlates of socioeconomic status in kindergarten children. Dev Sci 2005; 8: 74–87.

50. Noble KG, Houston SM, Kan E, Sowell ER. Neural correlates of socioeconomic status in the developing human brain. Dev Sci 2012; 15: 516–527.
51. Noble KG, Grieve SM, Korgaonkar MS et al. Hippocampal volume varies with educational attainment across the life-span. Front Hum Neurosci 2012; 6: 307.
52. Noble KG, Houston SM, Brito NH et al. Family income, parental education and brain structure in children and adolescents. Nat Neurosci 2015; 18: 773–778.
53. Sale A, Berardi N, Maffei L. Enrich the environment to empower the brain. Trends Neurosci 2009; 32: 233–239.
54. Schleicher A. PISA. Low-performing students. Why they fall behind and how to help them to success. OECD, Paris 2016.
55. Schneider U. Zeit zu handeln. Bericht zur Armutsentwicklung in Deutschland 2016. Deutscher Paritätischer Wohlfahrtsverband, Gesamtverband. Berlin 2016.
56. Segretin MS, Lipina SJ, Hermida MJ et al. Predictors of cognitive enhancement after training in preschoolers from diverse socioeconomic backgrounds. Frontiers in Psychology 2014; 5: 205.
57. Sheridan MA, Sarsour K, Jutte D et al. The impact of social disparity on prefrontal function in childhood. PLoS One 2012; 7(4): e35744.
58. Specht F. Armutsbericht für Deutschland. Das sind die fünf größten Armutsrisiken. Handelsblatt 23.2.2016; www.handelsblatt.com/politik/deutschland/armutsbericht-fuer-...die-fuenf-groess ten-armutsrisiken/v_detail_tab_print/13004298.html
59. Spitzer M. Lernen. Heidelberg: Spektrum 2002.
60. Spitzer M. Am Anfang war das Wort. In: Gelegenheit macht Liebe, Kleider machen Leute und der Teufel macht krank. Stuttgart: Schattauer 2016; 152–158.
61. Staff RT, Murray AD, Ahearn TS et al. Childhood socioeconomic status and adult brain size: childhood socioeconomic status influences adult hippocampal size. Ann Neurol 2012; 71: 653–660.
62. Ursache A, Noble KG. Neurocognitive development in socioeconomic context: Multiple mechanisms and implications for measuring socioeconomic status. Psychophysiology 2016; 53: 71–82.
63. Vaiserman A. Epidemiologic evidence for association between adverse environmental exposures in early life and epigenetic variation: a potential link to disease susceptibility? Clinical Epigenetics 2015; 7: 96.

64. Vernon-Feagans L, Willoughby M, Garrett-Peters P, Family Life Project Key Investigators. Predictors of behavioral regulation in kindergarten: Household chaos, parenting, and early executive functions. Dev Psychol 2016; 52: 430–441.
65. Yanagisawa K, Masui K, Furutani K et al. Family socioeconomic status modulates the coping-related neural response of offspring. Soc Cogn Affect Neurosci 2013; 8: 617–622.
66. Zarate JM. The cost of brain structure. Nature Neuroscience 2015; 18: 619.
67. Zhang TY, Labonté B, Wen XL et al. Epigenetic mechanisms for the early environmental regulation of hippocampal glucocorticoid receptor gene expression in rodents and humans. Neuropsychopharmacology 2013; 38: 111–123.
68. Mani A, Mullainathan S, Shafir E, Zhao J. Poverty impedes cognitive function. Science 2013; 341: 976–980.
69. Shah AK, Mullainathan S, Shafir E. Some consequences of having too little. Science 2012; 338: 682–685.
70. Davidson MC, Amso D, Anderson LC, Diamond A. Development of cognitive control and executive functions from 4 to 13 years: Evidence from manipulations of memory, inhibition, and task switching. Neuropsychologia 2006; 44: 2037–2078.
71. McEwen BS. The brain on stress: Toward an integrative approach to brain, body, and behavior. Perspectives on Psychological Science 2013; 8: 673–675.
72. Meaney MJ, Szyf M, Seckl JR. Epigenetic mechanisms of perinatal programming of hypothalamic-pituitary-adrenal function and health. Trends Mol Med 2007; 13: 269–277.
73. Murmu MS, Salomon S, Biala Y et al. Changes of spine density and dendritic complexity in the prefrontal cortex in offspring of mothers exposed to stress during pregnancy. Eur J Neurosci 2006; 24: 1477–1487.
74. Seckl JR. Glucocorticoids, developmental „programming“ and the risk of affective dysfunction. Prog Brain Res 2008; 167: 17–34.
75. Weinstock M. The long-term behavioural consequences of prenatal stress. Neurosci Biobehav Rev 2008; 32: 1073–1086.
76. Avants BB, Hackman DA, Betancourt LM et al. Relation of childhood home environment to cortical thickness in late adolescence: Specificity of experience and timing. PLoS One 2015; 10(10): e0138217.

12 Die Theorie der Lebensgeschichten

Betrachtet man die Lebensläufe unterschiedlicher Tierarten[1], so fällt ihre enorme Vielfalt ins Auge: Der Atlantische Lachs (*Salmo salar*) lebt zunächst im Fluss, schwimmt mit etwa einem Jahr ins Meer, wächst dort und schwimmt nach einigen weiteren Jahren wieder zurück in „seinen" Fluss, produziert dort durch Eiablage und Befruchtung der Eier im Wasser *Tausende* von Nachkommen und stirbt dann. Demgegenüber hat manche Wal-Mutter nach Jahrzehnten *einen* Sohn, der dann 35 Jahre neben ihr herschwimmt, sodass sie ihn gut behüten kann. Von den Tausenden Lachs-Kindern sterben fast alle, bevor sie sich wieder vermehren können; der eine Wal-Sohn hingegen wird selbst uralt und zeugt gelegentlich einen Nachkommen. Haben Sie schon einmal darüber nachgedacht, warum das so ist?

Richard Dawkins hat vor mittlerweile 40 Jahren die Idee aufgebracht, dass Organismen letztlich nichts weiter sind als Maschinen, die Gene reproduzieren (4). Er stellte damit die bis dahin (meist vollkommen unreflektiert) für wahr genommene Ansicht, dass Gene die Mittel seien, mit denen sich Organismen reproduzieren, auf den Kopf: Nicht um (vergängliche) Organismen drehe sich die Evolution, sondern um immer funktionstüchtigere Gene. Diese steuern die Organismen, bei denen es sich um nichts weiter als

1 Man braucht die Betrachtung jedoch nicht auf das Tierreich zu beschränken. Entsprechende Überlegungen gelten sogar für Pflanzen, Bakterien und Viren (8)!

Tab. 12-1 Jeder Organismus kann nach der Geschlechtsreife seine begrenzten Ressourcen entweder für sich oder zur Reproduktion einsetzen (nach 20, S. 26). Unter evolutionären Gesichtspunkten bzw. insbesondere aus der Sicht der Gene hängt die Entscheidung für die Qualitätsentwicklung des eigenen Organismus einerseits oder die baldige Reproduktion andererseits nicht zuletzt von den Chancen ab, welche eine Funktion der früheren und jetzigen Umgebung des Organismus sind. Je schlechter die Karten für die Zukunft gemischt sind – vor allem durch eine ungünstige Vergangenheit (!) –, desto weniger macht das Abwarten auf bessere Zeiten Sinn.

Leben (Organismus)	**Reproduktion (Nachkommen)**
• Nahrungssuche	• Paarung (Suche, Werbung)
• Wachstum	• Schwangerschaft, Geburt
• Entwicklung	• Elternschaft, Beziehung
• Lernen	• Verwandtenunterstützung

Vehikel zur Verbreitung von Genen handelt.[2] Ein solcher Organismus hat (aus Sicht der Gene jedenfalls) im Laufe seines Lebens ganz grundsätzlich irgendwann die Möglichkeit, sich zu reproduzieren (also seine Gene weiterzugeben) oder das später zu tun, um zwischenzeitlich noch weiter zu wachsen, sich zu entwickeln und (im Falle der höheren

2 Man hat diese Sicht verschiedentlich mit Recht sehr kritisch diskutiert. Noch heute sehr lesenswert ist beispielsweise die Rezension des Freiburger Biologen und Genetikers Carsten Bresch (3) mit dem Titel „Das sadistische Kohlenstoffatom". Geblieben ist auf jeden Fall die Einsicht, dass beide Betrachtungsweisen möglich sind und – wie jede Theorie – an ihrem heuristischen Wert gemessen werden sollten (und nicht daran, wie gut sie zu dem Gedanken passen, dass wir die Krone der Schöpfung seien).

Tiere) zu lernen (▸Tab. 12-1). Durch eine spätere Reproduktion könnte er also seine Chancen vergrößern (einen besseren Partner finden, sich besser um die Nachkommen kümmern etc.).

Fliegen leben sprichwörtlich nur Tage, Mäuse haben mit einem Jahr schon Alterserscheinungen, Elefanten hingegen werden jedoch locker 60 Jahre alt, und Grönlandwale können ein Höchstalter von 200 Jahren erreichen. Größere Tiere scheinen also länger zu leben. Tatsächlich bestimmt die Körpermasse zu etwa zwei Dritteln das Lebensalter[3], ist jedoch nicht der einzige Faktor. Vor allem die Bedrohungen der Umwelt spielen eine bedeutende Rolle: Fliegen, Mäuse und Lachse sterben selten an Altersschwäche. Elefanten und Wale hingegen haben keine natürlichen Feinde und können somit ein langes Leben erwarten. Sie können sich daher auch Zeit lassen mit dem Wachsen, dem Kinderkriegen und dem Altwerden. Andersherum: Von Mäusen, die ihr Leben eher gemütlich angingen, stammen die heute lebenden Mäuse nicht ab!

Kurz und schnell – so heißt die Devise für Tiere, die unsicher und gefährlich leben. Die Überlebens- und Fortpflanzungsstrategien, d. h. der „Lebensverlauf“ einer Art, ist somit wie alle anderen Merkmale der Art (die Flossen des Wals und die Facettenaugen der Fliegen etc.) ganz offensichtlich ein Produkt der Evolution. Seit einigen Jahrzehnten gibt es in der Evolutionsbiologie eine Theorie, die

---

3 Etwa 65 % der Varianz der Sterblichkeit eines Organismus wird durch dessen Körpermasse erklärt; vgl. Promislow u. Harvey (13).

Life History Theory, die Unterschiede in den Lebensverläufen[4] und deren Ursachen zum Gegenstand hat (6).

Nicht nur *zwischen* verschiedenen Arten gibt es Unterschiede in den Lebensverläufen. Auch *innerhalb* einer Art kann es diese geben, verursacht durch gravierende Unterschiede in der Umgebung: Wenig Nahrung und viel Bedrohung durch Keime, Parasiten und Feinde bedeuten geringe Lebenserwartung. Man kann nichts auf die lange Bank schieben und pflanzt sich entweder mit jungen Jahren fort – oder gar nicht.

Betrachten wir ein Beispiel: Guppys sind kleine Süßwasserfische, die man hierzulande vor allem aus Aquarien kennt. Sie leben und vermehren sich rasch und dienen ihrerseits einer ganzen Reihe größerer Fische als Nahrung. Von deren Größe hängt es wiederum ab, ob sie kleinere, noch junge oder größere, ausgewachsene Guppys fressen. Entsprechend ist die Lebensgeschichte von Guppys davon abhängig, welche Sorte von Raubfischen in der Nähe lebt, wie eine im Fachblatt *Nature* publizierte Langzeitstudie aus Trinidad an Guppys (*Poecilia reticulata*) vor mehr als einem Vierteljahrhundert zeigen konnte (14). Buntbarsche (*Crenicichla alta*) in der Umgebung fressen ausgewachsene Guppys, wohingegen Bachlinge (*Rivulus hartii*) eher kleine, noch nicht ausgewachsene Tiere fressen. Entsprechend

---

4 Der Ausdruck „Lebensgeschichte“ würde zwar das Englische „life history“ wörtlicher wiedergeben, beinhaltet jedoch eine Tendenz zum Missverstehen. „Geschichte“ beinhaltet die Bedeutung von „Narrativ“ (wie ja auch „history“ „story“ beinhaltet), und genau darum geht es hier nicht. Vielmehr geht es um einen natürlichen (kausalen Naturgesetzen folgenden) Ablauf. Im Englischen werden solche natürlichen Abläufe gelegentlich mit „history“ bezeichnet, obgleich in diesen Fällen immer mindestens „natural history“ und zumeist „natural process over time“ gemeint ist.

konnte man finden, dass Guppys aus Flüssen, in denen vor allem Buntbarsche leben, früher geschlechtsreif sind und kleinere Nachkommen in größerer Anzahl haben als Guppys in Flüssen mit Bachlingen. Sie betreiben schon in jungen Jahren einen vermehrten Reproduktionsaufwand, um sich überhaupt mit einer gewissen Chance zu reproduzieren. Die veränderte Lebensgeschichte erwies sich als erblich und entstand im Verlauf von nur einigen Dutzend Generationen.

Noch deutlicher zeigte ein Experiment an Fruchtfliegen die Bedeutung von Umweltgefahren auf die Entwicklung von Wachstum, Geschlechtsreife und erreichbarem Lebensalter – also auf die Lebensgeschichte der Organismen einer Art (21). Jeweils drei Gemeinschaften bestehend aus 100 männlichen und 100 weiblichen Tieren wurden einer hohen und einer niedrigen Umweltgefahr ausgesetzt, d. h. zweimal wöchentlich wurden entweder 90 % oder 10 % aller Fliegen getötet und durch Jungtiere (aus Eiern der jeweiligen Gemeinschaft) ersetzt. Unter diesen beiden Bedingungen wurden die Gemeinschaften dann über 5 Jahre gehalten, um dann an 5 000 männlichen und 5 000 weiblichen Tieren aus jeder der sechs Gemeinschaften (also an insgesamt 60 000 Tieren) zu messen, wie lange die Tiere im Larvenstadium verbleiben und wie sich die Fruchtbarkeit der Weibchen sowie das Körpergewicht der Männchen verhielt. Unter dem Druck hoher zufälliger Sterblichkeit (zweimal 90 % pro Woche) kam es zu einer Beschleunigung der Entwicklung (die Tiere entschlüpften den Larven früher), einem früheren Erreichen der Fruchtbarkeit und zugleich zu einer Abnahme des Körpergewichts und des maximal erreichbaren Lebensalters (der Lebensspanne) im Vergleich zu den Tieren mit geringerer (äußerlich verursachter) Sterblichkeit. Anders ausgedrückt: Durch den dauernden Druck äußerer Gefahr für das Leben sorgen evolutionäre Mechanismen für eine schnellere Entwicklung und Vorverlegung der Geschlechtsreife, mehr Nachkommen in jüngerem Alter und einen früheren Tod. Eine hohe Sterblichkeit sorgt mithin für eine Komprimierung des Lebens in einen kürzeren Lebenszeitraum.

Das Ganze ist im Lichte der Evolutionstheorie unumgänglich, denn – ganz einfach ausgedrückt – diejenigen Tiere, bei denen diese Anpassung auftritt, haben mehr Nachkommen und überwiegen daher nach einigen Generationen in der gesamten Population. Unter unsicheren Bedingungen haben daher Organismen mit kürzerer Lebenserwartung und früher zahlreicher Nachkommenschaft langfristig ganz einfach mehr Nachkommen; damit überlebt die Art eher, wenn der Einzelne schneller und damit kürzer lebt (16).[5]

Neben der langfristigen evolutionären Anpassung des Lebensverlaufs an die Bedingungen der Umgebung über viele Generationen hinweg[6] gibt es auch kurzfristige Anpassungen, die im Verlauf eines Lebens auftreten und bewirken, dass der Lebensverlauf an die jeweils vorherrschenden Umgebungsbedingungen angepasst wird. Betrachten wir hierzu eine aufschlussreiche experimentelle Studie an Staren (*Sturnus vulgaris*), die von britischen Wissenschaftlern durchgeführt wurde (1). Drei Tage nach dem Schlüpfen wurden junge, aus dem gleichen Nest stammende Stare jeweils zu zweit in ein anderes Nest verbracht, in dem sie dann bis zum fünfzehnten Lebenstag entweder als einziges Pärchen oder als Pärchen unter fünf weiteren jungen Staren

5 Die hier zitierte Arbeit von Rose und Charlesworth dreht sich um das genaue Gegenteil der hier diskutierten ungünstigen Umwelt und deren Folgen: die Evolution des Greisenalters.

6 Es ist dennoch beeindruckend, dass nach den hierzu vorliegenden experimentellen Befunden die Evolution um Größenordnungen schneller abläuft, als man dies aus den Rekonstruktionen der zeitlichen Abläufe nach Knochenfunden hergeleitet hatte (vgl. hierzu 15).

aus einem anderen Nest zubrachten. Die Tiere wurden mithin „adoptiert“, und kamen entweder in eine für deren Entwicklung förderliche Umgebung oder in eine ungünstige, „stressende“ Umgebung (▸ Abb. 12-1).

Da vom dritten bis 15. Lebenstag bei Staren der größte Teil des Wachstums erfolgt, produzierte man somit Jungtie-

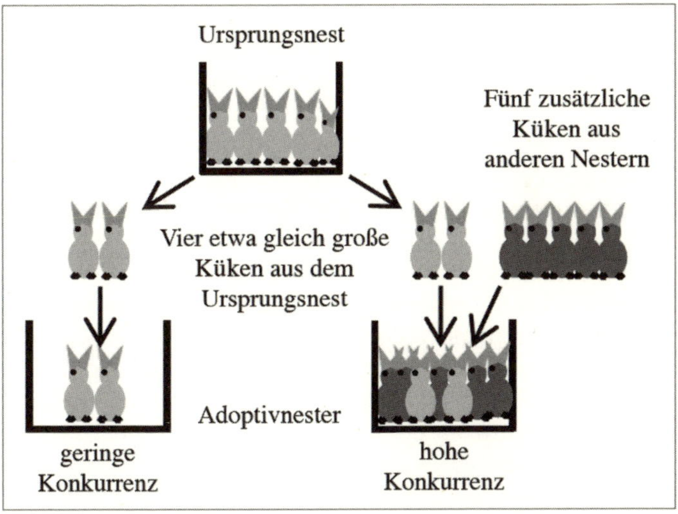

Abb. 12-1 Prinzip des Experiments zur Untersuchung des Einflusses der Anzahl der Küken im Nest auf deren weiteren Lebensverlauf (aus 1, Figure 1a, Übersetzung durch den Autor). Man achtete dabei darauf, dass die Küken etwa das gleiche Körpergewicht (und damit etwa die gleichen Ausgangsbedingungen) hatten. Aus insgesamt acht „Ursprungsnestern“ wurden jeweils zwei Küken-Paare in zwei „Adoptivnester“ verbracht. In einem der Nester blieben jeweils nur die beiden eingebrachten Küken, in das zweite hingegen wurden noch fünf weitere Küken verbracht, sodass dort recht große Konkurrenz zwischen den sieben Küken herrschte. So hatte man insgesamt 16 „Adoptivnester“ (jeweils acht mit geringer und acht mit hoher Stressbelastung für die Küken) mit jeweils zwei Küken.

re, die unter der Bedingung „geringe Konkurrenz" bzw. der Bedingung „große Konkurrenz" aufgewachsen waren. Bei großer Konkurrenz im Nest sind die Stare erheblichem Stress ausgesetzt, insbesondere dann, wenn die anderen Jungtiere noch stärker gewachsen waren als sie selbst. Dies zeigte sich unter anderem daran, dass die Länge der Telomere von Tag 4 bis Tag 15 umso deutlicher abgenommen hatte, je mehr Konkurrenten mit vergleichsweise höherem Körpergewicht sich am fünfzehnten Tag im Nest befanden. Sogar 40 Tage später (d.h. am 55. Lebenstag) ließ sich diese stressbedingte Verkürzung der Telomere noch nachweisen.[7]

Nimmt man die Länge der Telomere als Surrogat-Marker für Stressbelastung und damit als Maß für den Zustand eines Organismus (je kürzer die Telomere, desto schlechter der Zustand des Organismus), dann sollten erwachsene Stare mehr Impulsivität aufweisen, d.h. kleine unmittelbare Belohnungen größeren aufgeschobenen Belohnungen vorziehen. Genau diese Hypothese wurde getestet, indem man die Stare aus den beiden Gruppen einem entsprechenden Test unterzog. Bei diesem handelte es sich um eine Zeit-Auswahl-Aufgabe (*intertemporal choice paradigm*), bei der es darum ging, dass die Tiere die Wahl hatten zwischen einer kleinen Belohnung *jetzt* oder einer größeren Belohnung *später*.

Der bekannteste Test dieser Art ist der Marshmallow-Test (► Abb. 12-2), bei dem Kinder zwischen einem

7 Telomere sind die Enden von Chromosomen, die eine Art innere Uhr jeder Zelle darstellen, denn diese Enden verkürzen sich bei jeder Zellteilung, und wenn sie irgendwann zu kurz sind, teilt sich die Zelle nicht mehr und stirbt kontrolliert ab. Seit 2004 ist bekannt, dass psychologischer Stress, vor allem in der Kindheit, zu einer zusätzlichen Verkürzung der Telomere führt (vgl. hierzu 19).

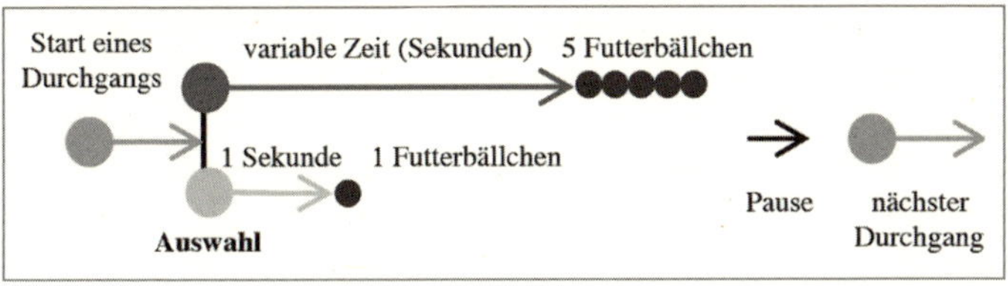

Abb. 12-2 Der „Marshmallow-Test" für Stare in schematischer Darstellung (modifiziert nach 1, Figure 1b, Übersetzung durch den Autor). Jeder Versuchsdurchgang wurde durch Picken auf die erste Scheibe begonnen. Dann erschienen zwei Scheiben, von denen eine auszuwählen war; die eine signalisierte eine kleine Belohnung nach einer Sekunde, die andere eine größere Belohnung nach einigen Sekunden. Danach war eine kurze Pause, und dann konnte ein weiterer Durchgang begonnen werden.

Marshmallow jetzt und zwei Marshmallows später wählen können. Man sagt ihnen dies und lässt sie dann mit einem Marshmallow alleine.[8] Der Test misst die Impulsivität, d. h. die Tendenz eines Kindes, einem Impuls („jetzt etwas Süßes essen") nachzugeben oder ihm (für eine größere Belohnung später) standzuhalten und damit das naheliegende Verhalten *nicht* auszuführen.

Bei Tieren ist es nicht ganz so einfach wie bei Kindern, diesen Test zur Fähigkeit, eine (größere) Belohnung aufzuschieben, durchzuführen. Schließlich kann man ihnen keine verbalen Instruktionen geben. Seit mehr als einem halben Jahrhundert jedoch verstehen sich Verhaltenspsychologen

---

8 Wer sich ansehen möchte, was dann geschieht, sei auf (sehr unterhaltsame und zugleich sehenswerte) Videos verwiesen, die man auf YouTube unter „Marshmallow-Test" leicht finden kann. Zur Wissenschaft hierzu vgl. die im Fachblatt *Science* publizierte Arbeit von Walter Mischel (1989).

auf die Kunst des cleveren Experimentierens und Verhaltensaufbaus mit Verstärkern. In der vorliegenden Studie ging man daher wie folgt vor:

Die Tiere lernten zunächst, auf eine orangefarbene Scheibe zu picken, um ein kleines Futterbällchen zu erhalten. Nachdem sie dies konnten, lernten sie, dass sie nach dem Picken auf die orangefarbene Scheibe auf eine von zwei weiteren Scheiben (grün oder rot) picken mussten, um Futter zu erhalten. Genau eine Sekunde nach dem Picken auf die grüne Scheibe erhielt das Tier dann ein Futterbällchen. Pickte es auf die andere Scheibe, erhielt es fünf Futterbällchen, aber zu einem etwas späteren Zeitpunkt. Die Zeit wurde dabei variiert, sodass man nach vielen solcher wiederholter Entscheidungen (zwischen jeweils einem oder fünf Futterbällchen) für jedes Tier den Zeitraum bestimmt hatte, bei dem das Tier beide Wahlmöglichkeiten mit gleicher Häufigkeit auswählte. Diese Zeit (gemessen in Sekunden) ist ein sehr genaues Maß für die Impulsivität eines Organismus: Je größer diese Zeit, desto kleiner die Impulsivität. Man konnte beispielsweise bei Ratten und Tauben zeigen, dass Ratten weitaus weniger impulsiv sind als Tauben. Die Impulsivität der Stare war im Mittel etwas geringer als die der Tauben.

Unterzog man nun die Stare diesem Test, so zeigte sich, dass eine verkürzte Länge der Telomere mit einer verminderten Zeit beim Warten auf die größere Futtermenge einherging. Anders ausgedrückt: Je kürzer die Telomere, desto größer die Impulsivität (▸ Abb. 12-3). Dies ist exakt das Ergebnis, das die Theorie der Lebensgeschichten vorhersagt.

Wer jetzt meint, das Ganze sei trivial, der hat noch nicht verstanden, was hier gemessen wurde: Zum einen biologische Veränderungen der Chromosomen (also des Erbguts) durch vermehrte Stressbelastung in der Kindheit. Und zum anderen eine Verhaltensbereitschaft, die man Impulsivität

Abb. 12-3 Je kürzer die Telomere, desto impulsiver das Tier. Neben den einzelnen Datenpunkten sind die Regressionsgrade (schwarze Linie) und das 95 %-Vertrauensintervall (graue Fläche) dargestellt (modifiziert nach 1, Figure 4a, Übersetzung durch den Autor).

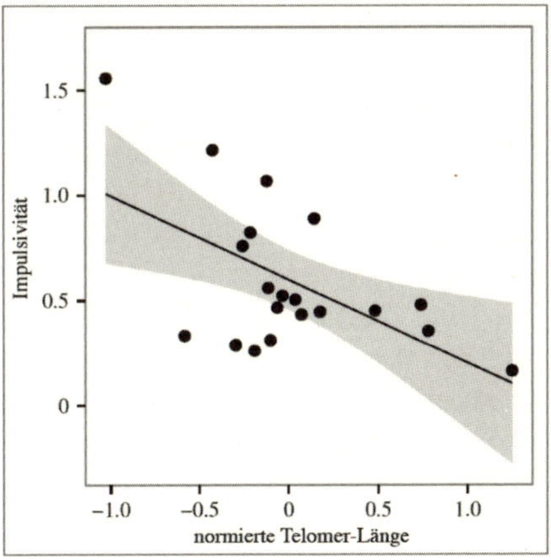

nennen kann und die darin besteht, große langfristige Vorteile für kleine kurzfristige Vorteile aufzugeben. Die Telomer-Länge hat sich damit als guter Indikator für den (längerfristigen und verhaltensrelevanten) Zustand eines Organismus erwiesen. Wer schlechte Chancen für die Zukunft hat, weil es gerade ohnehin nicht gut geht, der ist impulsiver, was seinen möglichen Reproduktionserfolg vergrößert und sich damit als Strategie etabliert. *Wie* dies im Einzelnen geschieht, ist dabei zweitrangig: Wird ein Neuromodulator (z. B. Noradrenalin) verstellt? Verkleinert sich (stressbedingt) ein Gehirnzentrum, das an kognitiver Kontrolle beteiligt ist? Werden Verbindungen gekappt, die für eine gute kognitive Kontrolle (d. h. eine geringe Impulsivität) gebraucht werden? – Dem Mechanismus der Evolution ist dies zunächst egal, solange der Effekt stimmt und für vergleichsweise mehr Reproduktion sorgt. Dann ist jeder dieser Mechanismen möglich.

Im Vergleich zum herkömmlichen Verständnis von Impulsivität im Bereich der Psychiatrie, demzufolge es sich grundsätzlich um eine Störung (d. h. eine Form von Pathologie) handelt, erscheint das Phänomen im Lichte der Evolution als Anpassung! Ein ganzer Zweig der Medizin (*evolutionary medicine*) beschäftigt sich seit etwa einem Vierteljahrhundert mit diesen Ideen und hat mittlerweile einen festen Platz in der akademischen Medizin (22). Wenn nun diese Anpassung unter den heutigen Lebensbedingungen zum Problem wird, dann können sich aus diesem Verständnis der Dinge auch Lösungsmöglichkeiten ergeben, an die man sonst nicht gedacht hätte.

Dies alles ist keineswegs nur von akademischem Interesse, denn zumindest einige Studien legen nahe, dass es solche Effekte auch beim Menschen gibt (Zusammenfassung in 18). Der zugrunde liegende Gedanke ist sehr einfach. Viele Studien haben immer wieder gezeigt, dass die Lebenserwartung eines Menschen von dessen sozioökonomischem Status abhängt: Wer reich ist, lebt länger. Ist alles in ruhigem Fahrwasser, dann kann man sich mit dem Leben einschließlich der Reproduktion Zeit lassen. Ist die Umgebung hingegen instabil und mit vielen bösen Überraschungen gespickt, dann hinterlassen auch im Falle des Menschen nur diejenigen Nachkommen, die kurz und schnell leben (5). Die Beobachtung, dass Menschen aus ärmeren Schichten dazu neigen, früher Kinder zu bekommen, ist lange bekannt und sorgte schon vor knapp zwei Jahrhunderten für deren Bezeichnung: Das lateinische Wort „proles“ bedeutet „Nachkomme“, und die Unterschicht hieß lange „Proletariat“, weil sie sich vor allem dadurch auszeichnete, dass es dort viele Nachkommen gab. Mehrere große Studien zeigten mittlerweile einen Zusammenhang zwischen Lebenserwartung und Alter beim ersten Kind (10, 12). Große Studien zum Zusammenhang von sozioökonomischem Status und Telomer-Länge konnte ich nicht finden, indirekte Hinweise in den Chromosomen von Scheidungskindern (Zusammenfassung in 19) allerdings schon. So wird zunehmend deutlich, dass die Theorie der Lebensgeschichten auch für ein Verständnis menschlicher Biografien an Bedeutung gewinnt.

Literatur

1. Bateson M, Brilot BO, Gillespie R et al. Developmental telomere attrition predicts impulsive decision-making in adult starlings. Proc R Soc B 2015; 282: 20142140 (http://dx.doi.org/10.1098/rspb.2014.2140).
2. Blackburn EH, Epel ES. Telomeres and adversity: Too toxic to ignore. Nature 2012; 490: 169–171 (doi:10.1038/490169a).
3. Bresch C. Das sadistische Kohlenstoffatom. Biologie in unserer Zeit 1979; 9: 30–32.
4. Dawkins R. The Selfish Gene. Oxford: Oxford University Press 1976.
5. Ellis BJ, Figueredo AJ, Schlomer GL. Fundamental dimensions of environmental risk: the impact of harsh versus unpredictable environments on the evolution and development of life history strategies. Hum Nat 2009; 20: 204–268.
6. Fabian D, Flatt T. Life History Evolution. Nature Education Knowledge (2012) 3(10): 24 (http://www.nature.com/scitable/knowledge/library/life-history-evolution-68245673).
7. Hau M, Haussmann MF, Greives TJ et al. Repeated stressors in adulthood increase the rate of biological ageing. Front Zool 2015; 12: 4 (doi: 10.1186/s12983–015–0095-z).
8. Keen EC. Tradeoffs in bacteriophage life histories. Bacteriophage 2014; 4(1): e28365 (doi:10.4161/bact.28365).
9. Künemund H, Szydlik M (Hg). Generationen: Multidisziplinäre Perspektiven. Wiesbaden: VS Verlag für Sozialwissenschaften 2009.
10. Low BS, Hazel A, Parker N ct al. Influences on women's reproductive lives: Unexpected ecological underpinnings. Cross-Cultural Research 2008; 42: 201–217.
11. Macleod M. Die young, live fast: The evolution of an underclass. New Scientist 2010.
12. Nettle D. Dying young and living fast: variation in life history across English neighborhoods. Behavioral Ecology 2010; 21: 387–395.

13. Promislow DEL, Harvey PH. Living fast and dying young: a comparative analysis of life-history variation amongst mammals. J Zool 1990; 220: 417–437.
14. Reznick DN, Bryga H, Endler JA. Experimentally induced life-history evolution in a natural population. Nature 1990; 346: 357–359.
15. Reznick DN, Shaw FH, Rodd FH et al. Evaluation of the rate of evolution in natural populations of guppies (Poecilia reticulata). Science 1997; 275: 1934–1937.
16. Rose M, Charlesworth BA. Test of Evolutionary Theories of Senescence. Nature 1980; 287: 141–142.
17. Sear R, Mace R. Who keeps children alive? A review of the effects of kin on child survival. Evol Hum Behav 2008; 29: 1–18.
18. Spitzer M. Schnell leben und jung sterben. In: Dopamin und Käsekuchen. Stuttgart: Schattauer 2011; S. 108–121.
19. Spitzer M. Die Chromosomen von Scheidungskindern. In: Denken – zu Risiken und Nebenwirkungen. Stuttgart: Schattauer 2015; S. 11–19.
20. Voland G. Altern und Lebenslauf – ein evolutionsbiologischer Aufriss. In: Künemund H, Szydlik M (Hg). Generationen: Multidisziplinäre Perspektiven. Wiesbaden: VS Verlag für Sozialwissenschaften 2009; 23–44.
21. Stearns SC, Ackermann M, Doebeli M, Kaiser M. Experimental evolution of aging, growth, and reproduction in fruitflies. PNAS 2000; 97: 3309–3313.
22. Nesse RM, Williams GC. Why We Get Sick: The New Science of Darwinian Medicine. New York: Vintage 1996.

13 Wer Bücher liest, lebt länger

Wer liest, tut dies meist nicht im Stehen, Gehen oder Laufen. Er sitzt vielmehr oder liegt gar auf der Couch oder im Bett. Weil aber körperliche Aktivität bekanntermaßen gesund und entsprechend Faulheit ungesund ist, liegt der Schluss nahe, dass uns jedes Buch nicht nur die Lebenszeit nimmt, die wir brauchen, um es zu lesen (in dieser Zeit könnten wir schließlich die tollsten Sachen erleben; stattdessen dekodieren wir – freiwillig – stundenlang schwarz-weiße Zeichen). Nein, wir verlieren noch zusätzliche Zeit, weil wir aufgrund des mangelnden körperlichen Trainings früher sterben. Zudem ist das Lesen eine Aktivität, die man zumeist allein ausführt. Da Einsamkeit einen klaren Risikofaktor für erhöhte Mortalität darstellt (►Kap. 17), ergibt sich auch aus dieser Sicht, dass das Lesen sich eher ungünstig auf unsere Lebenserwartung auswirken sollte.

Falls Sie ein Bücherwurm sind, möchte ich Sie bereits an dieser Stelle beruhigen (zugleich hoffend, dass Sie dennoch weiterlesen): Dem ist nicht so. Ganz im Gegenteil: Wie eine kürzlich von Spezialisten für Epidemiologie und Public Health an der renommierten US-amerikanischen Yale University publizierte Studie zeigt, hat das Lesen von Büchern ganz offensichtlich lebensverlängernde Eigenschaften.

Die Datenlage hierzu war bislang spärlich und vor allem unklar, gab es doch Studien, die keinen lebensverlängernden Effekt des Lesens zeigten (4, 5)[1] sowie andere, die auf einen solchen hinwiesen.

Die (nach Angaben der Autoren) erste Untersuchung dieser Art wurde von israelischen Wissenschaftlern an einer Kohorte von 70-Jährigen aus der im Jahr 1990 initiierten Jerusalem Longitudinal Study durchgeführt (3). Von den zunächst eingeschlossenen 461 Teilnehmern wurden 13 Analphabeten, 30 Personen mit starker Beeinträchtigung des Sehens, 17 Personen mit Hinweisen auf eine beginnende Demenz (Mini Mental State Examination, MMSE, unter 25) sowie 58 Personen, bei denen der MMSE nicht vollständig durchgeführt werden konnte, ausgeschlossen. Die verbleibenden 337 Personen wurden für acht Jahre im Hinblick auf ihre Mortalität beobachtet. Es handelte sich um eine körperlich und geistig recht gesunde Gruppe von zumeist Einwanderern (16 % waren im Land geboren) aus 40 Ländern mit einer durchschnittlichen bereits in Jerusalem verbrachten Zeit von 29 Jahren. Die meisten lebten eigenständig zuhause (nur 2 % in einem Heim). Da man ja weiß, dass Frauen länger leben als Männer, Gebildete länger als Ungebildete, Reiche länger als Arme und verheiratete Männer länger als unverheiratete, wurden diese Variablen zusätzlich erfasst und in die Analyse mit einbezogen. Erfasst wurden daneben noch die sportlichen Aktivitäten, Arbeit (freiwillig oder bezahlt), wie oft man das Haus verlässt und

1 In der Studie von Bygren et al. (4) gab es zwar einen Effekt des Lesens und des aktiven Musizierens, beide überlebten aber nicht das Herausrechnen konfundierender Variablen wie Bildungsniveau und Einkommen und andere jeweils untersuchte Aktivitäten. Lediglich das Besuchen von Kulturveranstaltungen blieb in dieser Studie auch nach diesen statistischen Kontrollen signifikant. In der kanadischen Studie von Menec machte Lesen die älteren Menschen zwar glücklicher, wirkte jedoch nicht lebensverlängernd (5).

wie oft man einen Gottesdienst besucht. Schließlich wurde auch die Gesundheit über verschiedene Variablen gemessen.

„Wie oft lesen Sie ein Buch – täglich; mindestens einmal pro Woche; Monat; Jahr; nie?" wurden alle Teilnehmer zusätzlich gefragt. Weil sich bei den Antworten (► Tab. 13-1) eine starke „Leselastigkeit" zeigte – 62 % der 70-Jährigen und 68 % der 78-Jährigen lasen täglich – wurde die Variable dichotomisiert in „täglich lesen" und „nicht täglich lesen".

Wie sich das Lesen von Büchern auf die Mortalität auswirkt, zeigt ► Abbildung 13-1. Warum ist das so? – Zum einen gibt es eine ganze Reihe von Hinweisen dafür, dass für das Gehirn das Gleiche gilt wie für die Muskulatur: „Use it or lose it" heißt das Motto, also gebrauchen oder verlieren. Dass sich Lesen positiv auf die kognitiven Fähigkeiten im Alter auswirkt, war schon länger bekannt (8, 9; für das Fernsehen wurde übrigens der gegenteilige Effekt gefunden).

Dass sich das Lesen von Büchern jedoch auf die Sterbewahrscheinlichkeit von Männern in der gefundenen Stärke – Reduktion auf 44 % verglichen mit denjenigen, die nicht täglich Bücher lesen – auswirkt, war vor acht Jahren neu! Dabei war zum Zeitpunkt des Beginns der Studie das täg-

Tab. 13-1 Prozentuale Verteilung der Antworten von 337 70-Jährigen auf die Frage „wie oft lesen Sie ein Buch?", getrennt nach Männern und Frauen (nach Daten aus 3)

Wie oft lesen Sie ein Buch?	Männer (%)	Frauen (%)
täglich	59	66
wöchentlich	13	14
monatlich bis jährlich	11	12
nie	10	15

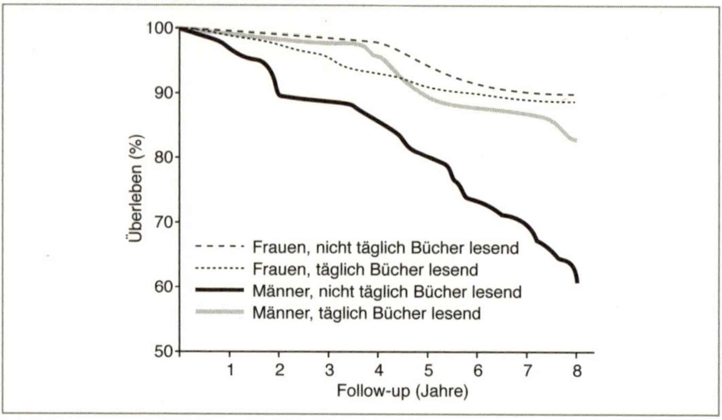

Abb. 13-1 Kaplan-Meier-Überlebenskurve über 8 Jahre, getrennt nach Männern und Frauen und den Lesegewohnheiten (täglich lesen versus nicht täglich lesen; nach 3, Figure 1, S. 77). Bei den Frauen hat das Lesen keinen Effekt, bei den Männern führt es zu einer hoch signifikanten ($p = 0{,}0006$) Erhöhung der Überlebenswahrscheinlichkeit.

liche Lesen mit weiblichem Geschlecht (aber bei Frauen bringt es keine höhere Lebenserwartung!), höherem sozioökonomischen Status und Bildungsniveau, der Abstammung aus westlichen Ländern, mehr Arbeit und weniger Medikamenteneinnahme korreliert. Die Effekte der genannten Variablen gingen nicht in die Reduktion auf 44 % ein, weil man sie herausrechnen konnte. Der Effekt gilt, noch einmal, auch nur für die Männer. Am Bildungsniveau und am Geld (beides hatte einen Einfluss, der aber herausgerechnet wurde) liegt es nicht.

Auch die Vermutung, wer täglich lese, rede mehr über das Gelesene, sei vielleicht Mitglied in einem Buchclub oder lese seinen Enkelkindern häufiger vor – also eine Erklärung des Effekts über Sozialkontakte (▸ Kap. 17) – ist eher unwahrscheinlich. Denn auch für denjenigen, der nur wöchentlich liest, könnte dies gleichermaßen zutreffen. Die wesentliche Unterscheidung war aber gerade das *tägliche* Lesen.

Vielleicht haben Männer, die bekanntermaßen ja sprachlich weniger begabt sind als Frauen, genau deswegen mehr kognitives Training, wenn sie sich sprachlich betätigen. Weil es anstrengender ist, hat das Lesen für sie einen größeren Trainingseffekt. Man könnte hier weitere Vermutungen anstellen, aber ich möchte es bei der Feststellung der Autoren belassen: „Der Mechanismus, durch den Lesen Überlebensvorteile verleiht, ist unbekannt und das Untersuchungsergebnis, dass dieser Effekt auf Männer beschränkt ist, gibt Rätsel auf" (3, S. S78, Übersetzung durch den Autor).

Eine weitere Studie aus dem Jahr 2008 zeigte ebenfalls einen positiven Effekt des Lesens auf die Mortalität, allerdings nur bei Frauen (1).

Die bislang größte und zugleich aufschlussreichste Studie zu den Auswirkungen des Lesens von Büchern auf die Sterblichkeit erschien im Sommer 2016 und bezog sich auf eine Kohorte von 3635 Personen (62 % Frauen) aus der Health and Retirement Study, einer großen vom US-amerikanischen National Institute of Aging durchgeführten Studie (2). Während des im Durchschnitt neuneinhalbjährigen Beobachtungszeitraums verstarben 27,4 % der Personen. Einfache statistische Verfahren zeigten, dass die Leser von Büchern eher weiblich, gebildeter und wohlhabender waren (jeweils $p < 0{,}001$). Daher wurden diese Variablen neben Alter, ethnischer Zugehörigkeit, Gesundheitszustand, Familienstand und Job-Status als Kovariablen in der Auswertung mitberücksichtigt.

Die Lesegewohnheiten waren zu Beginn der Studie im Jahr 2001 wie folgt erfragt worden: „Wie viele Stunden verbrachten Sie letzte Woche mit dem Lesen von Büchern?" sowie „Wie viele Stunden verbrachten Sie letzte Woche mit dem Lesen von Zeitungen und Zeitschriften?“ Wie auch schon in früheren Studien wurden alle Personen nach der mit dem Lesen verbrachten Zeit (zweimal, d.h. getrennt nach Büchern und Zeitungen/Zeitschriften) in drei gleich große Gruppen eingeteilt: Im Hinblick auf Bücher betrug die in der letzten Woche damit verbrachte Zeit im untersten Drittel 0 Stunden, im mittleren Drittel 0,01 bis 3,49 Stunden und im oberen Drittel mehr als 3,5 Stunden. Bei den Zeitschriften waren es 0–2 Stunden (unteres Drittel), 2,01–6,99 Stunden (mittleres Drittel) und mehr als 7 Stunden (oberes Drittel). Das Lesen von Büchern war mit dem Lesen von Periodika nur schwach ($r = 0{,}23$) korreliert, und 38 % der Gesamtgruppe (entsprechend 1390 Personen) lasen nur Bücher oder nur Zeitungen bzw. Zeitschriften.

Im Jahr 2004 wurde zudem ein – wenn auch grobes – Maß der geistigen Leistungsfähigkeit (cognitive score) erhoben, indem 8 Items („immediate recall, delayed recall, serial 7s, backwards count from 20, object naming, President naming, Vice President naming, and date naming“; 2, S. 46) zu einem einzigen Wert aggregiert wurden.

Das wesentliche Ergebnis der Studie ist in ▸ Abbildung 13-2 wiedergegeben: Verglich man die Überlebensrate der Personen im zweiten und dritten Drittel mit der Überlebensrate der Personen im ersten Drittel der Bücherleser – sprich: Das Lesen von Büchern versus das Nichtlesen von Büchern – so ergab sich ein deutlicher Unterschied. 33 % der Nichtleser von Büchern waren verstorben im Vergleich zu lediglich 27 % der Leser.

Die durch das Lesen von Büchern auf 77 % verminderte „Hazard Ratio“ (HR: 0,77), d.h. Sterbewahrscheinlichkeit im Vergleich zu Nichtlesern war mit $p < 0{,}0001$ hoch signifikant, obgleich man bei dieser Statistik alle Kovariablen im Modell berücksichtigt hatte! Im Hinblick auf Zeitungen und Zeitschriften ergab sich bei gleicher Auswertung nur

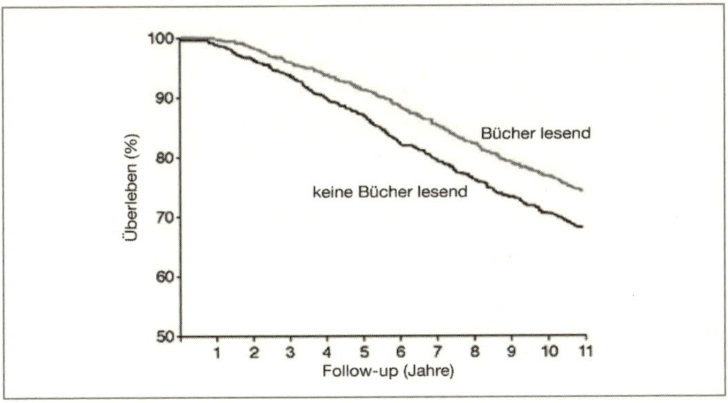

Abb. 13-2 Überlebenskurve der Nichtleser und der Leser von Büchern (ohne Einbeziehung von Kovariablen). Die Zeitpunkte, zu denen in beiden Gruppen jeweils 20 % verstorben waren, unterschieden sich um 23 Monate (nach 2, Figure 1, S. 46).

ein kleiner Effekt der Verminderung der Sterbewahrscheinlichkeit auf 89 % (HR: 0,89). Auch ein direkter statistischer Vergleich der Verminderung der Sterbewahrscheinlichkeiten durch das Lesen von Büchern versus das Lesen von Zeitschriften zeigte einen signifikant überlegenen Effekt des Lesens von Büchern.

Im Gegensatz zur Studie von Jacobs und Mitarbeitern gab es keinen Unterschied zwischen Männern und Frauen: Der lebensverlängernde Effekt war bei beiden Geschlechtern nahezu identisch (HR-Männer: 0,81; HR-Frauen: 0,80).

Weitere Analysen zeigten, dass der Effekt robust war und bei unterschiedlichen Auswertestrategien immer wieder auftrat. Er war zudem nicht bedingt durch ein höheres kognitives Ausgangsniveau (im Jahr 2000 erhoben) in der Gruppe der Bücher-Lesenden. Eine Mediationsanalyse zeigte, dass der Effekt des Bücherlesens auf das Überleben durch dessen Einwirkung auf das Denkvermögen bedingt ist, wenn auch mir persönlich diese Art der Argumentation etwas zu weit geht. Denn das Lesen von (guten) Büchern hat durchaus auch positive emotionale und soziale Auswirkungen (7), die über die rein kognitiven Effekte (6) hinausgehen.

Die Abweichungen zu anderen Studien sind nach Meinung der Autoren vor allem methodisch bedingt: Ihre Grundgesamtheit ist etwa 10-fach größer als die anderer Studien und das Lesen wurde deutlich differenzierter erfasst – qualitativ (was wurde gelesen?) und quantitativ (wie lange genau wurde gelesen?). Der Effekt war zudem nicht durch Bildung oder Wohlstand zu erklären, was die Robustheit der Ergebnisse unterstreicht.

Die Autoren geben zu bedenken, dass bereits ein Wechsel von Zeitungen und Zeitschriften (die mehr gelesen werden und einen deutlich kleineren Effekt haben) zu Büchern den Tod der Menschen hinausschieben könnte, ganz zu schweigen vom Wechsel vom Fernsehen zu Büchern, da das Fernsehen mit 4,4 Stunden täglich (nach Angaben der zuständigen US-Behörden aus dem Jahr 2014) in der untersuchten Altersgruppe nahezu um eine Größenordnung mehr zur Freizeitgestaltung verwendet wird als Bücher. Das wäre dann tatsächlich ein kleines Wunder im Hinblick auf die Lebenserwartung der großen Mehrheit der Menschen in den westlichen „zivilisierten" Ländern!

Literatur

1. Agahi N, Parker MG. Leisure activities and mortality does gender matter? J Aging Health 2008; 20(7): 855–871.
2. Bavishi A, Slade MD, Levy BR. A chapter a day: Association of book reading with longevity. Social Science & Medicine 2016; 164: 44–48.
3. Jacobs JM, Hammerman-Rozenberg R, Cohen A, Stessman J. Reading daily predicts reduced mortality among men from a cohort of community-dwelling 70-year olds. J Gerontol Ser B Psychol Sci Soc Sci 2008; 63: S73–S80.
4. Bygren LA, Konlaan BB, Johansson SE. Attendance at cultural events, reading books or periodicals, and making music or singing in a choir as determinants for survival: Swedish interview survey of living conditions. British Medical Journal 1996; 313: 1577–1580.
5. Menec VH. The relation between everyday activities and successful aging: A 6-year longitudinal study. Journal of Gerontology: Social Sciences 2003; 58B: S74–S82.
6. Spitzer M. Lesen und Schreiben. In: Das (un)soziale Gehirn. Stuttgart: Schattauer 2013; S. 227–236.
7. Spitzer M. Literatur, Empathie und Verstehen. In: Rotkäppchen und der Stress. Stuttgart: Schattauer 2014; S. 87–98.
8. Wang JWJ, Zhou DHD, Li J, Zhang M, Deng J, Tang M, Gao C, Li J, Lian Y, Chen M. Leisure activity and risk of cognitive impairment: The Chongqing Aging Study. Neurology 2006; 66: 911–913.
9. Verghese J, Lipton RB, Katz MJ, Hall CB, Derby CA, Kuslansky G, Ambrose AF, Sliwinski M, Buschke H. Leisure activities and the risk of dementia in the elderly. New England Journal of Medicine 2003; 348: 2508–2516.

14 Protozoen und Persönlichkeitsstörungen, die Psychiatrie und der Ursprung der Menschheit

Wussten Sie, dass Schimpansen, die mit Toxoplasmose infiziert sind, sich durch Urin von Leoparden angezogen fühlen? Und mehr noch: Sind Sie sich eigentlich der Tragweite dieser Erkenntnis bewusst? – Falls die Antwort auf eine oder gar beide dieser Fragen „nein“ lautet, und falls Sie mehr Neuigkeiten zu Protozoen, Psychopathologie und dem Ursprung der Menschheit erfahren wollen, dann lesen Sie weiter.

Toxoplasma gondii ist ein kleines einzelliges Tierchen, nahe verwandt dem Plasmodium, dem Erreger der Malaria. Der Parasit wurde erstmals im Jahr 1907 in Tunesien entdeckt und sein Name leitet sich vom griechischen (*Toxon:* Bogen; *Plasma:* Gebilde) ab (► Abb. 14-1).

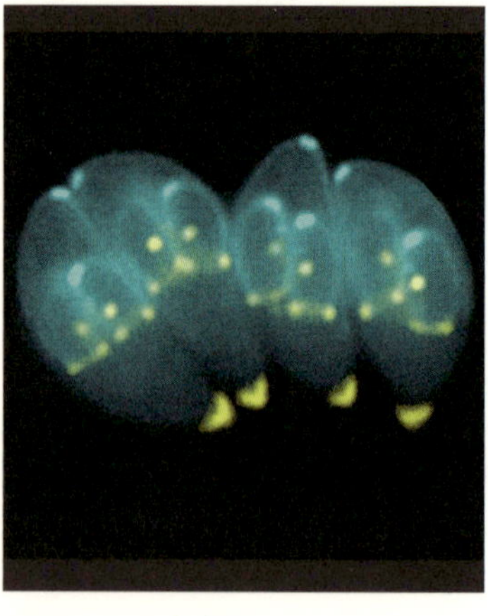

Abb. 14-1 *Toxoplasma gondii*, ein bogenförmiges Gebilde (nach 38). Der direkte mikroskopische Nachweis ist in der Diagnostik heute immunologischen Verfahren gewichen und wird künftig möglicherweise durch molekularbiologische Verfahren ergänzt bzw. ersetzt, denn genotypische Varianten können eine unterschiedliche Virulenz aufweisen (48). In Deutschland ist vor allem der im Vergleich zu Typ I weniger virulente Typ II verbreitet (33).

Toxoplasmen gehören zu den weltweit am meisten verbreiteten Parasiten, sodass die Bevölkerung vieler Länder eine hohe Durchseuchung aufweist. Ganz allgemein unterscheidet man bei Parasiten Endwirt (in diesem findet die sexuelle Fortpflanzung der Parasiten statt) und Zwischenwirt (in diesen vermehrt sich der Parasit ebenfalls, aber auf asexuelle Weise). Wenn Sie nun glauben, dass tierische Parasiten ein Problem von Entwicklungsländern seien, liegen Sie bei Toxoplasmen falsch! Diese sind vor allem in Regionen mit gemäßigtem Klima verbreitet, sodass der Grad der Durchseuchung der Weltbevölkerung bei etwa einem Drittel, in Deutschland hingegen bei etwa 50 % und bei den über 50-Jährigen sogar bei etwa 70 % liegt! Da die Infektion mit Toxoplasmen beim Menschen meist ohne Symptome und damit unbemerkt verläuft, wissen die allermeisten Infizierten nicht, dass sie infiziert sind.

Ganz allgemein sind Frauen ebenso betroffen wie Männer, ältere mehr als jüngere Menschen (hatten mehr Zeit, sich zu infizieren; ► Abb. 14-2), Menschen mit Katzen oder Konsum von rohem Fleisch sind betroffener als solche ohne, Leute, die auf dem Lande leben (1) oder eine geringe Bildung aufweisen, sind betroffener als Städter oder Gebildete (19). Erhöhte Infektionsraten wurden ferner bei Gefängnisinsassen (3), Prostituierten[1] (6), Müllsammlern (4) und Lastwagenfahrern (5) gefunden.

1 Bei Mäusen, Ratten, Hunden (8) und Schafen (49) wurde nachgewiesen, dass Toxoplasmen durch Geschlechtsverkehr mit dem männlichen Samen auf weibliche Tiere übertragen werden. Dies ist wahrscheinlich beim Menschen auch der Fall, worauf die erhöhte Rate von abgelaufenen Infektionen (im Vergleich zu einer Kontrollgruppe) bei weiblichen Prostituierten hindeutet.

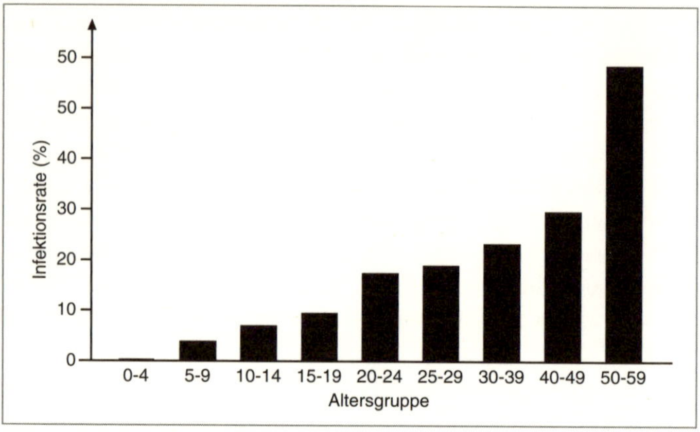

Abb. 14-2 Die Abhängigkeit der Infektionsrate mit *Toxoplasma gondii* vom Lebensalter wurde schon 1953 von Burkinshaw und Mitarbeitern (15) in einer Londoner Population von 698 Personen beschrieben. Bekanntermaßen sind die Infektionsraten in der Gesamtbevölkerung in Großbritannien mit durchschnittlich etwa 20 % deutlich geringer als in Deutschland (79).

Ich weiß nicht, wie es dem Leser geht, aber mir zumindest ist nicht wohl bei dem Gedanken, dass der Parasit nach abgelaufener Infektion im Gehirn oder in quergestreiften Muskeln weiterlebt (▸Abb. 14-3). Bislang ging man davon aus, dass Toxoplasmen solange keine wesentlichen Probleme machen, wie unser Immunsystem intakt ist. Diese Sicht der Dinge wird jedoch durch neuere medizinische und psychologische Befunde in Frage gestellt: Im Jahr 2013 wurde nachgewiesen, dass eine latente Toxoplasmose-Infektion das Risiko von Fettleibigkeit auf das Zweifache steigert (69). Nach einer iranischen Studie wiesen Diabetiker im Vergleich zu gesunden Probanden eine auf das Doppelte erhöhte Rate latenter Toxoplasmose-Infektionen auf (70). Weiterhin wurde in einer Studie aus 32 europäischen Ländern und den USA eine Korrelation zwischen der Infektionsrate mit Toxoplasmen in der Bevölkerung und der Prävalenz von Hypertension und damit verbunden Herzerkrankungen gefunden (22). Auch dass der Parasit im Gehirn gar nichts weiter anrichtet, wird nach neueren Forschungsergebnissen immer unwahrscheinlicher und bestärkt das genannte Unwohlsein durchaus.

Aus dem Gesagten folgt, dass Menschen mit zuvor unerkannter asymptomatischer Infektion mit Toxoplasmen, bei denen es zu einer reduzierten Immunabwehr und damit zu einer Verschiebung des Gleichgewichts der Kräfte zwischen Parasit und Wirt kommt, Encephalitiden mit tödlichem Verlauf entwickeln können. Dies kann bei erworbener Immunschwäche – AIDS – der Fall sein oder auch bei Immunsuppression nach Organtransplantationen oder bei Krebspatienten, insbesondere während der Chemotherapie (1).

Akute Infektionen mit Toxoplasmen während der Schwangerschaft stellen zudem ein bedeutendes medizinisches Problem dar, weil sie entweder zu Aborten oder zu schweren fetalen Missbildungen wie Wasserkopf oder Erblindung führen können.[2] Allein in Deutschland kommen jährlich etwa 1 500 Kinder mit toxoplasmoseverursachten Schäden zur Welt (83). War eine Schwangere bereits zuvor infiziert, besteht im Hinblick auf das Kind hingegen keine Gefahr. Denn die Immunität der Mutter schützt auch das

2 Auch tierexperimentell sind diese Effekte nachgewiesen. In einer Studie (10), in der jeweils 20 weibliche Mäuse mit nicht infizierten oder toxoplasmoseinfizierten männlichen Tieren zur Paarung gebracht wurden, kam es zu 17 trächtigen Weibchen nach Paarung mit nicht infizierten Männchen und nur zu vier trächtigen Weibchen nach Paarung mit infizierten Männchen ($p = 0,0001$).

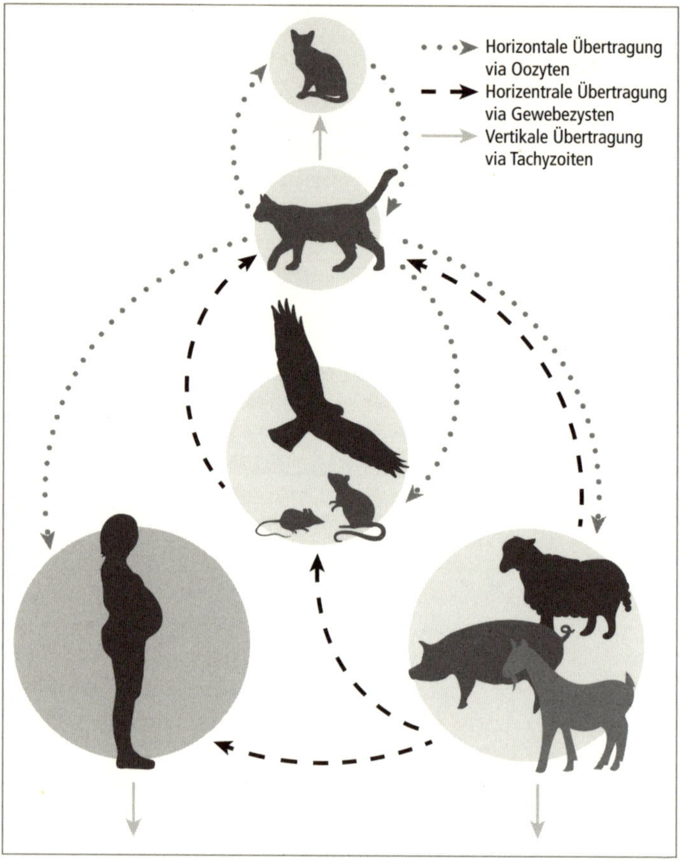

Ungeborene. Die kongenitale Toxoplasmose ist Gegenstand weltweiter Forschungsbemühungen (91).

Ganz allgemein führten Parasiten über lange Zeit ein eher stiefmütterliches Dasein in der Biologie und waren erst im vergangenen halben Jahrhundert Gegenstand intensiver Untersuchungen. Was man dabei fand, lässt einem nicht

Abb. 14-3 Lebenszyklus von *Toxoplasma gondii* (gezeichnet nach 79). Katzen (d. h. Arten der Familie der *Felidae*) sind die einzigen nachgewiesenen Endwirte, in deren Darm durch sexuelle Fortpflanzung der Toxoplasmen Eier (Oozysten) entstehen, die fäkal ausgeschieden werden. Ein Gramm Katzenkot enthält bis zu eine Million solcher Eier, ein Gramm kontaminierter Boden bis zu 100000 Eier, die über ein Jahr hinweg infektiös bleiben können. Mitte der 1960er-Jahre wurde erstmals nachgewiesen, dass deren Aufnahme durch Mäuse und Menschen zu einer Infektion führt. Werden diese Eier von Katzen oral aufgenommen, erfolgt eine erneute sexuelle Reproduktion des Organismus. Erfolgt die Aufnahme durch andere Warmblüter (z. B. Nager, Vögel, Schweine, Hunde, Ziegen, Schafe, Kühe, einschließlich Menschen), so entwickeln sich in diesen Zwischenwirten (in vielen verschiedenen Geweben) Tachyzoiten (auch Endozoiten genannt) durch rasche asexuelle Vermehrung (*tachy:* griechisch „schnell"). Aus diesen Tachyzoiten entstehen dann vor allem in Muskel- und Gehirnzellen (Neuronen und Astrocyten) intrazelluläre zystische Strukturen, in denen sich Bradyzoiten (auch Cystozoiten genannt) langsam entwickeln (*brady:* griechisch „langsam"). Diese bestehen entweder lebenslang oder gehen gelegentlich zugrunde, wobei sie erneut Tachyzoiten produzieren, die wiederum erneut intrazelluläre zystische Strukturen bilden. Wird der Zwischenwirt, also z. B. die Maus oder der Vogel, von einer Katze gefressen, entwickeln sich aus den mit Muskel- bzw. Gehirngewebe aufgenommenen intrazellulären Zysten sofort durch weitere asexuelle Vermehrung weitere Zellen, die schließlich Ei- und Samenzellen produzieren, wodurch es in den Zellen des Darmepithels der Katze erneut zur Bildung von Eiern kommt. Die horizontale Übertragung erfolgt vom Wirt zu einem anderen Wirt der gleichen Generation, die vertikale Übertragung hingegen erfolgt von einem Wirt zu seinen Nachkommen.

selten die Haare zu Berge stehen, denn Parasiten beeinflussen sowohl das Aussehen (Morphologie) als auch die Physiologie und das Verhalten ihrer Zwischenwirte auf die aberwitzigste Weise, um diese dazu zu bringen, gefressen zu werden (45, 80), sodass der Parasit auf diese Art „huckepack" in seinen Endwirt gelangt: Mit dem im Jahr 2008 entdeckten Fadenwurm *Myrmeconema neotropicum* befallene Ameisen (Zwischenwirt) verändern beispielsweise ihren Körper so, dass er aussieht wie eine Beere, sodass die Ameisen dann eher von den Vögeln (Endwirte dieser Parasiten) gefressen werden (►Abb. 14-4). Andere Parasiten (der Saugwurm *Dicrocoelium dendriticum*, auch bekannt unter der Bezeichnung „der kleine Leberegel") bewirken, dass Ameisen auf Gräsern nach oben krabbeln, damit sie eher von Schafen (Endwirte dieser Parasiten) gefressen werden.

Ein zweites Beispiel: Schlammschnecken (*Batillaria cumingi*) leben an Ufern sowohl über als auch unter dem Wasser, wo sie sich von frischen und faulenden Pflanzen

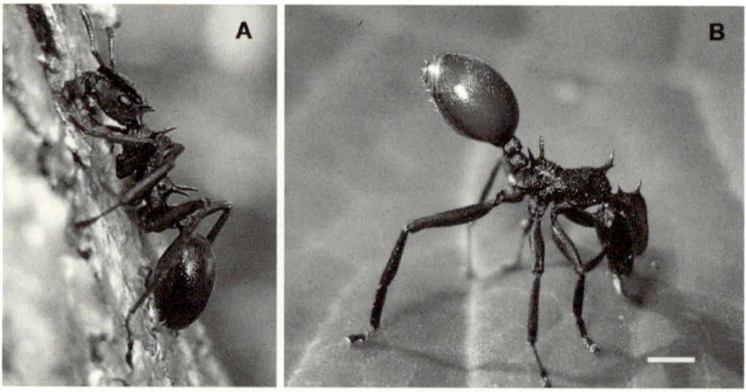

Abb. 14-4 Beispiel für die Parasiten-Manipulationshypothese: Der Nematode (Fadenwurm) *Myrmeconema neotropicum* lebt in Mittel- und Südamerika und parasitiert in Ameisen der Gattung *Cephalotes* (A: nicht infiziert, B: infiziert; scale bar: 2 mm; aus 89). Er manipuliert die Ameisen durch Einfluss auf Erscheinungsbild (intensive Rotfärbung des Hinterleibs) und Verhalten (die Ameisen laufen nicht mehr flink herum, sondern verhalten sich ruhig, präsentieren ihren hoch gereckten Hinterleib und werden so eher von Vögeln gefressen; 65).

ernähren. Sind sie mit Saugwürmern (*Cercaria batillariae*) infiziert, so tauchen sie länger ab und erhöhen damit die Wahrscheinlichkeit, von Fischen gefressen zu werden, die den Endwirt des Parasiten darstellen. Dies wiederum mindert die Konkurrenz unter allen Schlammschnecken um Nahrung, da die nicht infizierten Schnecken über Wasser mehr Nahrung finden. Interessanterweise kann man hier jedoch nicht mehr von intraspezifischer Konkurrenz (zwischen infizierten und nicht infizierten Schlammschnecken) sprechen, weil die infizierten Tiere unfruchtbar sind und nichts weiter produzieren als Saugwürmer. Es sind sozusagen Saugwürmer in Schneckengestalt, die mit den nicht infizierten Schnecken konkurrieren (d. h. es handelt sich in Wahrheit um Konkurrenz zwischen Arten, 45).

Zurück zu Toxoplasmen: Sie können im Prinzip alle Tiere infizieren, vermehren sich jedoch nur in Katzen. Schon lange ist bekannt, dass sie das Verhalten von infizierten Nagern – Mäusen und Ratten – dahingehend beeinflussen, dass diese ihre Angst vor ihren natürlichen Feinden – den Katzen (Hauskatzen und größere Raubkatzen) – verlieren. „In einigen Fällen dreht sich ihre angeborene Abneigung sogar in eine unkluge Zuneigung. Die Selektivität dieser Verhaltensänderung legt nahe, dass dieser häufig vorkommende Parasit unmerklich das Gehirn seines Zwischenwirts verändert, um die Wahrscheinlichkeit, dass dieser gefressen wird, zu verändern, ohne dass sich dessen übriges Verhalten oder dessen Gesundheit im Allgemeinen irgendwie ändern würde“, beschreiben britische Tierärzte das Verhalten von toxoplasmoseinfizierten Nagern treffend (12, S. 1591; Übersetzung durch den Autor). Inwieweit das Vorhandensein dieses Verhaltens mit dem Vorliegen einer chronischen ZNS-Infektion bzw. deren Schwere einhergeht, ist umstritten (40, 92).

Die Beeinflussung des Verhaltens des Zwischenwirts durch einen Parasiten wird auch als Manipulationssyndrom bezeichnet, das spezifischere Phänomen der Änderung einer Angst oder Abneigung in ein Annäherungsverhalten wird in der Literatur in Anspielung an den gleichnamigen Film als *fatal attraction* bezeichnet (12, 87). Wie kann so etwas funktionieren?

Zunächst erwies sich die Änderung der olfaktorischen Präferenzen von Zwischenwirten wie der Ratte als robuster Befund, der von Stressforschern um den bekannten Robert Sapolsky mit einem möglicherweise bevorzugten Befall des Mandelkerns erklärt wurde (81). Allerdings zeigten schon die in der Publikation berichteten Kontrollexperimente, dass Ängste in anderen klassischen Angst-Paradigmen (z. B. konditionierte Angst) nicht beeinträchtigt waren, ein allgemein „angstlösender" Effekt der Toxoplasmen als Ursache mithin nicht in Frage kam. Auch ein normales Abschneiden der infizierten Tiere in einem Test zur räumlichen Orientierung (Morris water maze) machte weiterhin deutlich, dass das Verhalten nicht auf unspezifische zentralnervöse Minderfunktion zurückzuführen war. Eine Studie aus dem Jahr 2011 zur Verteilung der Toxoplasmosezysten im Gehirn der Maus konnte eine besondere Prädilektion im Mandelkern allerdings nicht bestätigen (13).

Eine noch jüngere Studie an Ratten (21) zeigte dagegen eine epigenetische Veränderung im Bereich des Mandelkerns dahingehend, dass eine Toxoplasmose-Infektion zu einer verringerten Methylierung des Arginin-Vasopressin-Promotorgens und damit zu einer vermehrten Expression des Peptidhormons Vasopressin führt. Dies wiederum verursacht eine vermehrte Aktivierung vasopressinerger Neuronen beim Riechen von Katzenurin, mit der Folge einer verminderten Angstreaktion. Beeindruckend ist die Tatsache, dass sich die normale Angstreaktion bei infizierten Tieren durch systemische Hypermethylierung wiederherstellen lässt, und durch Hypomethylierung im Bereich der Amygdala wieder verschwindet. Insgesamt spricht damit einiges für die Beteiligung des Mandelkerns und des Peptidhormons Vasopressin an der „proximalen Ursache" (wie man biologische Mechanismen evolutionärer Prozesse gerne nennt) des Manipulationssyndroms.

Ein zweiter möglicher Mechanismus für das Manipulationssyndrom einschließlich der *fatal attraction* läuft über das Dopaminsystem. Zunächst einmal passt diese Vermutung zu den Jahrzehnte alten epidemiologischen Befunden zu einem Zusammenhang (d.h. überzufällig häufigen gemeinsamen Auftreten) von Toxoplasmose-Infektion und Schizophrenie. Erst die Entdeckung eines Toxoplasmaenzyms, das als Tyrosinhydroxylase fungieren und damit bei Säugern den für die Synthese von Dopamin limitierenden Schritt (die Umsetzung von L-Tyrosin in L-3,4-Dihydroxyphenylalanin) kontrollieren kann, brachte diesen Mechanismus wieder ins Scheinwerferlicht der biologischen Grundlagenforschung (30). Wird im Gehirn vermehrt Dopamin bereitgestellt, kommt es zu vermehrtem Erleben von Salienz und damit zu einer Psychose, so die jetzt sehr vereinfachte Erklärung. Dies passt zu dem zwei Jahre später erhobenen Befund, dass dopaminerge Neuronen, die in vitro durch Toxoplasmen infiziert worden waren, mehr Dopamin freisetzen (67) und würde zudem sparsam erklären, warum Dopaminantagonisten das gesteigerte Neugierverhalten bei toxoplasmoseinfizierten Ratten blockieren können (71).

Einschränkend ist zum gegenwärtigen Zeitpunkt allerdings zu sagen, dass die Hypothese einer toxoplasmeninduzierten dopaminergen Hyperaktivität von einer zweiten Arbeitsgruppe nicht repliziert werden konnte (84) und daher zurzeit heftig umstritten ist (52, 85). Zudem zeigte eine genauere In-vitro-Studie an dopaminergen toxoplasmeninfizierten Neuronen vom Herbst 2015 kaum erhöhte zytosolische Konzentrationen von freigesetztem Dopamin sowie eine unbeeinträchtigte Aufnahme von Dopamin in die Vesikel („cellular DA packaging appeared unchanged"; 50, S. 50). Vermehrt fand sich das Dopamin hingegen in den Zysten, was einen Effekt von Dopamin durchaus erlauben würde, z.B. immer dann, wenn diese sich auflösen, um neue Zysten zu bilden. Beim Menschen zeigte sich ferner keine Auswirkung einer Toxoplasmose-Infektion in einer Studie zum ökonomischen Risikoverhalten bei insgesamt 79 Frauen (davon 53 Toxoplasmose-positiv). Da „risk-taking" zu den dopaminerg vermittelten psychologischen Funktionen gehört, hätte man dies erwarten können (44). Andererseits würde ein dopaminvermittelter Wirkungsmechanismus erklären, warum statistisch im Gehirn verteilte Zysten zu spezifischen Dopaminwirkungen führen könnten (das in den Zysten überall gebildete Dopamin wird nur in dopaminergen Neuronen weitergegeben; 53). Zugleich spricht auch der Befund, dass von mehr als 1000 untersuchten (ganz allgemein regulatorisch wirkenden) MicroRNAs nur eine – MicroRNA-132 – bei Neuroepitheliomzellen, die mit allen drei unterschiedlichen Typen von Toxoplasmen (I, II und III) infiziert worden waren, auf das Zwei- bis Dreifache erhöht war (88). Die Tatsache, dass diese MicroRNA vor allem auf die dopaminerge Signaltransduktion wirkt, legt deren Beteiligung am Manipulationssyndrom dann doch nahe.

Ein dritter Wirkungsmechanismus lässt sich daraus ableiten, dass neben dem Gehirn auch die Hoden ein immunologisch privilegiertes (d.h. teilweise immunologisch isoliertes) Gewebe darstellen. Daher finden sich die intrazellulären Zysten auch im Hoden, Nebenhoden und im Ejakulat. In den Leydigschen Zellen des Hodens verursachen sie eine vermehrte Synthese von Testosteron, von dem bekannt ist, dass es erstens angstreduzierend wirkt und zweitens über die Synthese von Pheromonen die Männchen für paarungsbereite Weibchen attraktiver macht. Tatsächlich weisen toxoplasmoseinfizierte Ratten höhere Testosteronkonzentrationen auf (22, 23). Dies führt zu einem Wirkungsmechanismus, der den üblichen Zusammenhang von Parasitenbefall und sexueller Selektion ausnutzt und auf den Kopf stellt.

Erinnern wir uns (72): Nach gängiger Lehrmeinung treiben Parasiten die Evolution ihrer Wirte dadurch an, dass die Wirte die Integrität und Güte ihres Immunsystems signalisieren, um dadurch paarungsbereite Weibchen auf ihre Vorteile aufmerksam zu machen. Die zugrunde liegende Theorie der sexuellen Selektion wurde von keinem anderen als Charles Darwin entwickelt, um Naturphänomene zu erklären (z. B. knallrote männliche Käfer auf grünen Blättern, nutzlose riesige Hirschgeweihe und Pfauenschwänze), welche die Fitness eines Organismus vermindern und daher durch die Evolutionstheorie allein (d. h. durch „Survival of the fittest") nicht erklärt werden können. Um die Fitness eines Männchens erkennen zu können, benötigt das Weibchen Fitnessindikatoren, und diese sind zu diesem Zweck umso besser geeignet, je sinnloser sie sind. Am Beispiel des männlichen Pfauen bedeutet dies: Nur wer über besonders ausgeprägte Körperkraft, scharfe Sinne und gute Immunabwehr verfügt, kann sich die bunte Federpracht überhaupt leisten. Sofern es also Variationen in der Fitness der Männchen in einem dieser Bereiche gibt, ist es für Pfauenweibchen sinnvoll, sich das Männchen mit der größten Federpracht zur Reproduktion auszusuchen. Pfauenmännchen mit großem bunten Rad und Pfauenweibchen mit einem Geschmack für großes buntes Räderförmiges werden daher langfristig fittere – und damit mehr – Nachkommen produzieren. Damit das Ganze klappt, braucht es Variation in der Fitness.

Und hier kommen Parasiten ins Spiel, mit denen sich eine Art letztlich immer in einem dynamischen Gleichgewicht befindet: Sind die Parasiten zu tödlich, sterben sie mit dem Wirt, sind sie zu „zahm", werden sie von dessen Immunsystem abgewehrt. Mutationen bei Parasiten und deren Wirten führen somit zwangsläufig dazu, dass das System so eingepegelt ist, dass mal die Parasiten und mal die Wirte die Oberhand haben, oder anders ausgedrückt: Die Parasiten sorgen für jede Menge Varianz in der Fitness der Männchen.

Aus genau diesem Grund bevorzugen Weibchen beispielsweise in der Regel größere Männchen (im Vergleich zu kleineren), weil die Körpergröße ein Anzeichen von Gesundheit ist. Das Sexualhormon Testosteron, das die Vermännlichung eines Organismus zur Folge hat, führt daher nicht zuletzt auch zu vermehrtem Körperwachstum. Indem Toxoplasmen eine vermehrte Synthese von Testosteron beim männlichen Säugetier bewirken, nutzen sie einen Mechanismus aus, der eigentlich der Abwehr von Parasiten dient: Sie produzieren einen besonders männlichen Phänotyp, der bei den Weibchen besonders beliebt ist und daher mit höherer Wahrscheinlichkeit Nachkommen erzeugt. Tatsächlich paaren sich weibliche Ratten vergleichsweise eher lieber mit toxoplasmoseinfizierten männlichen Ratten (20), obgleich weibliche Tiere verschiedenster Arten im Normalfall parasiteninfizierte Männchen meiden.[3] Paaren sie sich mit toxoplasmoseinfizierten Männchen, so erhalten sie die Parasiten mit der Samenflüssigkeit gleich mit, was den Reproduktionserfolg für Männchen und Weibchen vermindert.

---

3 „Eine solche weibliche Ablehnung ist nachteilig für Parasiten, insbesondere wenn sie über Sexualverkehr übertragen werden. Wir postulieren daher, dass Parasiten unter evolutionärem Druck stehen, männliche Wirte so zu manipulieren, dass sie die weibliche Ablehnung überwinden können“, beschreiben Dass et al. (20, S. 1, Übersetzung durch den Autor) diesen Gedanken.

Auch beim Menschen wurde an männlichen Studenten nachgewiesen, dass toxoplasmoseinfizierte Studenten höhere Testosteronkonzentrationen aufwiesen als ihre nicht infizierten Kommilitonen. Nicht nur das: Sie sind im Mittel auch 3 cm größer und ihre Gesichter werden von Frauen als maskuliner und dominanter eingeschätzt (23, 25).

Wie auch immer es funktioniert, fest steht, dass Toxoplasmen bei manchen Tieren, die als Zwischenwirt fungieren, beeinflussen können, was ein Organismus gern riechen mag und was nicht (Manipulationshypothese).

Ein Team kanadischer, US-amerikanischer und chinesischer Wissenschaftler mit französischer und deutscher Förderung machte sich nun auf, um die Frage zu untersuchen, ob dies auch für Schimpansen zutrifft. Denn diese haben Leoparden – eine Katzenart – zum natürlichen Feind. Das Ausmaß und die Bedeutung dieser Tatsache blieb lange Zeit im Verborgenen, weil die bekannten Langzeitbeobachtungsstudien an in der Savanne lebenden Schimpansen durchgeführt worden waren, wo es kaum Leoparden gibt. Die Savanne ist jedoch nicht der natürliche Lebensraum von Schimpansen. Christophe Boesch (14) hingegen beobachtete Schimpansen in ihrem natürlichen Lebensraum, dem tropischen Regenwald, und konnte insgesamt 29 Begegnungen mit Leoparden beobachten: In 9 Fällen verjagten Gruppen von Schimpansen einen Leoparden und in 11 Fällen retteten solche Gruppen einen einzelnen Schimpansen, der um Hilfe schrie. In 9 Fällen hingegen griff ein Leopard Schimpansen an, was zu 6 verletzten und 4 getöteten Schimpansen führte. „Während der Beobachtungsperiode hatte ein einzelner Schimpanse ein Risiko von 30 % pro Jahr, von einem Leoparden angegriffen zu werden, und das Mortalitätsrisiko [durch solche Angriffe] pro Individuum betrug 5,5 % pro Jahr“, fasste Boesch (14, S. 229) seine Daten zusammen und fährt fort: „Mit anderen Worten, im Durchschnitt wird ein Schimpanse alle drei Jahre und vier

Monate von einem Leoparden angefallen und kommt innerhalb von 18 Jahren dadurch zu Tode“ (S. 230). Da Schimpansen eine Lebenserwartung im Freiland von 30 bis 40 Jahren haben (in Obhut 50 Jahre und mehr), ist das von Leoparden ausgehende Risiko damit groß.

Nun sind Schimpansen auch Zwischenwirte für Toxoplasmen, und wenn sie nun (ähnlich wie Mäuse und Ratten) auch von Katzen gefressen werden, dann stellt sich zwangsläufig die erwähnte Frage, ob auch ihr Geruchssinn durch den Parasit verändert wird. Das erwähnte internationale Wissenschaftlerteam untersuchte daher bei 33 Schimpansen (*Pan troglodytes troglodytes*) deren Geruchspräferenzen. Als Kontrolle diente der Urin von Löwen (leben nicht in Regenwäldern), Tigern (leben nicht in Afrika) sowie der Urin von Menschen, die allesamt nicht zu den natürlichen Feinden der Schimpansen gehören. Die in fünf Gruppen lebenden Tiere hatten während dreier 20-minütiger Perioden Gelegenheit, an entsprechenden Urinproben zu schnüffeln und zu lecken. Hierbei zeigte sich, dass die 9 mit Toxoplasmose infizierten Tiere ihre natürliche Abneigung gegenüber dem Urin von Leoparden verloren hatten, die 24 Toxoplasmose-negativen Tiere hingegen nicht. Beim Urin von Tigern, Löwen und Menschen hingegen zeigte sich keine Änderung der olfaktorischen Präferenzen durch Toxoplasmose (66). Im Einzelnen wurde gefunden:

- Nicht toxoplasmoseinfizierte Schimpansen schnüffelten am Urin von Menschen häufiger als am Urin von Leoparden.
- Toxoplasmoseinfizierte Schimpansen schnüffelten am Urin von Leoparden häufiger als nicht toxoplasmoseinfizierte Schimpansen.

Was sagt uns das? Zunächst einmal könnte man meinen, es handele sich hier um eine weitere evolutionsbiologische Kuriosität neben den vielen anderen, die wir schon kennen und sicherlich noch kennenlernen werden. Wenn jedoch der gemeinsame Vorfahre von Schimpanse und Mensch auch von Toxoplasmen befallen sein konnte (was sehr wahrscheinlich ist) und wenn es weitere Hinweise dafür gibt, dass auch Menschen, die mit Toxoplasmen infiziert sind, veränderte Geruchspräferenzen aufweisen, dann liegt der Gedanke nahe, dass die Auswirkungen von Toxoplasmen beim Menschen nicht einfach nur unspezifische Nebenwirkungen von entzündlichen Begleiterscheinungen einer Toxoplasmen-Infektion sind, sondern spezifische parasitär verursachte Verhaltensänderungen (im Sinne des beschriebenen Verhaltens der Ameisen). Solche Hinweise gibt es: Auch toxoplasmoseinfizierte Männer mögen den Urin von Katzen lieber riechen als nicht infizierte Männer (27).

Damit wird immer unwahrscheinlicher, dass Toxoplasmen lediglich unspezifische Symptome einer leicht verlaufenden Encephalitis (wenn überhaupt) hervorrufen und sonst nichts. Sie tun das zwar auch, und es lassen sich bei manchen Infizierten eine Verlangsamung der Reaktionszeiten (68), eine Verminderung von Reflexen und leicht verminderte Leistungen in manchen neuropsychologischen Tests nachweisen. Der Komplexität des bislang diskutierten Einflusses von Toxoplasmen auf das menschliche Verhalten wird diese Sicht der Dinge jedoch ganz offensichtlich nicht gerecht.

Betrachten wir also im Lichte der dargestellten neuen Erkenntnisse der letzten Jahre die schon lange in der Psychiatrie diskutierten Zusammenhänge zwischen Toxoplasmose und Psychopathologie. Ein statistischer (epidemiologischer) Zusammenhang von Toxoplasmose-Infektion und psychiatrischen Erkrankungen ist seit Jahrzehnten bekannt. Bereits abgelaufene Infektionen lassen sich anhand von Antikörpern (IgG-Immunglobulinen) gegen *Toxoplasma gondii* im Blut nachweisen, wohingegen IgM-Antikörper einen Marker für akute oder kürzlich abgelaufene oder wieder aufgeflammte Infektionen darstellen. Bei Patienten mit Schizophrenie wurden sowohl erhöhte Werte für IgG- (58, 93) als auch IgM-Antikörper gefunden (54). Ein Zusammenhang zwischen idiopathischem Morbus Parkinson – wie die Schizophrenie eine Erkrankung mit Beteiligung des Dopaminsystems – und Toxoplasmose konnte nicht gefunden werden (16; wenn überhaupt, dann wäre ein protektiver Effekt einer Infektion mit *Toxoplasma gondii* festzustellen).

Erhöhte Werte für Toxoplasmose-Antikörper (meist IgG) fanden sich auch bei Patienten mit bipolaren Störungen (94, 95), Persönlichkeitsstörungen (34) und vor allem bei Patienten mit Suizidalität. Dieser Zusammenhang wurde erstmals von Arling und Mitarbeitern im Jahr 2009 bei Patienten mit rezidivierenden affektiven Störungen (99 mit und 119 ohne abgelaufene Toxoplasmose-Infektion) sowie 39 gesunden Kontrollpersonen gefunden. Das relative Risiko eines Suizidversuchs betrug bei positivem Antikörper-Titer 1,55 (95 % CI: 1,14–2,12; p = 0,006), d.h. lag etwa um 55 % höher als bei Nichtinfizierten (9).

Die mit Abstand größte und aussagekräftigste Studie zum Zusammenhang einer Toxoplasmen-Infektion und Suizidalität stammt aus Dänemark. Bei insgesamt 45786 schwangeren Frauen wurden toxoplasmosespezifische IgG-Antikörper bestimmt. Anschließend wurde prospektiv ab dem Zeitpunkt der Geburt (in den Jahren 1992 bis 1996) bis ins Jahr 2006 ein Follow-up im Hinblick auf Suizide, Suizidversuche und autoaggressive Akte (self-directed violence) durchgeführt. Verglichen mit nicht infizierten Müttern wiesen *Toxoplasma-gondii*-infizierte Mütter ein relatives Risiko von 2,05 (95 % CI: 0,78–5,20) für Suizid, ein relatives Risiko von 1,81 (95 % CI: 1,13–2,84) für gewaltsame Suizidversuche und ein relatives Risiko von 1,53 (95 % CI: 1,27–1,85) für selbstverletzendes Verhalten bzw. von 1,54 (95 % CI: 0,98–2,39) für wiederholtes selbstverletzendes Verhalten auf (63).

Man kann den Spieß auch umdrehen und (nicht bei Toxoplasmoseinfizierten die Suizidalität, sondern) bei Patienten nach Suizidversuch die toxoplasmosespezifischen IgG-Antikörper bestimmen. Dies taten schwedische Wissenschaftler bei 54 Erwachsenen nach Suizidversuch und verglichen ihren Infektionsstatus mit dem von 30 Kontrollpersonen (90). Auch hier zeigte sich bei Infizierten ein erhöhtes relatives Risiko für Suizidversuche von 7,12 (95 % CI 1,66–30,6; p = 0,008). Infektionen mit Cytomegalie (CMV) und Herpes-simplex-Virus-Typ-1 (HSV-1) hatten keinen entsprechenden Effekt.

Bereits 2011 hatte eine deutsche Studie aus München an 950 Schizophrenen ein erhöhtes relatives Risiko für Suizidversuche bei den jüngeren Patienten (Alter unter 38 Jahren) von 1,59 (95 % CI: 1,06–2,40; p = 0,03) ergeben. Bei den älteren Patienten war der numerische Effekt nicht signifikant (p = 0,21). Auch hier gab es keinen Effekt für CMV und HSV-1 (57). Einen umgekehrten Effekt des Alters fand eine im gleichen Jahr publizierte Studie zur Rate der Seropositivität für Toxoplasmen-Antikörper und Suizidalität für Frauen in 20 europäischen Ländern (p < 0,05 bei den über 45-Jährigen und p = 0,007 bei den 60- bis 74-Jährigen) (47).

Auch im Rahmen der neuseeländischen Langzeitstudie zum Lebensweg von mehr als 1 000 Neugeborenen aus den Jahren 1972 und 1973 wurde ein Hinweis auf den Zusammenhang von Toxoplasmen-Infektion und Suizidalität gefunden (75). Diese Daten lassen aufhorchen: Eine genetische Variante des menschlichen Genoms, die einen Suizid(-Versuch) mit einer um 50 % bis auf 700 % erhöhten Wahrscheinlichkeit voraussagt, wäre wahrscheinlich Anlass, die entsprechende Untersuchung als Marker in die psychiatrische Routine bei allen Patienten, bei denen Suizidalität eine Rolle spielen könnte (und das sind sehr viele), zu rechtfertigen.

Aggressivität und Impulsivität gehören auch bei gesunden Menschen zur normalen Variationsbreite des Verhaltens: Die Leute neigen bekanntermaßen mehr oder weniger zu Jähzorn oder Wutausbrüchen. Bereits 1788 beschrieb Adolf Freiherr von Knigge diese Charaktervariante in seinem bekannten und vor allem *ver*kannten Buch *Über den Umgang mit Menschen* (▸Abb. 14-5) (42), das keine Benimm-Fibel war oder gar sein wollte, sondern eine Schrift der Aufklärung über die – wie wir heute sagen würden – menschliche Psychologie, mit Betonung auf Sozial- und klinischer Psychologie (die übrigens im gleichen Jahr wie die *Kritik der reinen Vernunft* von Immanuel Kant publiziert

Ueber
den
Umgang mit Menschen.

Von
A. Freyherrn von Knigge.

In zwey Theilen.

Mit Churfürstl. Sächsischem Privilegio.

Hannover,
in der Schmidtschen Buchhandlung.
1788.

Abb. 14-5 Cover des berühmt- (und ungerechtfertigterweise) berüchtigten Buchs von Knigge, das auch heute noch sehr lesenswert ist, enthält es doch sehr viele genaue Beobachtungen zum menschlichen Erleben und Verhalten (deutsches Textarchiv).

wurde, eine der bedeutendsten Schriften der Aufklärung). „Jähzornige Leute beleidigen nicht mit Vorsatz. Sie sind aber nicht Meister über die Heftigkeit ihres Temperaments; und so vergessen sie sich, in solchen stürmischen Augenblicken, selbst gegen ihre geliebtesten Freunde, und bereuen nachher zu spät ihre Übereilung“ (42, S. 216).

Nach neueren Befunden ist nicht auszuschließen, dass Herr Knigge hier auch Persönlichkeitsveränderungen verursacht durch Toxoplasmen-Infektion beschrieben hat. In drei der üblichen Standardverfahren zur Persönlichkeitsdiagnostik – Cattells *16PF*, Cloningers *TCI* und dem *NEO-PI-R* („Big Five“)[4] wurde nachgewiesen, dass infizierte gesunde Probanden geringere Werte beim Neugierverhalten und bei Gewissenhaftigkeit sowie höhere Werte bei Extraversion aufweisen (22, 23). Ein Zusammenhang zwischen Neugierverhalten und dopaminerger Aktivierung

4 Der Persönlichkeitstest *16PF* von Raymond Bernard Cattell (1905–1998) ist einer der ältesten (1940er-Jahre) und weltweit insgesamt am häufigsten verwendete Persönlichkeitsfragebogen, der 16 statistisch (mittels Faktorenanalyse) ermittelte Persönlichkeitsfaktoren misst. Das *Temperament und Charakter Inventar* (TCI) von Claude Robert Cloninger (*1944) stammt aus den 1980er- und 1990er-Jahren und wurde explizit mit Bezug zu biologischen (neurophysiologischen, pharmakologischen und sogar anatomischen) Studien entwickelt. Es misst die vier Faktoren Neugierverhalten (novelty seeking), Schadensvermeidung (harm avoidance), Belohnungsabhängigkeit (reward dependence) und Beharrungsvermögen (persistence). Das *NEO-Persönlichkeitsinventar* nach Paul Costa und Robert McCrae, Revidierte Fassung (NEO-PI-R) (ebenfalls aus den 1980er- und 1990er-Jahren) hat in der neueren Persönlichkeitsforschung den 16PF abgelöst und ist heute der am meisten verwendete Persönlichkeitstest. Er misst fünf Persönlichkeitsfaktoren – Neurotizismus, Extraversion, Offenheit für Erfahrung, Verträglichkeit und Gewissenhaftigkeit – die auch als *Big Five* bezeichnet werden.

wird schon länger diskutiert. Die geringere Gewissenhaftigkeit ist gleichbedeutend mit höherer Impulsivität, und die Extraversion ließe sich mit einer verminderten Angst (vor Raubtieren) in Verbindung bringen. Es geht hier also nicht um unspezifische Nebenwirkungen einer latenten leichtgradigen chronischen Infektion durch einen „Haushaltsparasiten" (wie *Toxoplasma gondii* auch zuweilen genannt wurde, weil er schlicht überall vorkommt), sondern um ganz bestimmte Persönlichkeitsveränderungen, die dazu führen, dass der Zwischenwirt eher Opfer eines Raubtiers wird, wie man nach den dargestellten Ausführungen vermuten kann.

Eine Studie an 1000 gesunden Einwohnern (davon 949 auswertbar) der Stadt München im mittleren Alter von knapp 54 Jahren ergab einen Zusammenhang zwischen einer latenten Toxoplasmose-Infektion (vorhanden bei der Hälfte der Teilnehmer) und den Persönlichkeitszügen Aggressivität und Impulsivität (18). Dies passt zu den diskutierten Zusammenhängen mit Suizidalität und den Persönlichkeitsfaktoren.[5] Ebenfalls gemessen wurden die Titer für CMV und HSV-1, wobei sich keine Zusammenhänge wie für Toxoplasmose fanden. Auch dies spricht erneut gegen einen unspezifischen Effekt „leichtgradig chronisch-entzündlicher ZNS-Beteiligung".

---

5 Es passt auch zu tierexperimentellen Befunden: In einer intertemporalen Wahlaufgabe zeigten toxoplasmoseinfizierte Ratten ein impulsiveres Verhalten, d. h. sie wählten eher die kleinere, aber unmittelbare im Vergleich zur größeren aufgeschobenen Belohnung. Zudem wurde eine geringere Dopaminkonzentration sowie eine geringere Dichte dopaminerger Spines (dendritischer Dornen) im Core (aber nicht in der Shell) des Nucleus accumbens bei infizierten Tieren nachgewiesen, was zu einer erhöhten Impulsivität passen würde (77).

Die neueste Publikation zum Zusammenhang einer Toxoplasmen-Infektion und Aggressivität wurde im März 2016 von Psychiatern und Psychologen vom Department für Psychiatrie und Klinische Neurowissenschaften der University of Chicago, Illinois, publiziert. In den Jahren 1998 bis 2008 wurden insgesamt 358 Erwachsene auf eine abgelaufene (latente) Infektion mit Toxoplasmen untersucht (ab einem Wert von >12 IU IgG im ELISA). Davon waren 110 gesunde Kontrollen, 138 Personen mit einer DSM-5-Diagnose auf Achse I (psychische Störung) oder Achse II (Persönlichkeitsstörung) außer pathologischem Jähzorn (Intermittent Explosive Disorder, IED) sowie weitere 110 Patienten mit der DSM-5-Diagnose einer IED (F 63.8 gemäß der Klassifikation nach ICD-10). Die Diagnosen wurden anhand ausführlicher strukturierter Interviews und Diskussion durch Experten gewonnen. Bei allen Personen wurden neben den kategorialen Diagnosen auch die dimensionalen psycho(patho-)logischen Variablen Wut (*State-Trait Anger Expression Inventory*), Aggressivität und Impulsivität sowie Angst und Depressivität mittels standardisierter Verfahren gemessen. Schließlich wurden noch das allgemeine psychische Funktionsniveau sowie der sozioökonomische Status erhoben. Sowohl bei einer kategorialen als auch bei einer dimensionalen Betrachtungsweise ergab sich ein Zusammenhang zwischen einer latenten Infektion mit Toxoplasmen und impulsiver Aggression, wobei sich der Zusammenhang für Aggressivität als deutlicher verglichen mit dem zur Impulsivität erwies.

Bereits vor mehr als 20 Jahren kommentierten tschechische Wissenschaftler ihre damals schon in die gleiche Richtung gehenden (aber kaum beachteten) Befunde wie folgt: „Der offensichtliche Einfluss von T. gondii auf die Persönlichkeit von Männern war unerwartet und ausgeprägt. Die Art der Veränderung der menschlichen Persönlichkeit, die durch eine Toxoplasmose-Infektion hervorgerufen wird, kann wohl kaum als wünschenswert gelten. Es mag wie eine Anekdote erscheinen, dass in einer Gruppe von 29 Toxoplasmose-negativen Professoren, die wir experimentell untersuchten, 10 gegenwärtige oder ehemalige Entscheidungsträger (Fachbereichsleiter, Dekane, Vize-Dekane) zu finden waren. In der Gruppe der 14 Toxoplasmose-positiven Professoren fand sich dagegen nur ein einzelner Fachbereichsleiter." (24, S. 126, Übersetzung durch den Autor).

Der erste der beiden Autoren hat sich selbst als Toxoplasmose-positiver Wissenschaftler geoutet (51) und sein Leben seit mehr als zwei Jahrzehnten der Erforschung der Auswirkungen dieses Parasiten gewidmet. Er beschreibt dessen medizinische Bedeutung mit dramatischen Worten: „Malaria gilt als die größte tödliche durch Protozoen verursachte Gefahr für den Menschen. Wenn wir jedoch die Hunderttausende von Todesfällen mitberücksichtigen, die durch die erhöhte Wahrscheinlichkeit von Verkehrs- und Arbeitsunfällen, Suiziden und anderen Nebenwirkungen der Infektion auftreten, müssen wir zugeben, das die latente ‚asymptomatische' Toxoplasmose die Malaria mit Leichtigkeit von diesem Thron stoßen könnte. Es ist sehr wahrscheinlich, dass die Erforschung der latenten Toxoplasmose, einer Krankheit, von der ein Drittel der Weltbevölkerung betroffen ist, ihre besten Jahr noch vor sich liegen hat" (22, 23; Übersetzung durch den Autor). Hoffen wir, dass es nicht ganz so schlimm kommt! Aus all diesen Gründen macht man sich mittlerweile jedoch Gedanken darüber, ob es nicht besser wäre, auch latente Toxoplasmen-Infektionen zu behandeln, anstatt sie einfach zu „dulden".

Zurück zum Anfang, der Geschichte der Menschheit: Seit den Zeiten Darwins machten sich Wissenschaftler Gedanken über die Geschichte des Menschen. Wo kommt er her? Wie hat er sich entwickelt? Was hat ihn geprägt? – Die von den Paläoanthropologen gegebenen Antworten auf diese Fragen waren dabei jeweils nicht nur von den (letztlich ja vollkommen zufälligen) Funden abhängig, sondern auch von deren Interpretation, die gar nicht anders kann als vor dem Hintergrund des jeweiligen Zeitgeistes zu erfolgen. So war der Mensch bei Darwin ganz selbstverständlich die Krone der Schöpfung. Das Leben bewältigte er über lange Zeit als Jäger und Sammler, und weil auch sehr große Tiere gejagt wurden, lebte der Mensch in Gruppen zunehmender Gruppengröße. Dies trieb die Evolution seines verglichen mit anderen Säugetierarten sehr großen Gehirns an (73).

In den vergangenen Jahrzehnten mehrten sich jedoch die Hinweise darauf, dass unsere Vorfahren nicht nur Jäger, sondern auch Gejagte waren (►Abb. 14-6). Nicht zuletzt aufgrund vielerlei Einsichten zur Begrenztheit und Unvollkommenheit des Menschen, einschließlich der gleichlautenden Einsicht von Paläoanthropologen, wie ein schönes Zitat des

Abb. 14-6 Cover des sehr lesenswerten Buchs *Man the Hunted* der beiden Primatologen Donna Hart und Robert W. Sussman, das die Hypothese vom Menschen als Opfer von Raubtieren erstmals einem breiteren Publikum vorstellte (32).

Harvard-Professors und Kurators am dortigen *Peabody Museum of Archaeology and Ethnology* David Pilbeam zeigt: „Ich bin zu der Überzeugung gelangt, dass viele Aussagen, die wir über das Wie und Warum der Evolution des Menschen machen, genau so viel aussagen über uns als Paläoanthropologen und die Gesellschaft in der wir leben, wie über all das, was ‚wirklich' passiert ist" (64, S. 220).

Zwar liegt es gerade bei Betrachtung des heutigen Lebens der „anderen" Nachkommen der gemeinsamen Vorfahren von Mensch und Menschenaffen sehr nahe, dass auch unsere jüngeren Vorfahren vor allem Beute und eher weniger Jäger waren, diese Einsicht jedoch empfinden viele Menschen – auch Zeitgenossen – bis heute als schwer verdaulich. Zu groß ist das Bedürfnis des Menschen nach Macht, Besonderheit, ja Einzigartigkeit. Wer mag schon den Gedanken, dass unsere Vorfahren ihr Dasein als ängstliche Gejagte fristeten?

Lange wurde der Mensch als Fehlwirt – so der Terminus technicus – für Toxoplasmen betrachtet, d.h. als ein Organismus, der den Parasiten zwar aufnimmt, aber für diesen eine reproduktionstechnische Sackgasse darstellt (weil Menschen nicht gefressen werden). Da sich nun jedoch herausgestellt hat, dass nicht nur Schimpansen von Leoparden gefressen werden und daher eindeutig einen Zwischenwirt für Toxoplasmen darstellen, sondern auch Menschen mit Toxoplasmose veränderte (Persönlichkeits-)Eigenschaften aufweisen (einschließlich des angenehmeren Empfindens des Geruchs von Katzenurin), muss man davon ausgehen, dass Menschen über die meiste Zeit ihrer Existenz (d.h. längstenfalls bis vor wenigen Jahrtausenden) Opfer von Raubtieren (vor allem Raubkatzen) und damit Gejagte waren.

Ähnlich wie sich Schimpansen noch heute gegen Leoparden als Gruppe sehr erfolgreich zur Wehr setzen können, dürften unsere Vorfahren als Gruppe dies gekonnt haben. Und so waren es nicht Palöoanthropologen, sondern Primatenforscher, die das bis heute beste Buch zur Evolution des Menschen unter der Rahmenbedingung, dass er ein Gejagter war, geschrieben haben. Aus dieser Sicht erscheint er weniger als kämpferisch sich durchsetzender, blutrünstiger, aggressiver Jäger oder Krieger, sondern als durch und durch für sein Überleben auf andere Menschen angewiesenes soziales Wesen. Dies passt zu den vielen Befunden aus der sozialen Neurowissenschaft des letzten Jahrzehnts, zu den neurobiologischen Grundlagen von Kooperation, Altruismus, Empathie und sogar Moralentwicklung. Unser Gehirn hat sich genau dafür entwickelt.

Die spezifischen Effekte von Toxoplasmen auf unser Verhalten müssen uns also in psychiatrischer Hinsicht nicht nur Anlass zur Sorge sein. Aus evolutionärer Sicht sind sie auch Zeuge dafür, dass Menschen besser sind als ihr Ruf.

Literatur

1. Ahmadpour E, Daryani A, Sharif M et al. Toxoplasmosis in immunocompromised patients in Iran: a systematic review and meta- analysis. J Infect Dev Ctries 2014; 8: 1503–1510.
2. Alvarado-Esquivel C, Campillo-Ruiz F, Liesenfeld O. Seroepidemiology of infection with Toxoplasma gondii in migrant agricultural workers living in poverty in Durango, Mexico. Parasit Vectors 2013; 6: 113.
3. Alvarado-Esquivel C, Hernández-Tinoco J, Sánchez-Anguiano LF et al. High seroprevalence of Toxoplasma gondii infection in inmates: A case control study in Durango City, Mexico. Eur J Microbiol Immunol (Bp) 2014; 4: 76–82.
4. Alvarado-Esquivel C, Liesenfeld O, Márquez-Conde JA et al. Seroepidemiology of infection with Toxoplasma gondii in waste pickers and waste workers in Durango, Mexico. Zoonoses Public Health 2008; 55: 306–312.
5. Alvarado-Esquivel C, Pacheco-Vega SJ, Hernández-Tinoco J et al. Toxoplasma gondii infection in interstate truck drivers: a case-control seroprevalence study. Parasit Vectors 2015; 8: 77.

6. Alvarado-Esquivel C, Sánchez-Anguiano LF, Hernández-Tinoco J et al. High seroprevalence of Toxoplasma gondii infection in female sex Workers: A case-control study. Eur J Microbiol Immunol (Bp) 2015; 5: 285–292.
7. Alvarado-Esquivel C, Torres-Castorena A, Liesenfeld O et al. High seroprevalence of Toxoplasma gondii infection in a subset of Mexican patients with work accidents and low socioeconomic status. Parasit Vectors 2012; 5: 13.
8. Arantes TP, Lopes WD, Ferreira RM et al. Toxoplasma gondii: Evidence for the transmission by semen in dogs. Exp Parasitol 2009; 123: 190–194.
9. Arling TA, Yolken RH, Lapidus M et al. Toxoplasma gondii antibody titers and history of suicide attempts in patients with recurrent mood disorders. J Nerv Ment Dis 2009; 197: 905–908.
10. Asgari Q, Keshavarz Valian H, Rezaeian M et al. Toxoplasma gondii: sexual transmission in mice. J Parasit Dis 2015; 39: 253–257.
11. Asgari Q, Keshavarz Valian H, Rezaeian M et al. Toxoplasma gondii: sexual transmission in mice. J Parasit Dis 2013; published online.
12. Berdoy M, Webster JP, Macdonald DW. Fatal attraction in rats infected with Toxoplasma gondii. Proc Biol Sci 2000; 267: 1591–1594.
13. Berenreiterová M, Flegr J, Kuběna AA, Němec P. The distribution of Toxoplasma gondii cysts in the brain of a mouse with latent toxoplasmosis: Implications for the behavioral manipulation hypothesis. PLoS One 2011; 12: 1–12.
14. Boesch C. The effects of leopard predation on grouping patterns in forest chimpanzees. Behaviour 1991; 117: 220–241.
15. Burkinshaw J, Kirman BH, Sorsby A. Toxoplasmosis in relation to mental deficiency. Br Med J 1953; 1: 702–704.
16. Celik T, Kamisli O, Babur C. Is there a relationship between Toxoplasma gondii infection and idiopathic Parkinson's disease? Scand J Infect Dis 2010; 42: 604–608.
17. Coccaro EF, Lee R, Groer MW et al. Toxoplasma gondii infection: Relationship with aggression in psychiatric subjects. J Clin Psychiatry 2016; 77: 334–341.
18. Cook TB, Brenner LA, Cloninger CR et al. "Latent" infection with Toxoplasma gondii: Association with trait aggression and impulsivity in healthy adults. Journal of Psychiatric Research 2015; 60: 87–94.

19. Daryani A, Sarvi S, Aarabi M et al. Seroprevalence of Toxoplasma gondii in the Iranian general population: a systematic review and meta-analysis. Acta Trop 2014; 137: 185–194.
20. Dass SAH, Vasudevan A, Dutta D et al. Protozoan parasite Toxoplasma gondii manipulates mate choice in rats by enhancing attractiveness of males. PLoS ONE 2011; 6(11): e27229.
21. Dass SAH, Vyas A. Toxoplasma gondii infection reduces predator aversion in rats through epigenetic modulation in the host medial amygdala. Molec Ecol 2014; 23: 6114–6122.
22. Flegr J. How and why Toxoplasma makes us crazy. Trends Parasitol 2013; 29: 156–163.
23. Flegr J. Influence of latent Toxoplasma infection on human personality, physiology and morphology: pros and cons of the Toxoplasma – human model in studying the manipulation hypothesis. The Journal of Experimental Biology 2013; 216: 127–133.
24. Flegr J, Hrd I. Influence of chronic toxoplasmosis on some human personality factors. Folia Parasitol 1994; 41: 122–126.
25. Flegr J, Hrusková M, Hodnyì Z, Novotná M, Hanusová J. Body height, body mass index, waist-hip ratio, fluctuating asymmetry and second to fourth digit ratio in subjects with latent toxoplasmosis. Parasitology 2005; 130: 621–628.
26. Flegr J, Klose J, Novotná M, Berenreitterová M, Havlícek J. Increased incidence of traffic accidents in Toxoplasma-infected military drivers and protective effect RhD molecule revealed by a large-scale prospective cohort study. BMC Infect Dis 2009; 9: 72.
27. Flegr J, Lenochová P, Hodný Z, M. Vondrová M. Fatal attraction phenomenon in humans: cat odour attractiveness increased for toxoplasma-infected men while decreased for infected women. PLoS Negl Trop Dis 2011; 5: 1–8.
28. Flegr J, Lenochová P, Hodnyì Z, Vondrová M. Fatal attraction phenomenon in humans: cat odour attractiveness increased for toxoplasma-infected men while decreased for infected women. PLoS Negl Trop Dis 2011; 5: e1389.
29. Flegr J, Lindovaì J, Kodym P. Sex-dependent toxoplasmosis-associated differences in testosterone concentration in humans. Parasitology 2008; 135: 427–431.
30. Gaskell EA, Smith JE, Pinney JW, Westhead DR, McConkey GA. A unique dual activity amino acid hydroxylase in Toxoplasma gondii. PLoS ONE 2009; 4: e4801.
31. Dass SAH, Vyas A. Toxoplasma gondii infection reduces predator aversion in rats through epigenetic modulation in the host medial amygdala. Mol Ecol 2014; 23: 6114–6122.

32. Hart D, Sussman RW. Man the Hunted: Primates, Predators, and Human Evolution, Expanded Edition. Boulder, CO: Westview Press 2008.
33. Herrmann DC, Maksimov P, Hotop A et al. Genotyping of samples from German patients with ocular, cerebral and systemic toxoplasmosis reveals a predominance of Toxoplasma gondii type II. Int J Med Microbiol 2014; 304: 911–916.
34. Hinze-Selch D, Däubener W, Erdag S, Wilms S. The diagnosis of a personality disorder increases the likelihood for seropositivity to Toxoplasma gondii in psychiatric patients. Folia Parasitol 2010; 57: 129–135.
35. Holub D, Flegr J, Dragomirecká E et al. Differences in onset of disease and severity of psychopathology between toxoplasmosis-related and toxoplasmosis-unrelated schizophrenia. Acta Psychiatr Scand 2013; 127: 227–238.
36. Horacek J, Flegr J, Tintera J et al. Latent toxoplasmosis reduces gray matter density in schizophrenia but not in controls: voxel-based-morphometry (VBM) study. World J Biol Psychiatry 2012; 13: 501–509.
37. House PK, Vyas A, Sapolsky RM. Predator cat odors activate sexual arousal pathways in brains of Toxoplasma gondii infected rats. PLoS One 2011; 6: e23277.
38. Hu K, Johnson J, Florens L et al. Cytoskeletal components of an invasion machine – The apical complex of Toxoplasma gondii. PLoS Pathog 2006; 2(2): e13.
39. Hunter P. What doesn't kill you makes you dumber. Strengthening the link between infectious disease, intelligence and personality. EMBO Rep 2012; 13: 193–196.
40. Ingram WM, Goodrich LM, Robey EA, Eisen MB. Mice infected with low-virulence strains of toxoplasma gondii lose their innate aversion to cat urine, even after extensive parasite clearance. PLoS ONE 2013; 8: e75246.
41. Kessler RC, Coccaro EF, Fava M et al. The prevalence and correlates of DSM-IV intermittent explosive disorder in the national comorbidity survey replication. Arch Gen Psychiatry 2006; 63: 669–678.
42. Knigge A von. Ueber den Umgang mit Menschen. Bde. 1/2. Hannover 1788.
43. Kodym P, Malý M, Svandová E et al. Toxoplasma in the Czech Republic 1923–1999: first case to widespread outbreak. Int. J Parasitol 2000; 30: 11–18.

44. Lanchava L, Carlson K, Šebánková Bet al. No evidence of association between toxoplasma gondii infection and financial risk taking in females. PLoS One 2015; 10: e0136716.
45. Lefèvre T, Lebarbenchon C, Gauthier-Clerc M et al. The ecological significance of manipulative parasites. Trends Ecol Evol 2009; 24: 41–48.
46. Lim A, Kumar V, Hari Dass SA, Vyas A. Toxoplasma gondii infection enhances testicular steroidogenesis in rats. Molecular ecology 2013; 22: 102–110.
47. Ling VJ, Lester D, Mortensen PB et al. Toxoplasma gondii seropositivity and suicide rates in women. J Nerv Ment Dis 2011; 199: 440–444.
48. Liu Q, Wang ZD, Huang SY, Zhu XQ. Diagnosis of toxoplasmosis and typing of Toxoplasma gondii. Parasit Vectors 2015; 8: 292.
49. Lopes WD, Rodriguez JD, Souza FA et al. Sexual transmission of Toxoplasma gondii in sheep. Vet Parasitol 2013; 195: 47–56.
50. Martin HL, Alsaady I, Howell G et al. Effect of parasitic infection on dopamine biosynthesis in dopaminergic cells. Neuroscience 2015; 306: 50–62.
51. McAuliffe K. How your cat is making you crazy. The Atlantic, März 2012; www.theatlantic.com/magazine/archive/2012/03/how-your-cat-is-making-you-crazy/308873.
52. McConkey GA, Martin HL, Bristow GC, Webster JP. Toxoplasma gondii infection and behaviour – location, location, location? J Exp Biol 2013; 216: 113–119.
53. McConkey GA, Peers C, Prandovszky E. Reproducing increased dopamine with infection to evaluate the role of parasite-encoded tyrosine hydroxylase activity. Infect Immun 2015; 83: 3334–3335.
54. Monroe JM, Buckley PF, Miller BJ. Meta-analysis of anti-toxoplasma gondii IgM antibodies in acute psychosis. Schizophr Bull 2015; 41: 989–998.
55. Niebuhr DW, Millikan AM, Cowan DN et al. Risk of schizophrenia and antibodies to Toxoplasma gondii among U.S. military personnel. Schizophr Bull 2007; 33: 243–244.
56. Nielsen BL, Rampin O, Meunier N, Bombail V. Behavioral responses to odors from other species: introducing a complementary model of allelochemics involving vertebrates. Front Neurosci 2015; 9: 226.
57. Okusaga O, Langenberg P, Sleemi A et al. Toxoplasma gondii antibody titers and history of suicide attempts in patients with schizophrenia. Schizophr Res 2011; 133: 150–155.

58. Omar A, Bakar OC, Adam NF et al. Seropositivity and serointensity of Toxoplasma gondii antibodies and DNA among patients with schizophrenia. Korean J Parasitol 2015, 53: 29–34:
59. Oz HS. Maternal and congenital toxoplasmosis, currently available and novel therapies in horizon. Front Microbiol 2014; 5: 385.
60. Oz HS. Toxoplasmosis complications and novel therapeutic synergism combination of diclazuril plus atovaquone. Front Microbiol 2014; 5: 484.
61. Oz HS. Toxoplasmosis, pancreatitis, obesity and drug discovery. Pancreat Disord Ther 2014; 4: pii: 138.
62. Oz HS, Tobin T. Diclazuril protects against maternal gastrointestinal syndrome and congenital toxoplasmosis. Int J Clin Med 2013; 5: 93–101.
63. Pedersen MG, Mortensen PB, Norgaard-Pedersen B, Postolache TT. Toxoplasma gondii infection and self-directed violence in mothers. Arch Gen Psychiatry 2012; 69: 1123–1130.
64. Pilbeam D. Rethinking human origins. In: Ciochon RL, Fleagle JG (eds.) Primate Evolution and Human Origins. New York: Aldine de Gruyter 1987.
65. Poinar G, Yanoviak SP. Myrmeconema neotropicum n. g., n. sp., a new tetradonematid nematode parasitising South American populations of Cephalotes atratus (Hymenoptera: Formicidae), with the discovery of an apparent parasite-induced host morph. Systematic Parasitology 2008; 69: 145–153.
66. Poirotte C, Kappeler PM, Ngoubangoye B et al. Morbid attraction to leopard urine in Toxoplasma-infected chimpanzees. Current Biology 2016; 26, R98–R99.
67. Prandovszky E, Gaskell E, Martin H et al. The neurotropic parasite Toxoplasma Gondii increases dopamine metabolism. PLoS ONE 2011; 6: e23866.
68. Priplatova L, Sebankova B, Flegr J. Contrasting effect of prepulse signals on performance of toxoplasma-infected and toxoplasma-free subjects in an acoustic reaction times test. PLoS ONE 2014; 9(11): e112771.
69. Reeves GM, Mazaheri S, Snitker S et al. A positive association between T. gondii seropositivity and obesity. Front Public Health 2014; 1:73.
70. Shirbazou S, Delpisheh A, Mokhetari R, Tavakoli G. Serologic detection of anti Toxoplasma gondii infection in diabetic patients. Iran Red Crescent Med J 2013; 15: 701–703.

71. Skallova A, Kodym P, Frynta D, Flegr J. The role of dopamine in Toxoplasma-induced behavioural alterations in mice: an ethological and ethopharmacological study. Parasitology 2006; 133: 525–535.
72. Spitzer M. Verlobungsringe, Parasiten und Gehirne. Nervenheilkunde 2000; 19: 415–417.
73. Spitzer M. Die Dunbar-Zahl. In: Nichtstun, Flirten, Küssen. Stuttgart: Schattauer 2012; 66–82.
74. Stilling RM, Bordenstein SR, Dinan TG, Cryan JF. Friends with social benefits: host-microbe interactions as a driver of brain evolution and development? Front Cell Infect Microbiol 2014; 4: 147.
75. Sugden K, Moffitt TE, Pinto L et al. Is Toxoplasma gondii infection related to brain and behavior impairments in humans? Evidence from a population-representative birth cohort. PLoS ONE 2016; 11(2): e0148435.
76. Tan D, Soh LJ, Lim LW et al. Infection of male rats with Toxoplasma gondii results in enhanced delay aversion and neural changes in the nucleus accumbens core. Proc Biol Sci 2015; 7; 282(1808):20150042.
77. Tan D, Soh LJ, Lim LW et al. Infection of male rats with Toxoplasma gondii results in enhanced delay aversion and neural changes in the nucleus accumbens core. Proc Biol Sci 2015; 282: 20150042.
78. Tanaka S, Nishimura M, Ihara F et al. Transcriptome analysis of mouse brain infected with Toxoplasma gondii. Infect Immun 2013; 81: 3609–3619.
79. Tenter AM, Heckeroth AR, Weiss LM. Toxoplasma gondii: from animals to humans. International Journal for Parasitology 2000; 30: 1217–1258.
80. Thomas F, Adamo S, Moore J. Parasitic manipulation: where are we and where should we go? Behav Processes 2005; 68: 185–199.
81. Vyas A. Mechanisms of host behavioral change in Toxoplasma gondii rodent association. PLoS Pathog 2015; 11(7): e1004935.
82. Vyas A, Kim SK, Giacomini N et al. Behavioral changes induced by Toxoplasma infection of rodents are highly specific to aversion of cat odors. PNAS 2007; 104: 6442–6447.
83. Wagner U. Toxoplasmose. 1500 Kinder kommen pro Jahr mit Schäden zur Welt. Pharmazeutische Zeitung Online 2001; 19 www.pharmazeutische-zeitung.de/index.php?id=medizin6_19_2001.

84. Wang ZT, Harmon S, O'Malley KL, Sibley LD. Reassessment of the role of aromatic amino acid hydroxylases and the effect of infection by Toxoplasma gondii on host dopamine. Infect Immun 2015; 83: 1039–1047.
85. Wang ZT, Sibley LD. Reply to „reproducing increased dopamine with infection to evaluate the role of parasite-encoded tyrosine hydroxylase activity". Infect Immun 2015; 83: 3336–3337.
86. Webster JP. Rats, cats, people and parasites: the impact of latent toxoplasmosis on behaviour. Microbes Infect 2001; 3: 1037–1045.
87. Webster JP, McConkey GA. Toxoplasma gondii-altered host behaviour: clues as to mechanism of action. Folia Parasitol (Prag) 2010; 57: 95–104.
88. Xiao J, Li Y, Prandovszky E et al. MicroRNA-132 dysregulation in Toxoplasma gondii infection has implications for dopamine signaling pathway. Neuroscience 2014; 268: 128–138.
89. Yanoviak SP, Kaspari M, Dudley R, Poinar G. Natural history note. Parasite-induced fruit mimicry in a tropical canopy ant. The American Naturalist 2008; 171: 536–544.
90. Zhang Y, Träskman-Bendz L, Janelidze S et al. Toxoplasma gondii immunoglobulin G antibodies and nonfatal suicidal self-directed violence. J Clin Psychiatry 201; 73: 1069–1076.
91. Brüggmann D, Handl V, Klingelhöfer D et al. Congenital toxoplasmosis: an in-depth density-equalizing mapping analysis to explore its global research architecture. Parasites & Vectors 2015; 8: 646.
92. Evans AK, Strassmann PS, Lee I-P, Sapolsky RM. Patterns of Toxoplasma gondii cyst distribution in the forebrain associate with individual variation in predator odor avoidance and anxiety-related behavior in male Long-Evans rats. Brain Behav Immun 2014; 37: 122–133.
93. Torrey EF, Bartko JJ, Yolken RH. Toxoplasmagondii and other risk factors for schizophrenia: an update. Schizophrenia Bull 2010; 38: 642–647.
94. Tedla Y, Shibre T, Ali O et al. Serum antibodies to Toxoplasma gondii and Herpesvidae family viruses in individuals with schizophrenia and bipolar disorder: a case-control study. Ethiop Med J 2011; 49: 211–220.
95. Pearce BD, Kruszon-Moran D, Jones JL. The relationship between Toxoplasma gondii infection and mood disorders in the third National Health and Nutrition Survey. Biol Psychiatry 2012; 72: 290–295.

15 Ärzte sterben gewöhnlich

Gedanken zur Qualität des Todes

Ärzte haben ein besonderes Verhältnis zum Tod: In professioneller Hinsicht gehen sie einerseits täglich damit um, entweder explizit auf der Intensivstation oder implizit bei Gesprächen über Gesundheit und Krankheit und deren Bedeutung für lebenswichtige Entscheidungen beim Hausarzt oder Psychiater – mit allen Varianten dazwischen, vom Neonatologen bis zum Geriater. Ganz privat wissen Ärzte aber auch, dass sie selbst einmal sterben werden. Sie wissen, dass dies die teuerste Zeit ihres Lebens werden wird, zugleich mit der schlechtesten Lebensqualität, und dass die „Qualität des Todes" – ja, diesen Ausdruck gibt es wirklich! (17)[1] – durchaus davon abhängt, welche Entscheidungen hierzu man (noch) zu Lebzeiten fällt.

Im Buch des Neurochirurgen Paul Kalanithi, der im März 2015 an Lungenkrebs verstorben war, ist das besondere Verhältnis eines Arztes zu seinem eigenen Tod auf sehr einfühlsame und zugleich gut lesbare Weise thematisiert (▸Abb. 15-1) (8).

Als Patient schrieb er angesichts seines baldigen Todes: „Zeit ist für mich etwas sehr Zweischneidiges geworden. Jeder Tag entfernt mich weiter von meinem letzten Rückfall, bringt mich dem nächsten näher. Vielleicht werde ich später sterben als ich heute annehme, aber ganz bestimmt früher, als ich mir wünsche. Auf diese Erkenntnis gibt es

---

1 Drei Jahre später (16) spricht der Autor im gleichen Zusammenhang und fast an gleicher Stelle eines Folgeartikels von „QOL at the EOL" (quality of life at the end of life) – was zwar professioneller klingen mag, jedoch kaum darüber hinwegzutäuschen vermag, dass es um den gleichen Sachverhalt geht: die Qualität des Todes.

Abb. 15-1 Cover des sehr lesenswerten Buches von Paul Kalanithi, das kurz nach seinem Erscheinen in den USA zum New-York-Times-Bestseller geworden war – zu Recht!

wohl zwei Reaktionen. Am naheliegendsten wäre der Impuls, sich in hektische Aktivität zu stürzen, das Leben voll auszukosten, zu reisen, essen zu gehen, alles zu erledigen, was man schon immer tun wollte. Doch eine der grausamen Begleiterscheinungen von Krebs ist nicht nur, dass er die Zeit begrenzt, sondern auch die Energie, und damit reduziert er das Pensum, das man in einen Tag pressen kann, beträchtlich" (8).

Als Arzt war ihm lange zuvor schon klar, „dass sich die Fragen nach Leben, Tod und Sinnhaftigkeit, die uns alle irgendwann betreffen, üblicherweise im medizinischen Kontext stellen. […] Unter […] kritischen Umständen stellt sich nicht nur die Frage, ob man lebt oder stirbt, sondern welches Leben lebenswert ist. Will man seine Sprachfähigkeit oder die seiner Mutter für ein paar zusätzliche, in

Stummheit gelebte Monate eintauschen? Will man sein Gesichtsfeld einengen lassen, um die geringe Gefahr einer letalen Hirnblutung zu bannen? Will man die Lähmung der linken Hand in Kauf nehmen, damit man keine Krampfanfälle mehr bekommt? Wie viel neurologisches Leiden will man seinem Kind zumuten, bevor man entscheidet, dass der Tod all dem vorzuziehen ist? […] In den sieben Jahren unserer Facharztausbildung sollten wir uns von Zeugen medizinischer Dramen zu deren Hauptakteuren entwickeln" (8).

Hat die professionelle Beschäftigung mit dem Tod Konsequenzen für den privaten Umgang mit ihm? Im Falle des Neurochirurgen Kalanithi kann man nachlesen, dass die Antwort auf diese Frage mit „Ja" zu beantworten ist. Aber auch er starb nicht zu Hause oder in einem Hospiz, sondern in einem Krankenhaus, nachdem der dritte Therapieplan gescheitert war, im Kreise seiner Liebsten, nach einer erheblichen medizinischen Materialschlacht, aber unter Verzicht auf Unnötiges ganz am Ende.

Ken Murray, Professor für Allgemeinmedizin an der University of California, beschreibt die Situation von Ärzten kurz vor ihrem Tod im Jahr 2011 (11) wie folgt: „Sie sterben nicht wie andere Leute. Das Ungewöhnliche besteht dabei nicht darin, dass sie mehr oder besser behandelt werden als die meisten Amerikaner, sondern weniger. Ungeachtet all der Zeit, die sie mit dem Kampf gegen den Tod anderer Menschen verbracht haben, blicken sie ihrem eigenen Tod recht gelassen in die Augen. Sie wissen genau, was geschehen wird, kennen die Möglichkeiten und haben in aller Regel Zugang zu was auch immer sie für sich wünschen. Aber sie gehen sanft."

Ärzte wissen insbesondere um das Leid und beispielsweise um die Tatsache, dass in den westlichen Industrienationen die meisten Sterbefälle nach Herzinfarkten, Schlaganfällen oder Krebserkrankung auftreten. Das ist gleichbedeutend damit, dass es den meisten Menschen in den Tagen, Wochen und Monaten vor ihrem Tod sehr schlecht geht. Und an dieser prä-letalen sehr geringen Lebensqualität kann die moderne Medizin wenig ändern – mit einer Ausnahme: Sie kann auf Handeln verzichten, den Tod damit vorverlagern, und damit aber auch die durchschnittliche Qualität der letzten zwei Lebensjahre eines Menschen – durch Nichtstun! – verbessern.

Welche Auswirkungen das Wissen um diese moderne Medizin hat, wurde in einer Studie an 1 871 Ärzten schon im Jahr 2014 von Ärzten in Kalifornien an ihren Kollegen aus Fachrichtungen untersucht, die am Ende des Lebens besonders gefragt sind (Anästhesie, Intensivmedizin, Allgemein- und innere Medizin, Neurologie, Pathologie, Psychiatrie, Radiologie und Strahlentherapie und einige mehr). Von diesen waren 790 im Jahr 1989 befragt worden und weitere 1 081 im Jahr 2013, sodass eine vergleichende Betrachtung der Einstellungen der Ärzte zum Tod über ein knappes Vierteljahrhundert möglich wurde. Mittels 14 Fragen zum Umgang mit dem eigenen Tod (z. B. lebensverlängernde Maßnahmen, Organspende) wurde untersucht, ob die Fortschritte der Medizin aus den letzten beiden Jahrzehnten zu einer Änderung der Wünsche für den Umgang mit dem eigenen Tod (wie sie hierzulande heute in der *Patientenverfügung*[2] zum Ausdruck gebracht werden) bei den damit professionell dauernd zu tun habenden Ärzten einhergeht (13).

Hierbei zeigten sich insgesamt wenige Änderungen über die Zeit. Bemerkenswert war jedoch die Tatsache, dass die allermeisten Ärzte (88,3 %) lebensverlängernde Maßnahmen ablehnten und nur 11,7 % diese für sich beanspruch-

---

2 In den USA spricht man von „advance healthcare directive“, „personal directive“, „advance directive“, „medical directive“, „ advance decision“ oder schlicht „living will“.

ten. Die Autoren kommentieren ihren Befund wie folgt: „Nach unserem besten Wissen ist dies die erste Studie zu den Prioritäten einer großen Kohorte sehr unterschiedlicher junger Ärzte im Hinblick auf bei ihnen selbst durchzuführende lebensverlängernde Maßnahmen. Wir fanden, dass auch sie sich am Ende ihres Lebens für palliative Maßnahmen [und gegen maximalen Aufwand] entscheiden" (12, Übersetzung durch den Autor).

Bereits vor knapp zwei Jahrzehnten hatte man Ärzte und ihre Patienten danach befragt, wie sie sich beim Erreichen des Endstadiums einer tödlich verlaufenden Krankheit im Hinblick auf eine Reihe lebensverlängernder Maßnahmen entscheiden würden (6). Das Ergebnis (▸ Tab. 15-1) zeigt eindrücklich, dass Patienten mehr Maßnahmen wün-

Tab. 15-1 Präferenzen für Entscheidungen, die man dann nicht mehr selbst treffen kann, für bestimmte Maßnahmen im Endstadium einer Krankheit bei Ärzten und ihren Patienten (nach 6).

	Ärzte			**Patienten**			
Maßnahme	**ja**	**nein**	**weiß nicht**	**ja**	**nein**	**weiß nicht**	**p**
Hospitalisierung	44	29	27	58	29	13	0,002
Intensivstation	18	56	26	49	39	12	<0,0001
Wiederbelebung	4	83	13	44	47	9	<0,0001
Operation	8	58	34	15	72	13	<0,0001
Beatmung	5	74	21	27	63	10	<0,0001
Nahrung, Flüssigkeit	45	20	35	37	51	12	<0,0001

schen als Ärzte, jeweils für sich selbst. So möchten beispielsweise 44 % der Patienten Wiederbelebungsmaßnahmen für sich selbst, verglichen mit 4 % der Ärzte. Auf die Intensivstation wollen 49 % der Patienten, aber nur 18 % der Ärzte, und beatmet werden wollen 27 % der Patienten, jedoch nur 5 % der Ärzte. Einzig bei der sanften Maßnahme der Gabe von Nahrung und Flüssigkeit liegen die Ärzte mit 45 % gegenüber nur 37 % der Patienten vorn.

Ganz allgemein gilt, dass es in dieser Hinsicht größere Unterschiede gibt, die auf kulturelle, soziodemografische und professionelle Variablen zurückgeführt werden können. In aller Regel möchten die Menschen als Patienten für sich selber weniger lebensverlängernde Maßnahmen als für ihre Angehörigen (1), Vertreter medizinischer Heilberufe (Ärzteschaft, Pflegedienst) möchten weniger lebensverlängernde Maßnahmen für sich selbst, als sie ihren Patienten angedeihen lassen würden. Wenn Ärzte eine Patientenverfügung vornehmen, dann lehnen sie invasive Maßnahmen für ihr Lebensende eher ab (4). In den USA lehnen Ärzte kaukasischer Abstammung („Weiße“) lebensverlängernde Maßnahmen für sich selbst in deutlich stärkerem Maße ab als Ärzte afrikanischer Herkunft (10).

Mit den genannten und weiteren Studien ähnlicher Art (3) stellt sich die Frage, warum Ärzte für sich etwas ganz anderes wünschen, als sie ihren Patienten angedeihen lassen. Vielleicht aber auch nicht, denn wie sich herausstellt, ist es eine Sache, was man sagt, und eine ganz andere, was man tut.

So haben Geriater aus den USA kürzlich in einer sehr großen Studie mit dem Titel *How U.S. Doctors Die* die Umstände des Sterbens bei 9 947 Ärzten mit denen von 192 006 Kontrollpersonen unter Rückgriff auf die Krankenakten der öffentlichen und bundesstaatlichen Krankenversicherung der USA für ältere oder behinderte Bürger, Medicare, untersucht (9). Die primären Outcome-Variablen (aus den Jahren 2008 bis 2010) waren die Anzahl der Krankenhaustage in den letzten sechs Monaten vor dem Tod sowie der Anteil der Tage in einem Hospiz. Soziodemografische Kovariablen (Alter, Geschlecht, ethnische Herkunft, Einkommen und Region des Wohnorts), von denen man weiß, dass sie mit der Art des Sterbens statistisch in Verbindung stehen, wurden ebenfalls mit erfasst, ebenso das Fachgebiet der Ärzte.

Insgesamt verbrachten die Ärzte den letzten Monat vor ihrem Tod vergleichsweise eher zu Hause (50,1 % Aufenthalt in Krankenhaus/Hospiz versus 52,5 % bei den Nichtärzten), die Anzahl der in den letzten sechs Monaten bzw. im letzten Monat des Lebens im Krankenhaus verbrachten Tage war jedoch in beiden Gruppen praktisch identisch (Ärzte: 12,2 Tage, Nichtärzte: 12,4 Tage; bzw. 5,3 Tage in beiden Gruppen; ▸Tab. 15-2).

Kein signifikanter Unterschied zwischen Ärzten und Nichtärzten ergab sich beim Anteil der im Krankenhaus Versterbenden (25,3 % versus 25,9 %) und beim Anteil derjenigen, die in den letzten sechs Monaten bzw. im letzten Monat für mindestens einen Tag auf eine Intensivstation verbracht wurden (34,6 % versus 34,3 % bzw. 25,6 % versus 25 %). Demgegenüber verbrachten die Ärzte in den letzten sechs Monaten bzw. im letzten Monat vor ihrem Tod signifikant mehr Tage auf einer Intensivstation (3,1 % versus 2,8 %; $p < 0{,}001$ bzw. 1,7 % versus 1,5 %; $p < 0{,}001$).

Unter den Ärzten nutzten 46,4 % ein Hospiz, bei den Nichtärzten waren es nur 43,2 % ($p < 0{,}001$). Bei der Anzahl der am Lebensende im Hospiz verbrachten Tage (19,4 bei den Ärzten versus 19,3 bei den Nichtärzten) gab es hingegen keinen Unterschied zwischen beiden Gruppen. Die Nutzung eines Hospizes in den letzten sieben Tagen vor dem Tod war bei den Ärzten mit 16,8 % wiederum größer als bei den Nichtärzten (15 %; $p < 0{,}001$).

Tab. 15-2 Ergebnisse der Studie von Matlock und Mitarbeitern (9) zum Aufenthalt von Ärzten und Nichtärzten im Krankenhaus und Hospiz während der letzten sechs Monate bzw. des letzten Monats ihres Lebens (ICU: intensive care unit; p: Irrtumswahrscheinlichkeit; die Angaben zum Hospiz beziehen sich auf ein n von 9947 bei den Ärzten bzw. von 191987 bei den Nichtärzten).

Was?	**Ärzte (n = 9914)**	**Nichtärzte (n = 191426)**	**p**
KH, letzte 6 Monate	66,6 %	69,5 %	<0,001
KH, letzter Monat	50,1 %	52,5 %	<0,001
Tage im KH, letzte 6 Monate	12,2	12,4	ns
Tage im KH, letzter Monat	5,3	5,3	ns
Tod im Krankenhaus	25,3 %	25,9 %	ns
ICU, letzte 6 Monate	34,6 %	34,3 %	ns
ICU, letzter Monat	25,6 %	25 %	ns
Tage auf der ICU, letzte 6 Monate	3,1	2,8	<0,001
Tage auf der ICU, letzter Monat	1,7	1,5	<0,001
Tod im Hospiz	43,8 %	40,5 %	<0,001
Hospiz, letzte 6 Monate	46,4 %	43,2 %	<0,001
Tod im Hospiz, innerhalb von 3 Tagen	8,1 %	7,5 %	0,03
Tod im Hospiz, innerhalb von 7 Tagen	16,8 %	15 %	<0,001
Tage im Hospiz, letzte 6 Monate	19,4	19,3	ns

Was die Kovariablen anbelangt, so spielte das Alter eine gewisse Rolle: Die sehr alten Ärzte (über 85 Jahre) starben jeweils sowohl eher im Krankenhaus (10 % versus 9,5 %; $p<0{,}04$) als auch im Hospiz (52,5 % versus 47,6 %; $p<0{,}001$). Auch die Fachrichtung hatte einigen Einfluss auf die Art und den Ort des Sterbens: Altersmediziner verbrachten in den sechs Monaten vor ihrem Tod vergleichsweise (Durchschnitt aller anderen Fachrichtungen) mehr Tage im Krankenhaus (13,9 Tage versus 12,3 Tage; $p<0{,}04$), wohingegen Psychiater deutlich seltener in einem Hospiz starben (39,1 % versus 47 %; $p<0{,}001$). Eine leichte Neigung hin zum Hospiz hatten demgegenüber die Chirurgen (49,2 %; $p<0{,}02$), die Gynäkologen und Geburtshelfer (49,5 %; $p<0{,}11$) sowie die Pathologen (50,5 %, $p<0{,}13$).

Insgesamt ergaben sich nur sehr kleine Unterschiede, von denen einige zwar durchaus als statistisch signifikant, aber dennoch als klinisch kaum relevant eingestuft werden müssen: Niemand würde eine Behandlungsentscheidung ändern, nur aus dem Grund, weil er oder sie weiß, dass es sich bei dem Betroffenen um einen Arzt handelt (d. h. selbst wenn man diesen Gesichtspunkt als entscheidungsrelevant erachtete, wären die gefundenen Unterschiede zu klein, um eine Entscheidung mit ihnen begründen zu können). Die Studie lieferte also ein klassisches „Non-Finding“. Warum ist das in diesem Falle aber dennoch relevant?

Obwohl Ärzte als Spezialisten für Leben *und Tod* gelten, sind auch sie gegen die Angst vor ihrem eigenen Tod nicht gefeit. Zudem dürfte die Studie auch zeigen, dass die besten Absichten, selbst wenn sie von Kollegen geäußert werden, in den Mühlen der heutigen High-tech-Medizin untergehen, und das gerade dann, wenn es auf Leben und Tod geht. Schließlich sind die heutigen „Incentive-Strukturen“ in der Medizin so gelagert, dass Nichtstun nicht und jedwedes Handeln (und sei es zum Schaden des Patienten) belohnt wird: Man zahlt für Taten, nicht fürs Abwarten. „So entstand ein System, das stationäre Interventionen bevorzugt, die für Menschen in den letzten Monaten ihres Lebens weniger Wert erbringen“, kommentieren die Autoren abschließend ihre Ergebnisse (9, Übersetzung durch den Autor). Sie schließen sich damit den Empfehlungen der US-amerikanischen Akademie der Wissenschaften an, deren *Institute of Medicine* bereits 2014 einen Report mit dem Titel „Dying in America“ publiziert hatte. Dort kann man lesen: „Die gegenwärtigen finanziellen Anreizsysteme begünstigen akute stationäre Einrichtungen, die oft teuer sind und zudem den Bedürfnissen, Zielen und Wünschen der Patienten und ihrer Familien nicht entsprechen“ (Übersetzung durch den Autor). Gefordert wird daher eine bessere Integration der medizinischen und sozialen Institutionen, um zu tun, was nötig ist, aber nicht alles zu tun, was möglich ist und bezahlt wird, obwohl es dem Patienten nichts nützt und sein Leiden vergrößert und verlängert.

Vielleicht zeigt die neue Studie ja auch ganz einfach Folgendes: Wenn es ans Sterben geht, dann sind Ärzte – ganz im Gegensatz zu deren Ruf – eben auch nur Menschen. Sie mögen Spezialisten für den Tod sein, begegnen ihrem eigenen Tod aber weder als Hasenfüße noch als Helden, sondern sterben ganz gewöhnlich. Ich finde das gut so! Lassen wir abschließend noch einmal Paul Kalanithi zu Wort kommen: „Als Arzt hatte ich eine Ahnung von dem, was Patienten mit lebensbedrohlichen Krankheiten durchmachen [aber] ich hatte nicht erwartet, dass die Aussicht auf den eigenen Tod so desorientierend, so loslösend sein würde“ (S. 129). „Der Tod mag ein einmaliges Ereignis sein, doch mit einer tödlichen Krankheit zu leben ist ein Prozess“ (S. 138).

Literatur

1. Ang GC, Zhang D, Lim KH. Differences in attitudes to end-of-life care among patients, relatives and healthcare professionals. Singapore Med J 2016; 57: 22–28.
2. Blinderman CD, Billings JA. Comfort care for patients dying in the hospital. N Engl J Med 2015; 373: 2549–2561.
3. Chinn GM, Liu P-H, Klabunde CN, Kahn KL, Keating NL. Physicians' preferences for hospice if they were terminally ill and the timing of hospice discussions with their patients. JAMA Intern Med 2014; 174: 466–468.
4. Gallo JJ, Straton JB, Klag MJ et al. Life-sustaining treatments: what do physicians want and do they express their wishes to others? J Am Geriatr Soc 2003; 51: 961–969.
5. Gozalo P, Teno JM, Mitchell SL et al. End-of-life transitions among nursing home residents with cognitive issues. N Engl J Med 2011; 365: 1212–1221.
6. Gramelspacher GP, Zhou XH, Hanna MP et al. Preferences of physicians and their patients for end-of-life care. J Gen Intern Med 1997; 12: 346–351.
7. Institute of Medicine, National Academy of Sciences. Dying in America: Improving Quality and Honoring Individual Preferences Near the End of Life. Washington, DC, 2014.
8. Kalanithi P. Bevor ich jetzt gehe. Was am Ende wirklich zählt – das Vermächtnis eines jungen Arztes. München: Knaus 2016.
9. Matlock DD, Yamashita TE, Min SJ et al. How U.S. doctors die: A Cohort study of healthcare use at the end of life. J Am Geriatr Soc 2016; 64: 1061–1067.
10. Mebane EW, Oman RF, Kroonen LT et al. The influence of physician race, age, and gender on physician attitudes toward advance care directives and preferences for end-of-life decision-making. J Am Geriatr Soc 1999; 47: 579–591.
11. Murray K. How doctors die. It's not like the rest of us, but it should be (http://www.zocalopublicsquare.org/2011/11/30/how doctors-die/ideas/nexus/).
12. Periyakoil VS, Neri E, Fong A et al. Do Unto Others: Doctors' Personal End-of-Life Resuscitation Preferences and Their Attitudes toward Advance Directives. PLoS ONE 2014; 9(5): e98246.
13. Periyakoil VS, Neri E, Kraemer H. No easy talk: A mixed methods study of doctor reported barriers to conducting effective end-of -life conversations with diverse patients. PLoS ONE 2015; 10(4): e0122321.

14. Span P. When doctors face death. The New York Times, 30.12. 2011 (http://newoldage.blogs.nytimes.com/2011/12/30/when-doctors-face-death/?_r=0).
15. Wang SY, Aldridge MD, Gross CP et al. End-of-life care intensity and hospice use: A regional-level analysis. Med Care 2016; 54: 672–678.
16. Zhang B, Nilsson ME, Prigerson HG. Factors important to patients' quality of life at the end of life. Arch Intern Med 2012; 172: 1133–1142.
17. Zhang B, Wright AA, Huskamp HA et al. Health care costs in the last week of life: associations with end-of-life conversations. Arch Intern Med 2009; 169: 480–488.

16 Ziegen sind auch nur Menschen

Zur Messung von kommunikativem Verhalten

In meinem Buch „Gelegenheit macht Liebe, Kleider machen Leute und der Teufel macht krank“ berichtete ich unter anderem darüber, dass Hunde im Laufe ihrer Domestizierung die Eigenschaft angenommen haben, auf den Blick des Menschen mit Empathie anstatt mit Angst zu reagieren: Über Jahrtausende hinweg wählte der Mensch aus den ihn begleitenden Wölfen Tiere aus, die sich in seine Gemeinschaft einfügten, soziale Kompetenzen hatten, ihn anschauten und „verstanden“, was er von ihnen wollte (11). So entstand der Hund als eine neue Art aufgrund des Selektionsdrucks, den der Mensch implementierte: Sozialverhalten. Hunde schauen ihr Herrchen an, wenn dieses den Hund anschaut – sie erwidern den Blick; Wölfe tun dies nicht (6).

Der gemeinsame Vorfahre von Hund und Wolf ist längst ausgestorben, und Hunde sind mittlerweile auch dort verbreitet, wo es früher gar keine Wölfe gab[1] – so erfolgreich waren sie als Gefährten des Menschen (4). Nach neuesten Erkenntnissen entstanden sie sogar zweimal unabhängig voneinander, zum einen in Ostasien und zum zweiten in Europa und angrenzenden westlichen Asien (3). Später kam es dann zu einer Durchmischung der Gene beider Arten, weil aus dem Osten kommende Menschen im Verlauf von Wanderungen und Kriegen ihre Hunde mitbrachten. Dies ist nicht ungewöhnlich, denn auch andere über Jahr-

1 Die Ausbreitung von Hunden über mittlerweile den gesamten Globus folgte letztlich der Ausbreitung der bäuerlichen Lebensweise. Die „letzten Wiesen“ waren Südamerika und Südafrika, wo es Hunde erst seit weniger als 1400 Jahren gibt (4).

tausende vom Menschen gezüchtete Arten, z. B. Weintrauben (8) oder Schafe (1), wurden erst domestiziert und verbreiteten sich dann über den Globus, wodurch es zu einer erneuten genetischen Durchmischung – auch mit den „wilden Vorfahren“ – kam.

Zurück zum Sozialverhalten: Nach ganz neuen Erkenntnissen haben nicht nur Hunde entsprechende Fähigkeiten, sondern Pferde (*Equus caballus*) auch (5). Dies verwundert nicht weiter, denn auch Pferde sind seit Jahrtausenden Begleiter des Menschen und wurden – ähnlich wie Hunde – nicht nur nach bestimmten „brauchbaren“ Fähigkeiten ausgesucht und gezüchtet, sondern vor allem im Hinblick auf ihr Sozialverhalten. Bei Katzen hingegen scheint dies nie der Fall gewesen zu sein. Entsprechend schneiden sie auch schlecht in Tests ab, die messen, ob sie den Blick eines Menschen erwidern (7).

Was ist es eigentlich, das dieses Verhalten so bedeutsam macht? – Man braucht nicht lange nachzudenken: Es ist die erfolgreiche Kommunikation zwischen zwei „Partnern“ zur Lösung eines Problems oder einer Aufgabe. Um die hierfür notwendigen Fähigkeiten zu untersuchen, ohne den betreffenden „Partner“ fragen zu müssen bzw. zu können, wurden sowohl in der Entwicklungspsychologie („Säuglingsforschung“) als auch in der Tierpsychologie Methoden entwickelt, die allein auf Verhaltensbeobachtung in bestimmten standardisierten sozialen Situationen beruhen. Nur so kann man herausbekommen, welche Fähigkeiten es genau sind, die bei erfolgreicher Kommunikation eine Rolle spielen.

Nun kann man den Standpunkt vertreten, dass gerade aufgrund der Selektion von Hunden und Pferden durch den Menschen im Rahmen ihrer Jahrtausende langen Züchtung zur Zusammenarbeit beim Jagen oder Ackerbau auch die menschliche Fähigkeit zum Zeigen und Verstehen eines Zeigevorgangs (es geht nicht um die Spitze des Zeigefingers oder der Nase, sondern um das, worauf diese „Pfeile" deuten) irgendwie auf die andere Art übergegangen ist. Anders gefragt: Gibt es auch ein Verständnis von Intentionalität bei Tieren, die nicht auf die Zusammenarbeit mit Menschen über Jahrtausende hin „getrimmt" worden waren, z. B. bei Ziegen? Diese wurden zwar auch gezüchtet, aber vor allem wegen ihrer Milch und ihres Fleischs (neben Häuten für Trinksäcke und Mohair für warme Kleidung).

Daher ist es umso bemerkenswerter, dass britische Wissenschaftler von der Queen Mary University of London untersucht haben, ob auch bei Ziegen das bei Hunden und Pferden nachgewiesene Kommunikationsverhalten vorkommt. In ihrer schönen Arbeit mit dem Titel „*Ziegen zeigen publikumsabhängiges, auf Menschen gerichtetes Blickverhalten in einer Problemlöseaufgabe*" (9, Übersetzung durch den Autor) wurden 34 Ziegen – 17 Weibchen und 17 kastrierte Männchen im Alter von 2 bis 15 Jahren – einzeln immer der gleichen Testprozedur unterzogen, in der die Tiere, mit einem unlösbaren Problem konfrontiert waren. Alle Tiere waren sehr an ihre Tierpfleger gewöhnt und wurden in der Testsituation mit einem Menschen konfrontiert, der entweder vorwärts und zu ihnen schaute, oder der ihnen den Rücken zukehrte und wegschaute (▸ Abb. 16-1).

Die Autoren gingen hierbei wie folgt vor: Zunächst lernte die Ziege, den Deckel eines durchsichtigen Gefäßes abzunehmen, um an leckeres Futter heranzukommen. Drehte man dann das Gefäß um, hatte die Ziege mehr Mühe, das Gefäß umzuschubsen, um an das Futter heranzukommen. Schließlich befestigte man den Deckel am Gefäß, sodass die Ziege das Futter zwar sehen, aber nicht mehr an das Futter herankommen konnte. Bei diesen Vorbereitungsdurchgängen wurden zwei Ziegen ausgeschlossen, die die Sache offensichtlich nicht gut verstanden hatten. Die anderen 32 Ziegen (15 weiblich) wurden dem

Abb. 16-1 Umgedrehtes Gefäß mit Deckel (Problem) und anwesender (dem Tier gut bekannter) Mensch, der sich hinwendet (oben) oder sich abwendet (unten), zum Test des kommunikativen Verhaltens von Ziegen (nach 9, Fig. 1 a, b).

eigentlichen Test mit nur einem zweiminütigen Durchgang und zwei Bedingungen per Zufall zugeteilt (16 Ziegen pro Bedingung): Der neben dem Gefäß befindliche Pfleger war entweder dem Gefäß zugewandt oder abgewandt. Ein zweiter Pfleger (in der Abbildung nicht zu sehen) befand sich etwa 2,5 Meter entfernt und diente dazu, die Neigung der Tiere, überhaupt einen Menschen anzuschauen, während des Versuchs (als Kontrolle) zu messen.

Das Verhalten der Tiere in diesem Test wurde per Video aufgezeichnet und mittels standardisierter Software von zwei unabhängig voneinander arbeitenden Personen ausgewertet (wobei sich eine sehr gute Übereinstimmung zeigte). Ausgewertet wurde u. a., ob und wie lange sich die Ziege einem anwesenden Menschen zuwandte und ihn anschaute. Wie oft dies geschah, und ob die Ziege abwechselnd auf den Menschen und dann wieder das Gefäß blickte, sich also gewissermaßen an einen anwesenden Menschen mit der durch ihr Blickverhalten kommunizierten „Bitte" wandte, ihr doch bei der für sie allein unlösbaren Aufgabe zu helfen. Wie bereits erwähnt, tun dies Hunde und Pferde auch.

Was also taten die Ziegen? Beim Training wurden sie zunächst immer besser im Lösen des (für sie lösbaren) Problems. Im ersten Durchgang brauchten sie hierfür im Mittel 9,2 Sekunden, im zweiten Durchgang 6,2 Sekunden und im dritten 5,4 Sekunden. Keine der Ziegen schaute dabei zum anwesenden Menschen. Im Testdurchgang schauten die Ziegen den ihnen zugewandten Menschen signifikant früher ($p < 0{,}001$), länger ($p = 0{,}02$) und haufiger ($p = 0{,}013$) an als den ihnen abgewandten. Auch die Zeit bis zum ersten Hin- und Herblicken zwischen Futter und Mensch war beim zugewandten Menschen signifikant geringer ($p = 0{,}038$) sowie die Anzahl dieser Blickwendungen signifikant größer ($p = 0{,}033$). Für den zweiten als Kontrolle weiter entfernt stehenden Menschen waren keine signifikanten Unterschiede zwischen beiden Gruppen festzustellen.

Die Ziegen verhielten sich in diesem Test damit insgesamt nicht anders als von anderen Autoren bereits für Hunde und Pferde beschrieben. Damit kann bezweifelt werden, dass die Domestizierung von Tieren nur dann besseres kommunikatives Verhalten bewirkt, wenn speziell für solches Verhalten selektiert wird (wie im Falle von Hunden und Pferden anzunehmen ist). Vielmehr scheint eine verbesserte Kommunikation mit Menschen ganz allgemein zu resultieren, wenn Domestizierung überhaupt erfolgt. „Folglich hat Domestizierung wahrscheinlich einen umfassenderen Einfluss auf die Kommunikation zwischen verschiedenen Spezies als bisher vermutet", kommentieren die Autoren ihre Ergebnisse (9, Übersetzung durch den Autor).

Menschen kommunizieren, sehr viel und vor allem miteinander. Sie lösen dadurch Probleme effektiv und schnell. Offensichtlich färbte dies ab auf andere Arten, die eng mit dem Menschen zusammenlebten. Für dieses „Abfärben" genügt offenbar geteilter Lebensraum und Lebensvollzug; geteilte Arbeit muss es nicht unbedingt sein.

Literatur

1. Chessa B, Pereira F, Arnaud F et al. Revealing the history of sheep domestication using retrovirus integrations. Science 2009; 324: 532–536.
2. Douglas C. Goats, sheep and cows could challenge dogs for title of 'man's best friend'. The Conversation, 8.7.2016 (https://theconversation.com/goats-sheep-and-cows-could-challenge-dogs-for-title-of-mans-best-friend-62206).
3. Frantz LAF, Mullin VE, Pionnier-Capitan M et al. Genomic and archaeological evidence suggest a dual origin of domestic dogs. Science 2016; 352: 1228–1231.

4. Larson G, Karlsson EK, Perri A et al. Rethinking dog domestication by integrating genetics, archeology, and biogeography. PNAS 2012; 109: 8878–8883.
5. Malavasi R, Huber L. Evidence of heterospecific referential communication from domestic horses (Equus caballus) to humans. Animal Cognition 2016; 19: 899–909.
6. Miklósi A, Kubinyi E, Topál J et al. A simple reason for a big difference: wolves do not look back at humans, but dogs do. Curr Biol 2003; 13: 763–766.
7. Miklósi A, Pongrácz P, Lakatos G et al. A comparative study of the use of visual communicative signals in interactions between dogs (Canis familiaris) and humans and cats (Felis catus) and humans. J Comp Psychol 2005; 119: 179–186.
8. Myles S, Boyko AR, Owens CL et al. Genetic structure and domestication history of the grape. PNAS 2011; 108: 3530–3535.
9. Nawroth C, Brett JM, McElligott AG. Goats display audience-dependent human-directed gazing behaviour in a problem-solving task. Biol Lett 2016; 12: 20160283.
10. Savalli C, Ades C, Gaunet F. Are dogs able to communicate with their owners about a desirable food in a referential and intentional way? PLoS ONE 2014; 9(9): e108003.
11. Spitzer M. Hunde sind auch nur Menschen. In: Gelegenheit macht Liebe, Kleider machen Leute und der Teufel macht krank. Stuttgart: Schattauer 2016; S. 124–131.

17 Einsamkeit – erblich, ansteckend, tödlich

Menschen wurden schon von Artistoteles nicht ohne Grund als „Gemeinschafts-Tier" (*zoon politikon*) bezeichnet: Sie verbringen etwa 80 % ihrer Zeit mit anderen Menschen (21), und ihre Nachkommen sind von allen Lebewesen diejenigen, die am längsten auf Unterstützung und Schutz durch die Eltern angewiesen sind. So wundert es nicht, dass Menschen permanent aktiv Kontakt zu anderen Menschen suchen, und dass Einsamkeit buchstäblich schmerzt, wie eine ganze Reihe seit mehr als zehn Jahren publizierter Studien zeigt (32).

Einsamkeit ist nicht das Gleiche wie soziale Isolation, sondern deren psychologischer Aspekt. Einsamkeit bezeichnet ein subjektives Erleben (man *fühlt* sich einsam), wohingegen soziale Isolation objektiv gemessen werden kann (wie einsam man *ist*). Wer allein lebt (heute spricht man von „Single-Haushalt"), wenig Sozialkontakte hat oder nur ein kleines Netzwerk von sozialen Beziehungen aufrechterhält, weist eine größere soziale Isolation auf als jemand, für den dies nicht zutrifft. Ob er sich deswegen einsam fühlt, ist offen. Umgekehrt mag der Depressive sich einsam fühlen, obwohl er in ein großes soziales Netzwerk eingebunden ist.

Diese Überlegungen machen plausibel, warum erlebte Einsamkeit und tatsächliche soziale Isolation keineswegs so stark zusammenhängen, wie man zunächst annehmen könnte. So fanden Caitlin Coyle und Elizabeth Dugan (14) in einer Studie an 11 825 Personen nur eine Korrelation von 0,2. Zudem macht es einen Unterschied, ob die soziale Unterstützung mehrfach konkret abgefragt wird (15) oder nur ein einziges Mal (als eingeschätztes Erleben). Und beides wiederum darf nicht gleichgesetzt werden mit der Antwort auf die Frage, ob jemand allein lebt oder nicht, denn mancher lebt allein und ist dauernd mit anderen zusammen, wohingegen andere z. B. als Paar im Dauer-Rosenkrieg zusammenleben und nur selten mit irgendjemandem Kontakt haben (25).

Methodisch werden Einsamkeit und soziale Isolation mit unterschiedlichen Skalen erfasst (▸Tab. 17-1 und ▸Tab. 17-2). Einsamkeit wurde seit 1980 in sehr vielen Studien mit der UCLA Loneliness Scale erfragt (28), einem ausführlichen Fragebogen mit 20 Items, die jeweils 4-stufig zu beantworten sind. Praktikabler und daher auch in jüngerer Zeit häufiger eingesetzt ist die Three Item Loneliness Scale von Hughes und Mitarbeitern (20). ▸Tabelle 17-2 zeigt, wie diese Methode funktioniert.

Menschen neigen in unterschiedlichem Ausmaß zum Erleben von Einsamkeit, die vor allem ein Problem von jüngeren und älteren Menschen ist, wohingegen Menschen im mittleren Alter zwischen etwa 25 und 55 eher davon verschont sind. Im Hinblick auf das Geschlecht gibt es eine Wechselwirkung mit dem Familienstand: Am einsamsten sind unverheiratete Männer, gefolgt von unverheirateten Frauen, denen wiederum die verheirateten Frauen auf den Fersen sind. Am wenigsten einsam fühlen sich die verheirateten Männer (2).

Tab. 17-1 Die Messung von sozialer Isolation durch fünf Items, was in einem Summen-Score von 0 bis 5 resultiert, der die Ausgeprägtheit der sozialen Isolation angibt (nach 33, Übersetzung durch den Autor). * Entweder persönlich („face-to-face"), telefonisch, brieflich oder per E-Mail.

Item Nr.	Item
1	unverheiratet/kein Geschlechtsverkehr
2	weniger als einmal/Monat Kontakt* mit Kindern
3	weniger als einmal/Monat Kontakt* mit anderen Familienmitgliedern
4	weniger als einmal/Monat Kontakt* mit Freunden
5	keine Teilnahme an Clubs, nachbarschaftlichen Gemeinschaften, religiösen Gemeinschaften oder ehrenamtlichen kommunalen Aktivitäten („commitees")

Tab. 17-2 Drei Fragen zur Einsamkeit (Three Item Loneliness Scale nach 20, Table 1; die Übersetzung der Items ins Deutsche ist schwierig, weswegen sie auch im Original wiedergegeben sind). Der Einführungssatz und die Fragen werden der Person vorgelesen: „Die nächsten Fragen gehen darum, wie Sie sich im Hinblick auf verschiedene Aspekte Ihres Lebens fühlen. Sagen Sie mir bitte bei jeder einzelnen Frage, wie oft Sie sich so fühlen." Die drei Fragen sind jeweils dreistufig „selten – manchmal – oft" zu beantworten. Ordnet man den drei Stufen die Werte 0, 1 und 2 zu, ergeben sich Werte von 0 (nicht einsam) bis 6 (sehr einsam).

Item Nr.		**Item**
1	First, how often do you feel that you lack companionship?	Wie oft fühlen Sie, dass Ihnen ein anderer Mensch fehlt?
2	How often do you feel left out?	Wie oft fühlen Sie sich verlassen?
3	How often do you feel isolated from others?	Wie oft fühlen Sie sich von anderen isoliert?

Mehrere Adoptions- und Zwillingsstudien zeigen, dass Einsamkeit erblich bedingt ist, d. h. eine genetische Komponente (Heritabilität) hat. Diese liegt bei Kindern und Erwachsenen bei etwa 50 % (4–7, 23). Das mag zunächst unplausibel klingen, ist doch Einsamkeit die Reaktion auf bestimmte Umgebungsbedingungen (die Abwesenheit anderer Menschen). Aber auch die Tuberkulose (die durch Anwesenheit von Tuberkelbakterien in der Umgebung verursacht wird) hat eine Heritabilität von etwa 50 % (22). Vererbt wird mithin weder die Tuberkulose noch die Einsamkeit, sondern die *Neigung* dazu, sich mit dem Bakterium zu infizieren bzw. sich einsam zu fühlen. Man spricht heute in diesem Zusammenhang auch oft von Vulnerabilität.

Apropos Infektion: Einsamkeit ist zwar nicht infektiös, erweist sich aber bei genauem Hinsehen durchaus als kontagiös, d.h. ansteckend. Dies mag zunächst wieder kontraintuitiv, ja sogar widersprüchlich erscheinen, denn wie soll man sich anstecken, wenn man allein ist, oder von jemandem angesteckt werden, der selbst allein ist? Versteht man unter Einsamkeit jedoch das subjektive Erleben von sozialer Isolation, so ist durchaus denkbar, dass dieses Erleben sich auf andere übertragen kann. – Und so ist es auch, wie eine sehr clevere Analyse von Daten zu sozialen Netzwerken von Menschen zeigte, die im Rahmen der populationsbasierten Framingham Heart Study erhoben worden waren (8).

Diese über lange Zeit laufende Beobachtungsstudie, die unter Kardiologen sehr, jedoch unter Psychiatern kaum bekannt ist, begann im Jahr 1948: Damals konnte man in der US-amerikanischen Kleinstadt Framingham (Massachusetts) nahezu alle dort lebenden Erwachsenen (erste Personen-Kohorte von n = 5209) überzeugen, an der Studie teilzunehmen. Im Jahr 1971 wurden dann die Kinder der ersten Kohorte und deren Partner in einer zweiten Kohorte (n = 5124) und im Jahr 2002 wiederum deren Kinder und Partner in einer dritten Kohorte (n = 4095) ebenfalls langfristig beobachtet. Zusätzlich gab es noch eine vierte Kohorte, deren Beobachtung im Jahr 1994 startete (n = 508), und die aus zugezogenen ethnisch sehr unterschiedlichen Menschen bestand.

Die Teilnehmer der ersten Kohorte wurden alle zwei Jahre durch speziell dafür eingestellte Ärzte untersucht, die der weiteren Kohorten alle vier Jahre. Das Besondere an der Studie ist, dass trotz der üblichen Widrigkeiten des Lebens nahezu alle Teilnehmer lückenlos über lange Zeit mitgemacht haben. Man konnte damit einen kleinen Mikrokosmos von Menschen genau beobachten, die in verwandtschaftlichen, freundschaftlichen, nachbarschaftlichen und beruflichen Beziehungen standen bzw. stehen.

Die Mitglieder der zweiten Kohorte wurden als Knoten im Netzwerk (focal participants) ausgewählt, und alle Mitglieder aller Kohorten als mögliche Verbindungen (linked participants) untersucht. Aus den zur Verfügung stehenden Angaben zu den sozialen Beziehungen der zweiten Kohorte wurde dann ein Netzwerk zusammengepuzzelt. Freundschaften wurden so definiert, dass entweder A einen anderen B als Freund benennt oder umgekehrt, wobei dies jeweils getrennt festgehalten wurde. Zudem wurde noch nachgesehen, wo jeder wohnte, sodass man erstens nachbarschaftliche Beziehungen und zweitens den räumlichen Abstand von jedem mit jedem ermitteln konnte.

Einsamkeit wurde über die Zeit hinweg bei den jeweiligen Untersuchungen erfasst, sodass Analysen im Längsschnitt möglich wurden. Diese zeigten, dass Einsamkeit ansteckend ist: Einsamkeit steckt nicht nur den nächsten Freund an, sondern auch den Freund des Freundes und sogar dessen Freund – die Ansteckung läuft also über bis zu drei Verbindungen (▸ Abb. 17-1). Dabei nimmt der Effekt ab, von einer um 52 % höheren Wahrscheinlichkeit, einsam zu sein, wenn der Freund einsam ist (95 % CI:[1]

1 Bei Schätzungen von Wahrscheinlichkeiten ist es üblich, nicht nur den besten Schätzwert anzugeben, sondern auch den Bereich, in dem man höchstwahrscheinlich richtig liegt: Man nennt diesen Bereich Vertrauensintervall oder Confidence Intervall (engl.: Vertrauen = *confidence*). Man gibt auch an, was man jeweils mit „höchstwahrscheinlich" meint: In aller Regel entschließt man sich zu einer 95%igen Wahrscheinlichkeit, was bedeutet, dass man in 95 % der Fälle richtig liegen wird und in 5 % der Fälle falsch, wenn man annimmt, der Wert liegt in diesem Bereich. Ein Beispiel: Wenn die Wahrscheinlichkeit um 50 % erhöht ist, dann macht es durchaus einen Unterschied, ob der 95 %-Vertrauensbereich zwischen 45 % und 55 % liegt oder zwischen 15 % und 85 %. Im ersten Fall liegt man mit der Schätzung von 50 % ziemlich richtig, im zweiten nicht. Oft werden Wahrscheinlichkeiten nicht in Prozent Erhöhung, sondern ohne Umrechnung in Hundertstel angegeben. Die Angabe der Bereiche erfolgt dann entsprechend: Wahrscheinlichkeit 1,5; 95 % CI: 1,45–1,55.

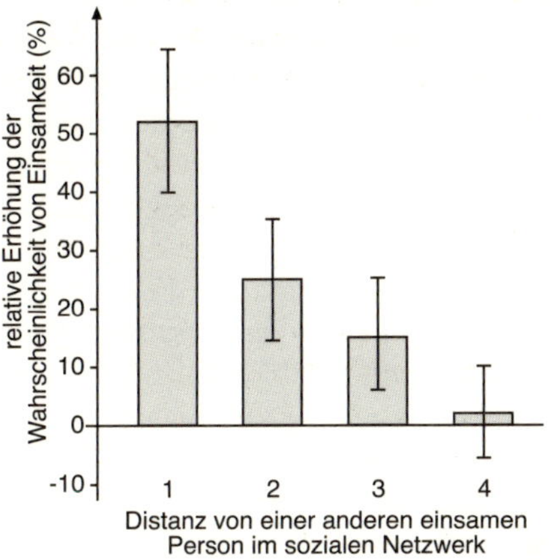

Abb. 17-1 Relative Erhöhung der Wahrscheinlichkeit einer Index-Person, zum nachfolgenden Messzeitpunkt einsam zu sein, in Abhängigkeit davon, ob eine Person in deren sozialem Umfeld einsam ist und wie nahe sie dieser Person steht (Mittelwerte und 95 %-Vertrauensintervalle): Die soziale Distanz von 1) meint dabei einen Freund (direkte Verbindung), 2) meint den Freund eines Freundes, 3) den Freund des Freundes eines Freundes etc. (nach Daten aus 8).

40 %–65 %), auf 25 % (CI: 14 %–36 %) beim einsamen Freund eines (nicht einsamen) Freundes und auf 15 % (CI: 6 %–26 %) beim einsamen Freund eines (nicht einsamen) Freundes eines (nicht einsamen) Freundes. Erst nach vier Verbindungen ist der Effekt mit 2 % nicht mehr statistisch zu sichern (95 % CI: –5 % bis 10 %). Einsamkeit ist also „dosisabhängig" ansteckend, d. h. umso ansteckender, je näher einem die einsame Person ist. Die Ansteckung funktioniert sogar über mehrere Knoten im Netzwerk hinweg, d. h. durch Menschen, die sich nicht unbedingt kennen. Zudem zeigte sich noch, dass die Ansteckung deutlicher war,

wenn die Beziehung in beide Richtungen ging (Reziprozität: A nannte B als Freund und B nannte A als Freund).

Es ist interessant, dass die hier gefundene „Regel des Einflusses über drei Verbindungen" auch für Übergewicht (10), das Rauchen (11) sowie für das Glück einer Person gefunden wurde (16). Diese Nähe betraf nicht nur den sozialen Abstand, sondern auch den räumlichen, wie die Daten klar zeigten (► Abb. 17-2): Ein guter (wechselseitig angegebener) Freund, der weniger als eine Meile entfernt wohnt und einsam ist, erhöht die Wahrscheinlichkeit, später selbst auch einsam zu sein, um 41 %. Ein „einseitiger" Freund um 29 %, aber ein Freund, der maximal 5 Meilen entfernt wohnt, nur noch um (nicht mehr signifikante) 13 %. Ein einsamer Freund im Umkreis

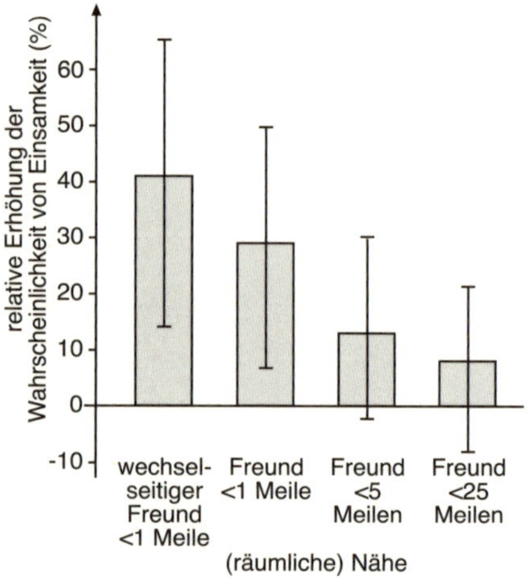

Abb. 17-2 Relative Erhöhung der Wahrscheinlichkeit einer Index-Person, zum nachfolgenden Messzeitpunkt einsam zu sein, in Abhängigkeit von der Nähe des einsamen Freundes (nach Daten aus 8).

von 25 Meilen hat keinen Einfluss mehr (8 %, nicht signifikant).

Einsamkeit ist also tatsächlich ansteckend, und ganz ähnlich wie bei einer Infektionskrankheit ist die Wahrscheinlichkeit der Ansteckung höher, je näher man zusammenlebt. Dies gilt sogar für den Nachbarn (next door neighbor), bei dem man sich eher ansteckt als von jemandem, der lediglich in der gleichen Straße wohnt (same block neighbor). Geschwister sind nicht ansteckend, selbst wenn sie in der Nähe wohnen, der im gleichen Haus lebende Partner interessanterweise deutlich weniger als man vermuten könnte (►Abb. 17-3), der woanders lebende Partner gar nicht.

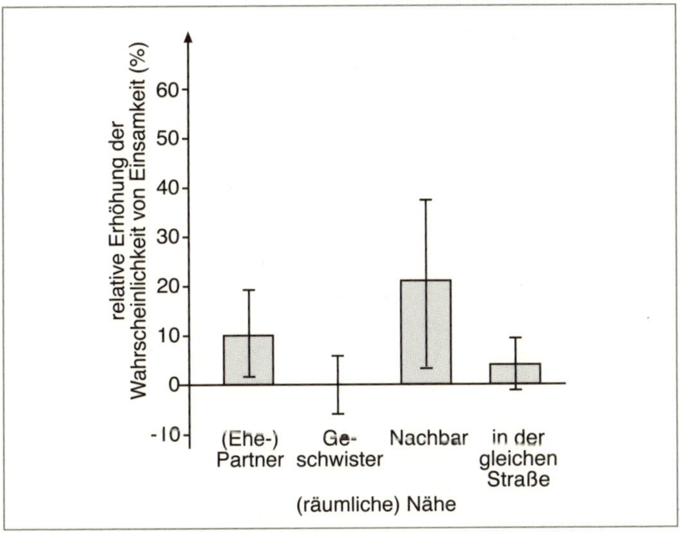

Abb. 17-3 Relative Erhöhung der Wahrscheinlichkeit einer Index-Person, zum nachfolgenden Messzeitpunkt einsam zu sein, in Abhängigkeit vom (jeweils einsamen) Partner, Geschwister, Nachbar und Bewohner der gleichen Straße (nach Daten aus 8).

Menschen mit mehr Freunden sind weniger einsam – das weiß jeder. Man konnte in der Studie jedoch erstmals sagen, wie groß dieser Effekt genau ist: Mit jedem zusätzlichen Freund reduziert sich die Häufigkeit von Gefühlen der Einsamkeit um 0,04 Tage pro Woche. Das mag wenig erscheinen, bei 52 Wochen pro Jahr lässt sich jedoch leicht berechnen, dass dies im Jahr etwa einen Tag ausmacht. Da sich die Teilnehmer der Studie im Durchschnitt an 48 Tagen im Jahr einsam fühlten, folgt, dass ein paar Freunde mehr (nehmen wir z. B. fünf) die Einsamkeit um etwa 10 % reduzieren – rechnen die Autoren vor. Interessant ist, dass man auf die gleiche Weise ausrechnen konnte, wie groß der Effekt von Familienmitgliedern ist: Null.

Analysiert man den gleichen Datensatz getrennt nach Geschlechtern, so zeigt sich, dass Einsamkeit unter Frauen ansteckender ist als unter Männern. Dies könnte daran liegen, dass Frauen bekanntermaßen ein höheres Maß an Einfühlungsvermögen haben, die „Antennen also empfänglicher" sind. Frauen sind durch einsame Freunde und einsame Nachbarn eher selbst einsam als Männer, und ihre eigene Einsamkeit ist für andere Personen ihres sozialen Netzwerks ansteckender als die von Männern. Dies spricht allerdings gegen sensiblere Antennen, sondern eher für eine höhere „Sendeleistung". Schließlich wurde noch der mögliche Einfluss von Depressivität auf die berichteten Effekte dadurch untersucht, dass man diese Variable in die Analyse als Kovariable mit einbezog. Dadurch kam es zu keinen Veränderungen der gerade beschriebenen Ergebnisse.

Wenn es nun so ist, dass Einsamkeit ansteckt, lässt sich eine drohende Pandemie nur dadurch verhindern, dass einsame Menschen über die Zeit zunehmend sozial isolierter leben, in Quarantäne sozusagen. Genau dies ist auch der Fall: Wer zum Messzeitpunkt 1 einsam ist, hat zum nächsten Messzeitpunkt weniger Freunde. Konkret wurde gefunden, dass im Vergleich zu einem Menschen, der sich nie einsam fühlt, ein einsamer Mensch in den nächsten vier Jahren 8 % seiner Freunde verliert.

„Einsame Menschen werden von anderen seltener als Freunde benannt und benennen auch selbst seltener andere als Freunde. Das bedeutet, dass Einsamkeit sowohl eine Ursache als auch eine Folge von sozialer Isolation ist. Diese Ergebnisse legen nahe, dass unsere Gefühle und sozialen Netzwerke sich gegenseitig verstärken und einen Kreislauf in Gang setzen, der nach Art ‚wer hat, dem wird gegeben' abläuft und diejenigen bevorzugt, die viele Freunde haben. Menschen mit wenig Freunden dagegen neigen dazu, mit der Zeit immer einsamer zu werden, was es dann wiederum unwahrscheinlicher macht, dass sie für andere als Freunde attraktiv sind oder selbst neue Beziehungen knüpfen", kommentieren die Autoren dieses Ergebnis (8).

So ist am Ende der Einsame *allein in der Menge*, wie die entsprechende Arbeit (8) betitelt war, und was übrigens nicht nur für menschliche Gemeinschaften gilt, sondern auch für Gruppen von Primaten. „Die kollektive Zurückweisung von sozial isolierten Individuen beim Menschen und anderen Primaten hat demnach wahrscheinlich die Funktion, die Integrität der Gruppe als Ganze zu erhalten", führen die Autoren in ihrer Diskussion dazu aus. Das Ganze spielt sich zudem eher in sozialen Netzwerken ab, die wir uns aussuchen und nicht in denen, in die wie hineingeboren werden. Unter Verwandten ist Einsamkeit deutlich weniger kontagiös.

Je besser das soziale Netzwerk eines Menschen, desto weniger Stresshormon lässt sich bei ihm (z. B. im Speichel) nachweisen (15) und desto besser fühlt er sich. Auch wenn dabei die Einsamkeit nur „gefühlt" sein mag (13, 38), die Auswirkungen dieses Gefühls sind real: Sie zeigen sich einer großen Zahl von Studien zufolge in einer deutlichen Steigerung von Morbidität und Mortalität. Wer einsam ist, ist eher krank und stirbt deutlich früher. Dies wurde weltweit erstmals durch den bereits im Jahr 1988 im Fachblatt *Science* publizierten Artikel *Social relationships and health* von House und Mitarbeitern bekannt (19). Mittlerweile gibt es eine Vielzahl von interessanten Befunden zu diesem Zusammenhang, von denen hier einige exemplarisch kurz dargestellt sein sollen.

Der Zusammenhang von Schlaf und Immunsystem ist gut belegt: Zu wenig Schlaf vermindert die Immunabwehr mit erhöhten Zeichen für entzündliche Prozesse wie erhöhten Werten für Interleukin-6 (IL-6), Tumornekrose-Faktor-alpha (TNF-alpha) und C-reaktives Protein (CRP). Eine im Jahr 2015 erschienene Studie an 67 Patienten mit grenzwertiger („prehypertension") oder bestehender Hypertonie und somit erhöhtem Risiko für kardiovaskuläre Ereignisse (37 Männer, 30 Frauen) zeigte eine Wechselwirkung von Schlafqualität und Einsamkeit: Beides zusammen erhöht die Konzentration von Markern entzündlicher Prozesse, d.h. beim Vorliegen von Einsamkeit und schlechtem Schlaf kommt es zur Erhöhung von IL-6 und CRP, bei Frauen auch von TNF-alpha (34).

Einsamkeit geht mit einer Erhöhung der Auftretenswahrscheinlichkeit einer ganzen Reihe chronischer Krankheiten wie Hypertonie, metabolische Störungen (Übergewicht, Diabetes), Gefäßleiden (Schlaganfall), koronare Herzkrankheit und Lungenkrankheiten einher (26).

Gleich mehrere Arbeiten haben den Zusammenhang zwischen Einsamkeit bzw. sozialer Isolation einerseits und kardiovaskulären Ereignissen andererseits zum Thema. Eine Metaanalyse, bei der zunächst 35 925 Quellen identifiziert und dann 23 nach bestimmten Kriterien eingeschlossen wurden, wertete insgesamt 4 628 kardiale und 3 002 zerebrale Ereignisse über Follow-up-Zeiträume von 3 bis 21 Jahren aus (35). Geringe Sozialkontakte („poor social relationships") erwiesen sich als Risikofaktor sowohl für Herzinfarkte (um 29 % erhöhtes Risiko) also auch Schlaganfälle (32 % erhöhtes Risiko), übrigens gleichermaßen bei Männern und Frauen.

Einsame Jugendliche weisen als junge Erwachsene mehr Risikofaktoren für Herz-Kreislauf-Erkrankungen (Steigerung von Körpergewicht, Blutdruck und Cholesterinspiegel) auf, wie eine Auswertung der Daten der bekannten neuseeländischen Längsschnittstudie ergab (9): Das relative Risiko einsamer Jugendlicher betrug 1,37, unabhängig von anderen bekannten Risikofaktoren wie Stress durch ungünstige Lebensereignisse, Armut, geringer IQ, Übergewicht als Kind, Bewegungsmangel sowie Tabak- und Alkoholkonsum. Über die gesamte Entwicklungsspanne zeigte Einsamkeit einen noch größeren negativen Effekt auf die Gesundheit des Erwachsenen (relatives Risiko: 2,58; 95 % Vertrauensintervall: 1,46–4,54!).

In einer experimentellen Studie an 276 gesunden Probanden (151 Frauen) im Alter von 18 bis 55 Jahren wurde direkt untersucht, ob Einsamkeit zu einer vermehrten Anfälligkeit gegenüber viraler Erkältung führt (12). Jeder Proband wurde zunächst nach seinem sozialen Netzwerk befragt, wobei zwölf unterschiedliche Typen sozialer Beziehungen unterschieden wurden:

1. Partner,
2. Eltern,
3. Schwiegereltern,
4. Kinder,
5. andere nahe Familienmitglieder,
6. Nachbarn,
7. Freunde,
8. Berufskollegen,
9. Klassenkameraden,
10. Kollegen im Bereich freiwilliger/ehrenamtlicher Hilfe,
11. Mitglieder von Vereinen oder beruflichen Organisationen,
12. Mitglieder von Religionsgemeinschaften.

Sofern man mit einer anderen Person aus einer dieser zwölf Beziehungstypen innerhalb der vergangenen zwei Wochen gesprochen (d. h. persönlichen Kontakt gehabt oder telefoniert) hatte, wurde ein Punkt vergeben, sodass die maximale Anzahl von Punkten bei 12 lag. Neben diesem Maß für Netzwerk-Diversifiziertheit wurde auch die Anzahl der Personen je Beziehungstypus (z. B. 2 Eltern, 3 Kinder, 1 Nachbar und 5 Freunde) erfasst und ausgewertet. Dann wurde jeder Proband für eine Woche in Quarantäne genommen und nach einem Tag Beobachtungszeit, dem Ausschluss einer bestehenden Erkältung sowie weiteren medizinisch-diagnostischen Prozeduren mit einem von unterschiedlichen Typen von Erkältungsvirus in Form von Nasentropfen infiziert (jeder Proband erhielt 800 Dollar für seine Teilnahme). Danach wurden Erkältungssymptome objektiv erfasst und subjektiv Krankheitssymptome ebenfalls.

Es zeigte sich dabei ein klarer Zusammenhang zwischen der Diversifiziertheit der sozialen Kontakte einer Person und der Wahrscheinlichkeit, eine Erkältung zu bekommen (► Abb. 17-4). Die Zahl der Personen im sozialen Netzwerk hatte demgegenüber keine entsprechende Auswirkung. Auch weitere Kontrollvariablen konnten die Auswirkungen der sozialen Beziehungen auf das Auftreten einer Erkältung nicht oder nur zu einem sehr kleinen Teil erklären. Zum Teil wurde der Zusammenhang zwischen sozialem Netzwerk und Erkältung sogar noch größer nach Einbeziehung der Kontrollvariablen.

Einsamkeit ist dabei keineswegs nur ein Problem entwickelter westlicher Industrienationen. In chinesischen Städten beispielsweise arbeiten Landarbeiter im Service-Bereich, unter denen Einsamkeit ein großes Problem darstellt (37), dessen gesundheitspolitische Relevanz noch nicht ausreichend verstanden und gewürdigt wird.

Nicht zuletzt ist Einsamkeit überall *das* Problem psychisch kranker Menschen. Schon Immanuel Kant hob den

Abb. 17-4 Häufigkeit des Auftretens einer Erkältung nach Infektion von Probanden mit einem Erkältungsvirus in Abhängigkeit von deren sozialem Netzwerk (Mittelwerte + SEM). Der Effekt der Diversifiziertheit des sozialen Netzwerks – in der Abbildung gruppiert nach der Anzahl der unterschiedlichen sozialen Beziehungen in „niedrig" (1–3), „mittel" (4–5) und „hoch" (≥6) – war mit $p < 0{,}01$ signifikant (nach Daten aus 12).

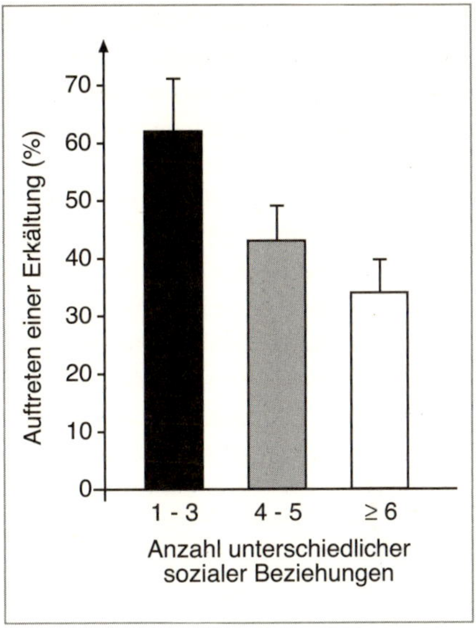

Verlust des Gemeinschaftssinnes (*sensus communis*) als ein wesentliches Merkmal psychischer Störungen heraus. Und so gehören ein (zu) kleines soziales Netzwerk, wenige Sozialkontakte und das Erleben von Einsamkeit zu den alltäglichsten Problemen in der Psychiatrie. Einsamkeit gehört zu den Leitsymptomen von Patienten mit Depression, Schizophrenie, paranoiden Störungen, manchen Persönlichkeitsstörungen sowie schwerer Sucht. Nicht nur bei Jugendlichen stellt sie einen Risikofaktor für Suizid dar (27).

Der Zusammenhang von Einsamkeit und Alkoholkonsum ist sprichwörtlich und in entsprechenden Studien auch belegt (1). „Soziales Trinken" ist zwar in Grenzen gesellschaftlich akzeptiert, darf jedoch nicht darüber hinwegtäuschen, dass Alkohol kurzfristig das Gewahrwerden der Gefühle von Traurigkeit und Einsamkeit zwar dämpfen kann, langfristig hingegen zu mehr Einsamkeit und Depressivität führt. Weniger bekannt ist der Zusammenhang zwischen Einsamkeit und Kindesmissbrauch (Täter); die vermehrte Einsamkeit der Opfer von sexuellem Missbrauch hingegen ist bekannt (24).

Einsamkeit bewirkt eine raschere Progredienz beim Vorliegen einer Demenz (36), wobei die Einsamkeit nicht die Alzheimer-Pathologie beeinflusst, aber sich ganz offensichtlich auf die Beanspruchung des Gehirns und damit dessen langfristige Leistungsfähigkeit auswirkt. Entsprechend wird mittlerweile die *aktive soziale Teilhabe* als *die* Präventionsmaßnahme gegen geistigen Abbau schlechthin propagiert (31). Einsamkeit ist zudem nicht selten der Grund für eine Einweisung in ein Alters- bzw. Pflegeheim (28).

Angesichts der deutlich ungünstigen Auswirkungen von Einsamkeit und sozialer Isolation wundert nicht, dass vielfach Interventionsmethoden vorgeschlagen und erprobt wurden, die sich speziell auf dieses Problem beziehen. Eine jedoch eher ernüchternde Übersicht zu dem, was man hierzu wirklich weiß, geben Kimberley Anderson und Mitarbeiter (2) von der Queen Mary University of London im Rahmen eines systematischen Reviews. Von den 29079 zunächst identifizierten Publikationstiteln und Abstracts wurden wegen inhaltlicher und methodischer Unzulänglichkeiten 29038 nicht weiter untersucht. Die 36 übrigen gebliebenen Arbeiten wurden zur Gänze durchgesehen, wonach nur noch fünf Arbeiten (aus Italien, Irland, Holland, Israel und Spanien) verblieben, die alle Einschlusskriterien erfüllten. Diese Arbeiten waren allesamt erst seit 2008 publiziert worden, was nahelegt, dass das Interesse an der wissenschaftlichen Untersuchung derartiger Interventionen relativ jung ist. Von diesen fünf Studien hatten immerhin vier ein positives Ergebnis, d.h. in einer randomisierten, kontrollierten, methodisch sauber durchgeführten Studie zeigte die Intervention einen messbaren Effekt im Sinne der Vergrößerung des sozialen Netzwerks der Patienten. Man kann also etwas tun; die Frage ist nur: Was genau sollte man tun?

Eine Reihe von Studien gingen daher der Frage nach, was genau der Gesundheit schadet, die (erlebte, gefühlte) Einsamkeit oder die (gemessene, vorhandene) soziale Isolation. Britische Wissenschaftler publizierten hierzu im Jahr 2013 eine Studie mit dem Titel *Social isolation, loneliness, and all-cause mortality in older men and women*, in der sie 6 500 Männer und Frauen im Alter von mindestens 52 Jahren für eine mittlere Dauer von 7,25 Jahren nachbeobachteten (33). Wie sich zeigte, war die Mortalität sowohl bei den sozial Isolierten (gemessen wurden die Kontakte zur Familie und zu Freunden sowie die Teilhabe an gemeinschaftlichen/gesellschaftlichen Aktivitäten) als auch bei den Einsamen (erfragt mit einem standardisierten Fragebogen) größer. Soziale Isolation hatte eine Erhöhung der Sterbewahrscheinlichkeit um 50 % ($p < 0{,}001$), Einsamkeit eine entsprechende Erhöhung um 26 % ($p = 0{,}003$) zur Folge. Wurden jedoch die Gesundheit zu Beginn der Beobachtung und weitere Kovariablen (sozio-ökonomischer Status, Bildung, Familienstand und ethnische Herkunft) in die Analyse mit einbezogen, hatte die Einsamkeit keinen Effekt mehr auf die Lebenserwartung, wohingegen der Einfluss der sozialen Isolation zwar (erwartungsgemäß) geringer war, aber noch immer mit einer um 26 % ($p = 0{,}004$) erhöhten Mortalität einherging. Die Assoziation zwischen sozialer Isolation und Mortalität wurde zudem durch Hinzufügen des Faktors Einsamkeit in die Statistik nicht verändert (d. h. verringert, wenn Einsamkeit einen zusätzlichen Erklärungswert hätte). Geschlechterunterschiede wurden nicht gefunden.

Nach dieser Studie ist also eher die objektiv vorhandene soziale Isolation als das Gefühl der Einsamkeit ausschlaggebend für die negativen Effekte. Bevor man jedoch Einsamkeit als „reine Gefühlssache" abtut, sei an die Erkenntnisse aus der Framingham-Studie erinnert: Das Gefühl der Einsamkeit verursacht soziale Isolation! Lassen wir daher die Autoren der Studie nochmals zu Wort kommen, weil ihre Diskussion der Ergebnisse auch im Hinblick auf Interventionsmethoden erhellend ist:

„Obwohl Einsamkeit eine erbliche Komponente hat, zeigt unsere Studie, dass sie durch über den Einzelnen hinausgehende soziale Prozesse beeinflusst wird. Insbesondere fanden wir am Rande des sozialen Netzwerks ein außergewöhnliches Muster. An dessen Peripherie haben die Leute weniger Freunde, was sie einsam macht, aber zusätzlich auch dazu bringt, die wenigen Bindungen, die sie noch haben, zu kappen. Bevor sie dies tun, senden sie jedoch das Gefühl der Einsamkeit zu ihren übrig gebliebenen Freunden, was jedoch den Einsamkeitszyklus verstärkt. Diese wechselseitig sich verstärkenden Effekte bedeuten, dass unser soziales Gewebe besonders leicht an den Rändern ausfranst, ähnlich wie der lose Faden eines gehäkelten Pullovers. Eine wesentliche Schlussfolgerung aus diesem Befund besteht darin, dass Interventionen, die darauf abzielen, die Einsamkeit in unserer Gesellschaft zu reduzieren, davon profitieren würden, wenn man besonders gezielt Menschen an der Peripherie dabei hilft, ihr soziales Netzwerk zu reparieren. Dadurch könnte eine schützende Barriere gegen Einsamkeit entstehen, die das gesamte Netzwerk vor seiner Auflösung schützt" (8, Übersetzung durch den Autor).

Einsamkeit ist nicht nur erblich, ansteckend und ein Risikofaktor für andere Krankheiten, sondern vor allem selbst deutlich lebensbedrohlicher als andere bekannte todbringende Faktoren wie Rauchen, Übergewicht oder Luftverschmutzung (►Abb. 17-5). Wie stark sich Einsamkeit auf die Gesundheit auswirkt, zeigt eine große Metaanalyse

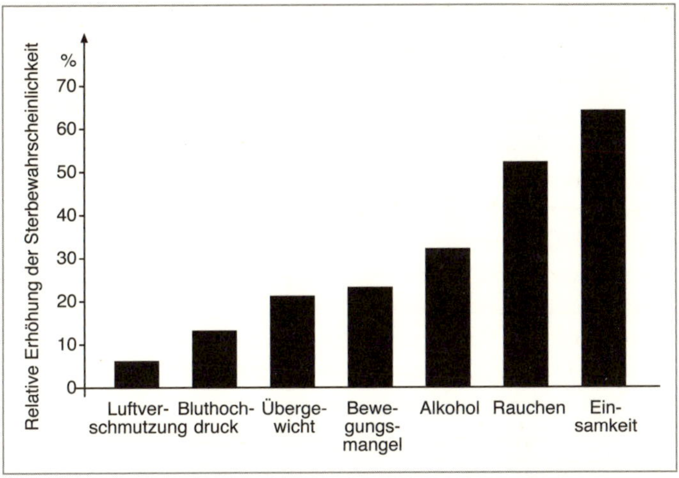

Abb. 17-5 Einsamkeit, der Killer Nummer 1. Veränderung der Mortalität durch die Behandlung bzw. den Wegfall verschiedener Erkrankungen oder Belastungen der Gesundheit (angegeben ist der natürliche Logarithmus des Verhältnisses der Sterbewahrscheinlichkeiten, beispielsweise ganz links bei reiner Luft versus einem Leben bei dauernder Luftverschmutzung). Die Absolutwerte sind schwer zu interpretieren, im Vergleich zu anderen bekannten Risikofaktoren zeigt sich jedoch die Bedeutung der sozialen Integration für ein langes Leben überdeutlich (nach 17).

aus den USA, die 148 Studien mit insgesamt 308 849 Patienten einbezog. Die Autoren schreiben: „Die Effektstärke entspricht einer Erhöhung der Wahrscheinlichkeit des Überlebens um 50 % durch soziale Integration" (17). Der Effekt erwies sich dabei als statistisch unabhängig von Alter, Geschlecht, Todesursache, der Länge der Beobachtungsperiode sowie von bestehenden Vorerkrankungen. Nichts ist also gesünder im Sinne der Verlängerung des eigenen Lebens als die aktive Teilnahme an der Gemeinschaft mit anderen Menschen. Oder umgekehrt formuliert: Wer einsam ist, stirbt (in einem bestimmten Zeitraum von beispielsweise den nächsten 5 oder 10 Jahren) mit einer deutlich höheren Wahrscheinlichkeit.

Fünf Jahre nach dieser Studie zur vergleichenden Mortalität publizierte die gleiche Erstautorin eine weitere Metaanalyse der Literatur zu den negativen Auswirkungen von Einsamkeit und sozialer Isolation, die Arbeiten aus dem Zeitraum vom Januar 1980 bis zum Februar 2014 und die etwa zehnfache Anzahl von Personen einbezog (18). Ihr ging es dabei ganz besonders um die Frage, ob sich die Auswirkungen des subjektiven Erlebens von Einsamkeit und der objektiv gemessenen sozialen Isolation einer Person empirisch unterscheiden lassen.

Von den über tausend zunächst identifizierten Arbeiten wurden 154 als Volltext weiter untersucht, von denen letztlich 70 unabhängige prospektive Studien (an insgesamt 3407134 Personen!) mit einer mittleren Nachbeobachtungszeit von sieben Jahren in die Metaanalyse eingingen. Insgesamt ergaben sich dabei Effektstärken für die Variablen „soziale Isolation", „allein lebend" und „Einsamkeit" bei deren alleiniger Betrachtung von 1,83, 1,51 und 1,49. Rechnete man die Effekte bekannter Einflussfaktoren auf die Mortalität, die ihrerseits mit Einsamkeit bzw. sozialer Isolation in Zusammenhang stehen (Rauchen, Sport treiben, Depressivität, Angst) aus den Daten heraus, dann sank der Einfluss der drei genannten Variablen auf 1,29, 1,32 und 1,26. Statistisch ließen sich damit die Auswirkungen von subjektivem Erleben (Einsamkeit) nicht von denen objektiver Tatbestände (soziale Isolation, allein lebend) trennen. Dies bedeutet nach Meinung der Autoren aber auch, dass man *beides* bei Interventionen im Blick haben muss. Diese dürfen also weder nur auf das subjektive Erleben noch nur auf die objektive Anzahl von Sozialkontakten abheben, sondern sollten Verhalten *und* Erleben betreffen. „[…] einfach die Anzahl der Sozialkontakte zu steigern vermindert nicht unbedingt die Einsamkeit. Und das alleinige Verändern subjektiver Wahrnehmungen bei denjenigen, die tatsächlich sozial isoliert sind, dürfte deren Risiko nicht vermindern“, bemerken die Autoren aus meiner Sicht zu recht (18, Übersetzung durch den Autor). Dies ist gerade vor dem Hintergrund eines evolutionären Verständnisses des Menschen als genuin soziales Wesen bedeutsam. Einsamkeit wird (wie Hunger) als Erleben des Fehlens der Befriedigung eines wichtigen Bedürfnisses nach Sozialkontakten (entsprechend der Nahrung) aufgefasst, das zu Verhaltensänderungen (soziale Kontakte knüpfen, essen) motiviert. „Aus dieser Perspektive sind Interventionen, die nur das Signal (Hunger, Einsamkeit) verändern, ohne auf das Verhalten (essen, soziale Bindungen eingehen) zu achten – und umgekehrt – ineffektiv“, bemerken konsequent die Autoren hierzu (18, Übersetzung durch den Autor).

Im Gegensatz zur Metaanalyse von 2010 zeigte sich in der von 2015 ein Einfluss der vorbestehenden Gesundheit auf den Effekt, der bei Gesunden geringer war. Bei älteren Menschen war der Effekt zudem ebenfalls geringer als bei jüngeren: Erwachsene unter 65 Jahren erscheinen im Hinblick auf ihre Sterblichkeit von sozialer Isolation stärker gefährdet als Erwachsene zwischen 65 und 75 Jahren, und die wiederum stärker als Erwachsene über 75 Jahren.

Eine dritte Metaanalyse von Shor und Mitarbeitern (30) aus dem Jahr 2013, die 178 Studien an mehr als 100 000 Personen beinhaltete, fand nur einen geringen Effekt von fehlender sozialer Unterstützung auf die Mortalität von 11 %. Die Autoren interpretieren dies vor allem durch ihr Bemühen, Kontrollvariablen zu identifizieren und deren Effekt herauszurechnen. Und je mehr man herausrechnet, desto weniger bleibt übrig. Allerdings sollte dies nicht zu allzu deutlicher Entwarnung Anlass geben, denn die Wirkungsmechanismen sind definitiv vorhanden und es könnte auch sein, dass man zuweilen zu viel „herausrechnet“.

In der westlichen Welt könnte man Einsamkeit als die „Volksseuche Nummer 1" bezeichnen. Obwohl es sich hierbei um keinen objektiven Befund handelt, und schon gar nicht um einen Laborparameter, ist diese sehr menschliche Erlebnisweise von zentraler Bedeutung für unsere Gesundheit. Kümmern wir uns mehr um sie – und damit um uns und unsere Mitmenschen, gerade in Zeiten, wo so viele an den Rand der Gesellschaft gedrängt werden und sich noch viel mehr so fühlen!

Literatur

1. Akerlind I, Hornquist JO. Loneliness and alcohol abuse: a review of evidences of an interplay. Soc Sci Med 1992; 34: 405–414.
2. Anderson K, Laxhman N, Priebe S. Can mental health interventions change social networks? A systematic review. BMC Psychiatry 2015; 15: 297.
3. Andersson L. Loneliness research and interventions: a review of the literature. Aging & Mental Health 1998; 2: 264–274.
4. Bartels M, Cacioppo JT, Hudziak JJ, Boomsma DI. Genetic and environmental contributions to stability in loneliness throughout childhood. Am J Med Genet B Neuropsychiatr Genet 2008; 147: 385–391.
5. Boomsma D, Willemsen G, Dolan C et al. Genetic and environmental contributions to loneliness in adults: The Netherlands Twin Register Study. Behavior Genetics 2005; 35: 745–752.
6. Boomsma D, Cacioppo J, Slagboom P, Posthuma D. Genetic linkage and association analysis for loneliness in Dutch twin and sibling pairs points to a region on chromosome 12q23–24. Behavior Genetics 2006; 36: 137–146.
7. Boomsma DI, Cacioppo JT, Muthen B et al. Longitudinal genetic analysis for loneliness in Dutch twins. Twin Res Hum Genet 2007; 10: 267–273.
8. Cacioppo JT, Fowler JH, Christakis NA. Alone in the crowd. The structure and spread of loneliness in a large social network. J Pers Soc Psychol 2009; 97: 977–991.
9. Caspi A, Harrington H, Moffitt TE et al. Socially isolated children 20 years later: risk of cardiovascular disease. Arch Pediatr Adolesc Med 2006; 160: 805–811.

10. Christakis NA, Fowler JH. The spread of obesity in a large social network over 32 years. N Engl J Med 2007; 357: 370–379.
11. Christakis NA, Fowler JH. The collective dynamics of smoking in a large social network. New England Journal of Medicine 2008; 358: 2249–2258.
12. Cohen S, Doyle WJ, Skoner DP et al. Social ties and susceptibility to the common cold. JAMA 1997; 277:1940–1944.
13. Cole SW, Hawkley LC, Arevalo JM et al. Social regulation of gene expression in human leukocytes. Genome Biology 2007; 8: R189.181-R189.113.
14. Coyle CE, Dugan E. Social isolation, loneliness and health among older adults. Journal of Aging and Health 2012; 24: 1346–1363.
15. Eisenberger NI, Taylor SE, Gable SL et al. Neural pathways link social support to attenuated neuroendocrine stress responses. Neuroimage 2007; 35: 1601–1612.
16. Fowler JH, Christakis NA. Dynamic spread of happiness in a large social network: Longitudinal analysis over 20 years in the Framingham Heart Study. British Medical Journal 2008; 337: a2338.
17. Holt-Lunstad J, Smith TB, Layton JB. Social relationships and mortality risk: A meta-analytic review. PLoS Medicine 2010; 7(7): e1000316.
18. Holt-Lunstad J, Smith TB, Baker M et al. Loneliness and social isolation as risk factors for mortality: A meta-analytic review. Perspectives on Psychological Science 2015; 10: 227–237.
19. House JS, Landis KR, Umberson D. Social relationships and health. Science 1988; 241: 540–545.
20. Hughes ME, Waite LJ, Hawkley LC, Cacioppo JT. A short scale for measuring loneliness in large surveys: Results from two population-based studies. Research on Aging 2004; 26: 655–672.
21. Kahneman D, Krueger AB, Schkade DA et al. A survey method for characterizing daily life experience: The Day Reconstruction Method. Science 2004; 306: 1776–1780.
22. Kimman TG. Genetics of Infectious Disease Susceptibility. Dordrecht: Kluwer Academic Publishers 2001, 145 ff.
23. McGuire S, Clifford J. Genetic and environmental contributions to loneliness in children. Psychological Science 2000; 11: 487–491.
24. Mushtaq R, Shoib S, Shah T, Mushtaq S. Relationship between loneliness, psychiatric disorders and physical health? A review on the psychological aspects of loneliness. J Clin Diagn Res 2014; 8: WE01–4.

25. Perissinotto CM, Covinsky KE. Living alone, socially isolated or lonely – What are we measuring? Journal of General Internal Medicine 2014; 11: 1429–1431.
26. Petitte T, Mallow J, Barnes E et al. A systematic review of loneliness and common chronic physical conditions in adults. Open Psychol J 2015; 8 (Suppl 2): 113–132.
27. Rudatsikira E, Muula AS, Siziya S, Twa-Twa J. Suicidal ideation and associated factors among school-going adolescents in rural Uganda. BMC Psychiatry 2007; 7: 67.
28. Russell DW, Cutrona CE, de la Mora A, Wallace RB. Loneliness and nursing home admission among rural older adults. Psychology and Aging 1997; 12: 574–589.
29. Russell DW, Peplau LA, Cutrona CE. The revised UCLA Loneliness Scale: concurrent and discriminant validity evidence. J Pers Soc Psychol 1980; 39: 472–480.
30. Shor E, Roelfs DJ, Yogev T. The strength of family ties: A meta-analysis and meta-regression of self-reported social support and mortality. Social Networks 2013; 35: 626–638.
31. Spitzer M. Digitale Demenz. München: Droemer 2012.
32. Spitzer M, Bonenberger M. Soziale Schmerzen. Warum sie auch wehtun und was daraus folgt. In: Das (un)soziale Gehirn. Stuttgart: Schattauer 2013; S. 121–134.
33. Steptoe A, Shankar A, Demakakos P, Wardle J. Social isolation, loneliness, and all-cause mortality in older men and women. PNAS 2013; 110: 5797–5801.
34. Tomfohr LM, Edwards KM, Madsen JW, Mills PJ. Social support moderates the relationship between sleep and inflammation in a population at high risk for developing cardiovascular disease. Psychophysiology 2015; 52: 1689–1697.
35. Valtorta NK, Kanaan M, Gilbody S, Hanratty B. Loneliness, social isolation and social relationships: what are we measuring? A novel framework for classifying and comparing tools. BMJ Open 2016; 6: e010799.
36. Wilson RS, Krueger KR, Arnold SE et al. Loneliness and risk of Alzheimer disease. Arch Gen Psychiatry 2007; 64: 234–240.
37. Zhong B, Xu Y, Jin D et al. Prevalence and correlates of loneliness among Chinese service industry migrant workers: A cross-sectional survey. Medicine (Baltimore) 2016; 95: e3903.
38. Hawkley LC, Masi CM, Berry JD, Cacioppo JT. Loneliness is a unique predictor of age-related differences in systolic blood pressure. Psychol Aging 2006; 21(1): 152–164.

18 Stärke – der sechste Geschmack?

Schon vor gut 16 Jahren berichtete ich darüber, dass die Menschen mit ihrem Geschmackssinn mehr als nur vier Qualitäten – süß, sauer, salzig und bitter – wahrnehmen können, nämlich auch eine fünfte Qualität, die auf den Namen *umami* hört, schlicht und einfach gut schmeckt („umami" ist japanisch und hat die Bedeutung „es schmeckt gut") und die das Vorhandensein der Aminosäure Glutamin (und damit von Proteinen) anzeigt (10). Diese fünf Geschmacksqualitäten sind im Tierreich weit verbreitet, wie Verhaltensstudien und (neuerdings) Studien zur Biochemie der Rezeptoren zeigen (5). Nun haben Wissenschaftler von der Abteilung Food Science and Technology an der Oregon State University in den USA durch clevere Experimente herausgefunden, dass Menschen auch etwas schmecken können, von dem wir bisher alle gelernt und geglaubt haben, dass wir es *nicht* können, nämlich Stärke.

Erinnern wir uns kurz an die Biochemievorlesung: Stärke ist wie sehr viele Moleküle ein Polymer, d.h. ein aus vielen identischen oder fast identischen kleineren Molekülen aufgebautes großes Molekül. Die Wissenschaft von solchen Molekülen ist Teil der Chemie und brummt seit Jahrzehnten immer heftiger (9). Denkt der Laie beim Thema Polymere vielleicht einfach nur an „Plastik" – Polyäthylen oder Polyurethan – so weiß der Fachmann, dass Polymere überall und nicht zuletzt überall in unserem Körper vorkommen, sind doch Proteine (und damit auch unsere Muskeln und unser Bindegewebe) und Nukleinsäuren (und damit unser Erbgut) ebenfalls Polymere.

Wenn ein Molekül nur aus wenigen Bausteinen besteht, sprich man von einem Oligomer, wobei die Grenze nicht ganz klar ist: Sie liegt so irgendwo zwischen zehn und zwanzig Bausteinen, ab denen man von einem Polymer spricht. Sind es nur zwei, spricht man von Dimer, und auch ein Baustein – sofern man ihn unter dem Aspekt seiner Bausteinhaftigkeit betrachtet – hat einen Namen: Monomer. Bei Stärke kann es sich um ein aus Millionen von Bausteinen zusammengesetztes Polymer handeln oder auch nur um ein Oligomer mit wenigen Bausteinen.

Mit der Nahrung aufgenommene Kohlehydrate sind entweder Stärke-Oligo- oder Stärke-Polymere oder deren Bausteine, nämlich die verschiedenen Arten von Zucker: Glukose (Traubenzucker), Galaktose (Milchzucker) oder Fruktose (Fruchtzucker). Das Dimer aus den beiden Zuckerbausteinen Glukose und Fruktose heißt Saccharose, zu Deutsch Rohr- oder Rübenzucker. All diese Stoffe schmecken, das weiß jedes Kind, süß – daher sprechen wir auch in all diesen Fällen schlicht von Zucker. Und aus evolutionärer Sicht ist es sinnvoll, dass Menschen Zucker süß finden und ihn gerne essen, denn wer sich vor hunderttausend Jahren bei Süßem eher angeekelt fühlte, hatte bei der nächsten Hungersnot schlechtere Karten und gehört gewiss nicht zu unseren Vorfahren.

Und warum schmeckt dann Stärke nicht auch süß? – könnte der geneigte Leser jetzt mit Recht fragen. Denn zum einen besteht Stärke ja aus nichts weiter als aus Zucker. Wenn also die Bausteine süß sind, warum schmeckt dann das ganze Bauwerk nach nichts, oder zumindest nicht süß? Und vor allem: Wenn wir uns von solchen Bauwerken – den Stärkemolekülen – zu einem ganz wesentlichen Teil ernähren (in Brot, Kuchen, Plätzchen, Kartoffeln, Nudeln, Spätzle und vielem anderen, was in der Kantine zuweilen unter dem wenig schmeichelhaften Begriff der „Sättigungsbeilage" zu finden ist) – warum haben wir dann keinen Geschmackssinn für sie?

Bis zum 23. August 2016 lautete die Antwort darauf etwa so: In unserem Speichel befindet sich ein Enzym, die Amylase, welches Stärke in die Zuckerbausteine spaltet. Wenn man also nur lange genug auf seinem trockenen

Brötchen herumkaut, dann schmeckt es süß! Und das muss eben reichen, um uns die Stärke schmackhaft zu machen. Zudem ist das Molekül einfach zu groß, um an die üblichen für alle fünf genannten primären Geschmäcker bekannten Rezeptoren anzudocken. Daher *kann Stärke gar nicht schmecken* – so dachte man sich das.

Am genannten Tag erschien jedoch in der Zeitschrift *Chemical Senses* eine Studie, in der durch einfache Experimente zur Geschmackswahrnehmung beim Menschen gezeigt wurde, dass auch Stärke einen Geschmack haben kann, nämlich dann, wenn es sich um Oligomere handelt. Das Besondere an der Studie war zunächst einmal, dass nicht irgendeine Stärke verwendet wurde. Vielmehr trennte man zunächst Stärke auf in Oligomere mit durchschnittlich sieben Bausteinen, solche mit durchschnittlich 14 Bausteinen und Polymere mit durchschnittlich 44 Bausteinen. Aus diesen drei Stärkesorten machte man dann 6%ige und 8%ige wässrige Lösungen und verwendete diese für den Geschmackstest. Diese Konzentrationen erwiesen sich als gering genug, um die Viskosität der Lösung nicht zu ändern[1]. Destilliertes Wasser diente als Kontrolle. Um zu verhindern, dass die Amylase im Speichel beim Test die Stärke aufbricht, Zucker produziert und damit einen Geschmack, wurde allen Lösungen der Amylasehemmer Acarbose (5 millimolar) beigefügt, der selbst keinen Geschmack hat.

Insgesamt 22 Probanden (je 11 Männer und Frauen im Alter zwischen 18 und 45 Jahren, alle Nichtraucher) wurden an jeweils zwei unterschiedlichen Tagen mit den

---

1 Wie jede Hausfrau weiß, ist Stärke das Verdickungsmittel schlechthin, weswegen man Stärke ja an der Dickflüssigkeit (Viskosität) der Lösung erkennen könnte. Daher war es wichtig, darauf zu achten, dass die Konzentrationen dünn genug waren – im doppelten Sinne des Wortes.

6%igen oder 8%igen Lösungen einzeln in einem psychologischen Testraum untersucht. Ein Nasenclip verhinderte, dass der Geruchssinn mit ins Spiel kommen konnte und jeweils 5 ml Testlösung wurden in randomisierter Reihenfolge mehrfach auf ihren Geschmack hin beurteilt. Dazwischen war der Mund jeweils auszuspülen (liest man die ganze Prozedur, muss man schmunzeln). Berechnet wurde aus den zahlreichen einzelnen Proben jeweils die Detektierbarkeit (*d'*) – ein Maß aus der Informationstheorie, welches angibt, ob ein Effekt (trotz Hintergrundrauschen) vorliegt oder nicht.

Es ergab sich, dass die beiden Oligomere von destilliertem Wasser unterschieden werden konnten, bei 8%iger Lösung besser als bei 6%iger. Die Detektion war also dosisabhängig. Das Polymer hingegen wurde nicht unterschieden.

Nun könnte es sein, dass es hierfür eine ganz triviale Erklärung gibt: Jedes Zucker- oder Stärkemolekül hat genau ein reduzierendes Ende, von dem man annehmen könnte, dass es mit irgendeinem Rezeptor interagieren könnte. Je kürzer die Kette, desto mehr solcher Enden kommen in Lösungen vor, die auf Gewichtsbasis vergleichbar sind. Die langen Polymere könnten mithin für ihre Größe und ihr Gewicht um ein Mehrfaches schlechter mit dem Rezeptor interagieren und aus diesem Grunde nicht geschmeckt werden. Um dieses Problem zu lösen, wurden äquimolare Lösungen (75 mM) hergestellt, die im Fall des 7-kettigen Oligomers wieder 8%ig war, beim 14-kettigen 17%ig und beim 44-kettigen Polymer 54%ig. Da dies zu einer deutlich höheren Viskosität der Testflüssigkeit führte, wurden die Vergleichslösungen (destilliertes Wasser und Acarbose) mit Methylzellulose (geschmacklos) so ergänzt, dass sie sich im Hinblick auf ihre Viskosität nicht vom Verum unterschieden. Zudem wurden die Lösungen alle mit einem Wattestäbchen auf die Zunge appliziert.

Wieder zeigte sich (an einer zweiten Gruppe von 26 Probanden, acht weiblich, zwischen 25 und 33 Jahren), dass die Oligomere detektiert wurden, das Polymer hingegen nicht.

Nun könnte es ja noch sein, dass man die Stärke-Oligomere über den (bekannten) Rezeptor für die Qualität süß wahrnimmt. Um dies zu untersuchen, wurde ein weiteres Experiment durchgeführt, bei dem drei bekannte Stimulatoren des Süßrezeptors – Traubenzucker (Glukose), Malzzucker (Maltose, ein Dimer) und der Süßstoff Sucralose (E955, 600-mal süßer als Zucker) – zusätzlich zu den beiden wahrnehmbaren Stärke-Oligomeren zum Einsatz kamen. Die fünf Lösungen wurden geschmacklich mit jeweils der gleichen Lösung verglichen, die zusätzlich noch den Süßrezeptorblocker Lactisole enthielt. Die drei süßen Lösungen sollten mit Lactisol nicht süß schmecken, und die Frage war, ob der Blocker auch die Wahrnehmung von Stärke blockiert. Wie das an 25 Probanden (17 weiblich, 18 bis 41 Jahre alt) mit Nasenclip gewonnene Ergebnis zeigte, blockierte Lactisol die Detektierbarkeit der drei süßen Stoffe, nicht jedoch der beiden Stärke-Oligomere. Daraus lässt sich ableiten, dass Stärke nicht über den Süßrezeptor wahrgenommen wird.

Und wie schmeckt Stärke nun? – Um dies herauszufinden, hatte man die Probanden zwar schon gefragt und auch einige Antworten erhalten: „wie Brot“, „wie Müsli“, „wie Cracker“ oder „wie Reis“. Mit solch anekdotischer Evidenz begnügten sich die Autoren keineswegs und führten eine weitere Studie mit einer „Fokusgruppe“ aus sieben Personen (sechs weiblich, mittleres Alter: 28 Jahre) durch. Alle erhielten drei etwa gleich stark schmeckende Lösungen von ganz normalem Zucker (Saccharose), Süßstoff (Sucralose) und der 14-kettigen Stärke und sollten sich dann in einem iterativen Prozess auf ein (einziges) beschreibendes Wort für den Geschmack jeder der drei Lösungen einigen.

Dem Leser sei der Wortlaut der Prozedur nicht vorenthalten:

„Die Versuchsteilnehmer wurden gebeten, den Stimulus zu testen, indem sie ihn auf die Zunge tupften, dabei trugen sie Nasenklammern. Sie wussten nicht, um welchen Stimulus es sich handelte. Sie wurden ermuntert, die Stimuli so oft wie nötig erneut zu probieren. Während des ersten Durchgangs wurde jeder Versuchsteilnehmer gebeten, die Geschmacksqualitäten jedes Stimulus mit Worten zu beschreiben. Der Moderator machte Notizen auf einem White-Board, sodass jeder die Beschreibungen der anderen Versuchsteilnehmer sehen konnte. Dann wurden die Teilnehmer gebeten in der Gruppe Begriffe, die eine ähnliche Bedeutung haben, zusammenzufassen und schließlich die am besten passende Ein-Wort-Beschreibung für jeden Stimulus zu bestimmen. Während der Gruppenphase erhielten alle Versuchsteilnehmer dieselben Möglichkeiten ihre Wahrnehmungen einzubringen, sie wurden in zufälliger Reihenfolge aufgefordert, ihre Meinungen zum Ausdruck zu bringen" (4, S. 5, Übersetzung durch den Autor).

Für die beiden süßen Lösungen lautete das Ergebnis – „sweet". Und für die Stärke-Oligomer-Lösung: „starchy", was dann noch mit Kommentaren wie „Mais", „Brot" oder „Nudeln" versehen wurde. Hier hinterlässt die Lektüre des ansonsten sehr ausführlich geschriebenen Papers leider einen eher mageren Eindruck.

In einem letzten Experiment zur Psychophysik des Geschmacks (20 Probanden, 13 weiblich, Durchschnittsalter 25 Jahre) wurden schließlich noch Dosis-Wirkungs-Kurven bestimmt, die für Stärke-Oligomere, bezogen auf das Molekulargewicht, nicht anders aussahen als für Glukose.

In insgesamt fünf Experimenten wurde damit recht gut etabliert, dass Menschen – entgegen früherer Vermutung – tatsächlich Stärke geschmacklich wahrnehmen können;

zwar nicht die ganz großen Moleküle, aber immerhin kleinere Oligomere. Dies passt nicht nur zu dem bekannten Befund, dass man eine Sensibilität für Stärke auch bei Ratten gefunden hat, wenn auch hier die Amylase nicht blockiert und damit der Effekt auch auf das Konto beim Kauen in Zucker umgewandelter Stärke gehen könnte.

Dass wir geschmacklich nicht nur auf Zucker, sondern auch auf Stärke reagieren, ist aus evolutionärer Sicht unmittelbar einleuchtend – man wundert sich eigentlich eher, dass man dem bislang noch nicht besser nachgegangen ist. Dass wir dabei auf kleinere Stärkemoleküle beschränkt sind, wird durch die Amylase ausgeglichen, die Stärke nicht nur zu Zuckerbausteinen vollständig zerlegt, sondern sie auch in kleinere Stärkemoleküle zerbricht. Die Tatsache, dass die Wahrnehmung von Stärke-Oligomeren nicht über den Süßrezeptor vermittelt ist, legt auf jeden Fall nahe, dass die Evolution schon dafür gesorgt hat, dass wir uns Stärke als Energiequelle eher nicht entgehen lassen.

Dies öffnet den Blick für eine kurze abschließende Betrachtung des Geschmackssinns: Sind wir nach der Entdeckung von Umami als fünftem Geschmack im Jahr 1908 und von Stärke als sechstem im Jahr 2016 nun am Ende mit der Auflistung der verschiedenen Geschmäcker? – Wahrscheinlich nicht! Schon länger wird aufgrund verschiedener Hinweise über einen Fettrezeptor diskutiert (2, 3, 8), handelt es sich bei Fett doch um den energiereichsten Nahrungsbestandteil. Und weil dieser sogar schon als sechster Geschmack bezeichnet wurde (1), könnte man bei der Stärke sogar schon vom siebten Geschmack sprechen (daher das Fragzeichen in der Überschrift).

Man macht sich mittlerweile Gedanken darüber, welche Kriterien erfüllt sein müssen, damit man von einem „neuen" Geschmack sprechen kann: Dazu gehört, sagen zu können, wie es schmeckt (das geht bei „fett" noch nicht gut, obwohl man einen Rezeptor hat und Verhaltenseffekte findet), und auch, einen Rezeptor identifiziert zu haben (ist bei Stärke noch nicht der Fall).

Bei Umami, dem ersten Geschmack für einen unserer drei wesentlichen Nahrungsbestandteile (Eiweiß) ist alles vorhanden, bei „fettig“ und „stärkig“ noch nicht. Aber wenigstens wären mit Geschmack Nummer 5 bis 7 diese drei abgedeckt und die Frage, warum die Evolution Lebewesen mit einem Geschmackssinn hervorbringt, der das Wesentliche weglässt, hätte sich endlich aufgelöst. Schließlich geht es beim Geschmack doch ums Essen, und nicht nur darum, die Gifte (bitter) zu vermeiden, oder Salze und Säuren nur in geringen Maßen aufzunehmen.

Fertig wären wir damit aber immer noch nicht! Falls Sie das annehmen, dann lutschen Sie mal ein Pfefferminzbonbon oder gehen Sie mal Mexikanisch essen. Ich kann mich noch gut daran erinnern, meinen Chemielehrer mal gefragt zu haben, was „ätherische Öle“ eigentlich sind. Da redete er etwas von leichter Flüchtigkeit (also Verdunstung), weswegen manche einen kühlenden Effekt hätten, womit er offensichtlich falsch lag, denn ein Pfefferminzbonbon schmeckt auch dann kühl, wenn man den Mund geschlossen hat und für 20 Sekunden die Luft anhält (also keine Verdunstung stattfinden kann). Wie wir seit 15 Jahren wissen, aktiviert Menthol einen Rezeptor für Kälte (6, 7), den wir nicht nur auf der Haut haben (deswegen gibt es „kühlende“ Duschbäder und Rasierwässer), sondern auch auf der Zunge. Wer nun meint, „kalt“ sei keine Geschmacksempfindung, der gehe, wie angedeutet, Mexikanisch essen. Die Amerikaner nennen scharfes Essen „hot food“ – und liegen damit genau richtig. Denn wie schon länger bekannt, reagieren Hitzerezeptoren auch auf Capsaicin, den Stoff in Pfeffer, Paprika, Chili und anderen „scharfen“ Gewürzen. Warum wir nicht schon lange die Qualität „scharf“ neben den anderen vier „älteren“ Geschmacksqualitäten aufführen, ist mir ein Rätsel! Denn zweifelsohne schmeckt scharfes Essen anders als nicht scharfes Essen. Die Tatsache, dass wir auch diese Rezeptoren nicht nur im Munde haben (Argument: dann geht es also gar nicht um Geschmack, denn der ist im Mund) ist aus meiner Sicht ein eher schwaches Argument.

Womit wir bei mittlerweile neun Geschmacksqualitäten wären. Aber auch das wird nicht reichen: Gerbsäuren oder Kalziumoxalat in Nahrungsmitteln wie Tee, Rhabarber oder manchem Rotwein schmecken adstringierend; manche Stoffe (z. B. Blut) haben einen metallischen Geschmack; Mäuse können Kalzium geschmacklich wahrnehmen und auch der Rezeptor dafür auf ihrer Zunge wurde identifiziert. Mittlerweile wurde ein Kalziumrezeptor auch beim Menschen gefunden: Es schmeckt nach Kreide (12).

Literatur

1. Besnard P, Passilly-Degrace P, Khan NA. Taste of fat: A sixth taste modality? Physiological Reviews 2016; 96: 151–176.
2. Daoudi H, Plesník J, Sayed A et al. Oral fat sensing and CD36 gene polymorphism in Algerian lean and obese teenagers. Nutrients 2015; 7: 9096–9104.
3. Heinze JM, Preissl H, Fritsche A, Frank S. Controversies in fat perception. Physiol Behav 2015; 152 479–493.
4. Lapis TJ, Penner MH, Lim J. Humans can taste glucose oligomers independent of the hT1R2/hT1R3 sweet taste receptor. Chem. Senses 2016; doi: 10.1093/chemse/bjw088.
5. Liman ER, Zhang YV, Montell C. Peripheral coding of taste. Neuron 2014; 81: 984–1000.
6. McKemy DD. TRPM8: The Cold and Menthol Receptor. In: Liedtke WB, Heller S (eds.) TRP Ion Channel Function in Sensory Transduction and Cellular Signaling Cascades. Boca Raton, FL: CRC Press/Taylor & Francis, 2007.
7. McKemy DD, Werner M. Neuhausser WM, Julius D. Identification of a cold receptor reveals a general role for TRP channels in thermosensation. Nature 2002; 416: 52–58.

8. Mounayar R, Morzel M, Brignot H et al. Nutri-metabolomics applied to taste perception phenotype: human subjects with high and low sensitivity to taste of fat differ in salivary response to oleic acid. OMICS 2014; 18: 666–672.
9. Peplow M. Fantastic plastics. Nature 2016; 536: 266–268.
10. Spitzer M. Descartes, Glutamat und der fünfte Geschmack. Nervenheilkunde 2000; 19: 163–164.
11. Spitzer M. Heidegger, Chili und das Wesen der Schärfe. Nervenheilkunde 2004; 23: 597–598.
12. Tordoff MG, Alarcon LK, Valmeki S, Jiang P. T1R3: A human calcium taste receptor. Scientific Reports 2012; 2: 496.

Sachverzeichnis

T

U

V

W

Y

Z

Wissen & Leben

Herausgegeben von Wulf Bertram

Harald Görlich

Was Lebenskünstler richtig machen

Von Achtsamkeit bis Zufriedenheit

Lebenskünstler nutzen die „Ressource Ich", um vital, ausgeglichen und rundum zufrieden zu bleiben. Dieses Buch regt an, die eigenen Glücksquellen zu finden und zu nutzen.

Geleitwort von Jörg Fengler | 2017. 332 Seiten, kart.
€ 19,99 (D) | ISBN 978-3-608-43213-8

Fred Christmann

Faszination Psyche

Sich selbst und andere besser verstehen

Wer sich selbst und andere besser versteht, hat es ein ganzes Stück weit leichter im Leben. Das neue Buch des bekannten Verhaltenstherapeuten Dr. Christmann öffnet die Türen zu den faszinierenden Facetten unserer Psyche.

2018. 337 Seiten, 10 Abb., Klappenbroschur
€ 24,99 (D) | ISBN 978-3-608-43292-3

Thomas Bergner

Endlich ausgebrannt!

Die etwas andere Burnout-Prophylaxe

Thomas Bergner gibt in seinem Buch überraschende Antworten auf das, was Burnout wirklich ist, was es in uns bewirkt und dass es durchaus „Sinn-voll" sein kann, Burnout zu bekommen.

2013. 208 Seiten, Klappenbroschur
€ 16,99 (D) | ISBN 978-3-608-42932-9

Schattauer